福建省教育科学规划课题"基于高中地理新课标解构分析的探研式教学研究"（课题立项号FJJKCG18-064）研究成果

教育部"国培计划（2016-2019）"——跨年度递进式培训项目高中地理优秀青年教师成长助力研修班教师、福建省曾呈进名师工作室成员及部分重点高中的一线教师的培训及实践成果

福建教育学院研训成果丛书

高中地理问题式教学设计与案例

（必修第一册）

曾呈进　陈涓　主编

本书编委会

主　　编：曾呈进　陈　涓
编　者：邓伟华　陈　韬　戴文伟　陈胜贤　林　碧
　　　　黄荔丹　龚靖雅　刘　旭　叶景芳　邹有君
　　　　杨如树　龚家富　钱玮铧　李祖妹　雷寿平
　　　　张小林　叶逢娴　卢欣荣　詹全聪　游秋怡
　　　　黄　偲　祝淑雅　林冰晶

序

正当高中地理新课程、新教材在全国推开之时，广大一线高中地理教师急需参考书籍，福建教育学院曾呈进、陈涓主编的《高中地理问题式教学设计与案例》面世，可谓十分及时。

从书名就可以看出，该书抓住了高中地理课程改革的一个关键，即高中地理新课程标准着重提出的教学建议——问题式教学。问题式教学既是地理教学应遵循问题导向的教学理念，也是体现地理课程综合性、整合地理课程内容的地理教学模式，还是体现地理问题提出、分析和解决的一个地理教学循回的具体教学方法。抓住了问题式教学这个关键，地理新课程提出的地理学科核心素养的培育就能够落到实处，地理课程的知识习得、能力养成、观念的形成就循着地理课程内容的内在逻辑自然有序地融为一体，地理新课程的基本理念和总体目标就能得以实现。

该书开宗明义，以相当长的篇幅进行理论引领，深入阐述问题式教学的背景、作用、意义、概念界定、理论依据和特点，这些对于开始尝试和探索问题式教学的广大一线地理教师来说，起到了理论上梳理、引领和指导的重要作用。该书指出问题式教学的时代背景，顾及地理新课程的要求、地理新高考的转向以及教学手段的信息化，使广大地理教师明白问题式教学在新时代的必要性与可行性，提升实施问题式教学的责任感和积极性。该书参考了国内外问题式教学研究和实践的进展，综合了各家之说，提出了能够自圆其说的对问题式教学的概念界定，注重问题式教学的问题情境和学生自主提出问题、解决问题的融合，整合了一些常见的相关概念，使教师们能够明白和接受。该书选取了发现学习理论、建构主义理论、问题教学理论、杜威实用主义理论和情境学习理论,作为理解问题式教学的理论依据,将各种理论与问题式教学紧密联系,拓展了教师们的眼界,加深了对问题式教学本质和优势的领悟。

该书从与传统教学的比较入手,阐明问题式教学的特点。从教学目的、知识来源、教学方式、沟通渠道、教师地位、学生地位、学生积极性、学习结果、学习效果等多方面进行比较,有助于教师全面、系统地理解和实施问题式教学。在此基础上,该书阐述了问题式教学以学生为中心,以问题为起点,以探究学习为方式,以适当高度为落脚点等问题式教学的特点,实际上是对问题式教学进行了构建,有利于实施问题式教学、转变教学方式和观念。

该书在理论基础上作了上述适度的铺垫之后,将理论引领部分的大部分篇幅用于问题式教学的设计。问题式教学的设计,是当前地理新课程教学实施的重点,也是难点,国内这方面的参考资料尚少见,该书敢于以此为内容主体,体现出作者的高度责任感和创造意识,是难能可贵的。该书在针对新教材各章节的问题式教学具体设计之前,先在理论引领部分对问题式教学设计进行理论阐述,也是该书的一个特点,值得肯定。

该书提出的问题式教学原则,兼有理论性和实用性。紧扣学习目标与核心素养设问的原则,明确了以达标为目的,将提升学科核心素养融入其中;尊重学生认知水平和知识基础的原则,保证问题设计有梯度,使学生均有所得;注重问题设计的生活化与层次性,保证问题情境贴近学生生活实际,构建问题逻辑结构,使学生主动学习具有可行性;增强问题的可操作性与趣味性,使学生既有解决问题的积极性,又有解决问题的自信。基于这些原则,该书提出了问题式教学设计的技巧,具有较高的科学性和实用性。

该书创建了问题式教学设计的一般模式,图示清楚,实用性强。该书还提出了问题式教学实施原则,由目标性、主体性、知识性、方法性、情境性、关联性、启发性、情感性等构成的实施原则体系全面、系统,有一定的创意和较强的指导性。该书创建的问题式教学实施的一般模式,也具有图示清楚、逻辑性和实用性强的优势,且用具体案例解读了实施模式。该书提出的问题式教学实施技巧,有助于尝试的教师很快入门。

该书的理论引领部分为各章节问题式教学设计奠定了学理基础,该书分册、分章节对地理新教材作问题式教学的设计,内容十分丰富。每一节的问题式教学设计，都从相关课程标准内容要求及其解读开始，做到有的放矢，对标遵标。课标解读中对主要概念进行解释，也是该书的特点和优点之一。概念是问题式教学内涵的基本支撑，有了基本概念的支撑，教学设计才有明确的方向。教学内容分析和学情分析，为不太熟悉新课程、新教材的教师排忧解难，将内容分析与学情分析加以对照，教师能基本把握教学设计的任务。列出地理学科核心素养培养的目标，与该节的具体内容要求结合紧密、融会贯通。教学重点、难点分析传承了地理教师教学设计的传统，是有必要的。教学方法的设计紧扣内容的性质，不是一些简单的方法罗列，而是一些综合的教学方式恰到好处地运用，有力地配合问题式教学的实施。

该书的课前预习设计，主要由知识梳理构成，学生比较容易掌握。课堂设计是设计的主体，该书创设了课堂导入、问题情境、问题探究、学生研讨、教师引导学生总结、板书设计、设计感悟、课后达标检测等栏目，系统且实用，且处处交待设计意图。这样的体例及其有效性和高效性，在各种参考书中少见，有很强的目的性和实用性，保证问题式教学能持续开展，能达成教学目标。

该书的独特优势还在于，每个章节问题式教学的设计，所创设的问题情境，所提出的探究问题，所构思的探究活动，教师引导下的归纳总结，乃至达标检测都有较强的创意，且配置了创设意图和设计感悟，相得益彰，这些布局谋篇彰显了该书的意图和匠心，值得读用。

该书作者的单位——福建教育学院是福建省教师各级各类培训的主体，该书既是作者长期从事师资培训的经验总结，也是各地国家级、省级教师培训不可多得的参考书。该书的出版还依托省名师工作室，是工作室团队集体研发的优秀成果。当然，该书不只是教师培训时用，更是我国广大一线地理教师进入新课程、新教材、新高考时的有效参考书，推广使用前景看好。

希望有更多的这样理论与实践相结合的地理教学参考书问世。

福建师范大学地理科学学院二级教授　博士生导师

2020 年 8 月

前　言

依照2018年8月16日教育部印发的《关于做好普通高中新课程新教材实施工作的指导意见》，从2019年秋季学期起，全国各省（区、市）分步实施新课程，使用依据《普通高中课程标准（2017年版）》编写的高中新教材。其中浙江、上海、北京、天津、山东、海南等6省份于2019年秋季开始使用统编版高中新教材。江苏、福建、广东、河北、辽宁、安徽、湖北、湖南、重庆等9省份于2020年秋季开始使用统编版高中新教材。新教材新课程均为高一年级起使用。其他还未进行新高考改革的省份最迟于2022年秋季开始使用统编版高中新教材。这给高中地理教育带来了新的机遇与挑战。

在使用高中地理新教材时，除了要正确处理地理教材与地理课程标准、地理配套教辅、学生实际知识能力的关系外，还要处理好"教教材"和"用教材教"的关系。而这一切关系的处理，主要通过地理课堂教学体现。所以，地理课堂教学是学校地理教学活动中最重要，也是最基本的组织形式。地理课堂教学能否达到预期效果，很关键的一点就是取决于教师如何进行课堂教学设计，如何通过课堂教学设计优化课堂教学过程，提高教学系统的效率。《普通高中地理课程标准（2017年版）》在课程实施建议中强调要注重采用问题式教学。问题式教学是以"问题发现"和"问题解决"为要旨，用"问题"整合相关学习内容的教学方式。问题式教学在某种程度上也可看作是一个上位概念，凡是基于真实问题、开放式问题、尚无现成答案问题的教学，都可视为问题式教学，单元式、项目式、主题式等教学方式，都可用于问题式教学。搞好问题式教学设计与问题式教学，可以更好地培养中学生的综合思维、区域认知、人地协调和地理实践力，适应新高考改革对学业质量考查的要求。所以，问题式教学是培育地理学科核心素养、提高教学质量的有效途径，在课程实施中有着非常重要的作用。

为帮助地理教师做好新课程、新课标、新教材背景下的高中地理教学工作，福建教育学院地理教研室、福建省教育厅中学地理曾呈进名师工作室经申请批准开展了福建省教育科学规划课题《基于高中地理新课标解构分析的探研式教学研究》（课题立项号 FJJKCG18－064）研究，作为课题研究的重要内容，我们组织了教育部"国培计划（2016－2019）"——跨年度递进式培训项目高中地理优秀青年教师成长助力研修班教师、名师工作室成员及部分重点高中的一线教师编写了《高中地理问题式教学设计与案例（必修第一册）》一书。本书作为课题研究的重要成果，意在贯彻新课标理念，突出高考命题导向，注重地理学科素养的培养，力图通过问题式教学的方式，打破传统教学模式，提升高中地理教学质量。

本书分为两部分，第一部分为新课标背景下地理问题式教学设计的理论和方法；第二部分是按照新教材的章节编写的对应的教学设计。第一部分的理论引领首先介绍了倡导问题式教学的时代背景、作用与意义。其次，介绍了问题式教学的理论源起。问题式教学可以从布鲁纳的发现学习理论、建构主义学习理论、马赫穆托夫的问题教学理论、杜威的实用主义理论、让·莱夫和爱丁纳·温格的情境学习理论找到理论支撑。第三，描述了问题式教学的自身特点，从教学目的、知识来源、教学方式、沟通渠道、师生在教学活动中的地位等方面介绍了问题式教学与传统教学存在的较大差异。第四，重点阐述高中地理问题式教学设计的原则、技巧和案例，特别强调要灵活运用"五何"问题分类法来设计不同层级的地理问题。第五，详细探讨了问题式教学的实施原则、一般模式和实施技巧。

本书第二部分是按照新课标倡导的问题式教学方式对必修第一册教材的教学内容进行教学设计，一般包括课标要求→解读教学目标→重难点问题的确定→教学情境创设→过程问题链设计→自主探究、合作讨论→总结评价与拓展延伸等环节。各个环节并不是一成不变的，教师可以根据实际来确定教学环节的实施过程。只要在教学过程中，充分引导学生进行学习，充分发挥主观能动性，就达到了问题式教学的目的。

本书在编写和出版过程中得到了福建教育学院、福建教育出版社等单位领导及许多名师的大力支持和帮助,在此表示由衷的感谢!

由于编写仓促,本书还有许多不足之处,有待在今后教学使用中不断加以更新完善。

编者

2020 年 8 月

目 录

第一部分 理论引领 高中地理问题式教学与教学设计 / 1

第二部分 问题式教学设计与案例 / 29

第一章 宇宙中的地球 / 31
第一节 地球的宇宙环境 / 31
第二节 太阳对地球的影响 / 50
第三节 地球的历史 / 66
第四节 地球的圈层结构 / 77
问题研究 火星基地应该是什么样子 / 88

第二章 地球上的大气 / 98
第一节 大气的组成和垂直分层 / 98
第二节 大气的受热过程和大气运动 / 117
问题研究 何时"蓝天"常在 / 132

第三章　地球上的水 / 141

第一节　水循环 / 141

第二节　海水的性质 / 152

第三节　海水的运动 / 166

问题研究　能否淡化海冰解决环渤海地区淡水短缺问题 / 177

第四章　地貌 / 186

第一节　常见地貌类型 / 186

第二节　地貌的观察 / 199

问题研究　如何提升我国西南喀斯特峰丛山地的经济发展水平 / 210

第五章　植被与土壤 / 220

第一节　植被 / 220

第二节　土壤 / 234

问题研究　如何让城市不再"看海" / 249

第六章　自然灾害 / 257

第一节　气象灾害 / 257

第二节　地质灾害 / 281

第三节　防灾减灾 / 294

第四节　地理信息技术在防灾减灾中的应用 / 304

问题研究　救灾物资储备库应该建在哪里 / 313

第一部分　理论引领

高中地理问题式教学与教学设计

改革开放后我们已经走过了"双基时代""三维目标时代",现在迎来了"学科核心素养时代"。学科核心素养时代的课堂教学是什么样的?这对我们来说是个前所未有的挑战。从课程改革的实践来看,人们对以往新课改中所提出的"重视基础""培养能力"等一些观念得到了强化,对以往关注较少的"地理过程""科学方法""科学精神"等方面逐渐重视,一些新的教育观念得到了大家的认可,并在教育教学的实践中不断探索、深化。但同时,新课改也意味着,教育对教师的要求,无论是在教师的学科知识、专业能力方面,还是在教育观念、教学管理方面,都有了较大的提高。今天的中学生,他们是这个时代的主人,有一天他们会发现自己所遇到的问题是没有现成答案的,也是前辈们未曾遭遇的挑战,他们必须成为有创造性的问题解决者。所以,我们今天的教学,从某种意义上说,就是培养21世纪的问题解决者。"问题解决"被某些专家称作是"21世纪课程改革的基础"。教学过程的意义是在于引导学生把已有的课本知识转化为学生内在的能力,在过程中注重培养学生的创新意识和创新能力,使学生能运用知识和技能解决问题。基于这一点,在地理课堂教学中应该创设一种通过建立情境,使学生发现问题和探究问题,自己寻找知识、方法、技能解决问题,评价结果是否正确的教学活动过程,在教与学的过程中内化学生解决问题的能力。学科核心素养时代需要大力倡导问题式教学,教师需要领会问题式教学的精髓,掌握问题式教学设计的技巧,在新一轮课改实践中快速成长。

一、倡导问题式教学的背景、作用与意义

1. 时代背景

《国家中长期教育改革和发展规划纲要(2011—2020)》中提出"坚持以学生为主体,以教师为主导,尊重教育规律和学生身心发展规律,全面实施素质教育,关注学生自主发展,培养学生自主学习能力",主张促进学生健康、全面、积极主动而又富有个性的发展,让每一个学生都能够享受到适合自己的教育,快乐地成长。问题式教学模式正是以此为理念,着眼于学生的自主发展和自己解决问题的能力培养,迎合了教育改革和发展的要求。

(1)新课标明确强调重视问题式教学

随着课程改革的不断推进和教育教学的不断发展,传统的教学方式已不能

满足教育发展的需求，新的教学方式如问题式教学、发现式教学、探究式教学等应运而生。《普通高中地理课程标准（2017年版）》明确要求课堂中要注重采用问题式教学。新课标指出教师需尤其关注问题式的课堂教学，特别是备课时所做的问题式教学的教学设计，要在学生已有的认知水平、实际知识基础上进行设计，课堂上的问题可以由教师提出也可以是学生提出，其中学生提出问题的过程是一种思维创造和思维发散的过程。新课标课程方案的修订中要求明确高中教育在学生整个受教育过程中的位置，普通高中教育的目的是提升学生的综合素质，发展学生的核心素养。落实在地理课程中的问题式教学，它不再局限于过去传统的教学方法中学生被动地接受知识，而是对于学生由表及里地分析问题、解决问题甚至是提出问题的能力进行锻炼，使学生的综合思维、地理实践力都得到发展。通过问题式的课堂教学，增强地理学科的育人价值，培养学生的地理素养，使学生形成正确的价值观，养成良好的品格，具备适应未来社会的能力。新课标为问题式教学提供了新思路，地理课程的学习，可以让学生以地理的视角认识自然和人文环境，落实人地协调观，增强学生对于地理的认识。

（2）高考形式的变化为问题式教学提供了契机

高考改革下的课堂教学面临新的变化，"6选3式"或"3+1+2式"的选科制，使地理成为一门热门科目，受到很多学生的喜爱，因此地理课堂教学也紧随着需要发生变革。高考试题中经常会考查学生综合运用地理知识分析和解决问题的能力，这就要求教师在课堂教学中重视培养学生此方面的能力，创设问题情境，设计不同类型的问题内容，在分析、解决问题的过程中，构建基于问题的知识网络，建立清晰的逻辑结构。与以往的考试中只注重知识本身不同，现在的高考更多的是强调对学生能力的考核，因此教学内容应从实际出发，让学生在生活中发现地理问题并学着分析和解决问题。当然，前几年的高考在注重知识的同时，也会对学生的能力进行考查，一些探究性问题和开放性问题就是对学生能力的一种考核，考核学生的逻辑思维能力。当然，与前几年的高考相比，新高考在能力方面的考查范围更大，形式更加多样。地理课堂采用问题式的教学主要教学生一些解决地理问题的技巧和策略，促进学生的知识迁移，做好地理知识的灵活运用和知识之间的衔接，形成基本的知识储备，加强深度学习。新高考形式促使地理教育的发展发生了新变化，这种变化为课堂问题式教学提供了契机，也为学生的地理学习开启了一个新思路。

（3）现代信息技术的应用为问题式教学创设了条件

现代信息技术的应用，逐渐改变着地理教学，例如现在很多学者都在思考"互联网+"给地理教学带来的变化。很多学校的课堂教学都不只是局限于多媒体，甚至学生人手一个平板电脑，这给地理课堂问题式教学提供了很大的便利：在提出问题方面学生有更强的自觉性，可以通过查找资料，选择自己感兴趣的话题，甚至在分析问题和解决问题方面，通过小组合作得出的结果可以利用信息技术展示给老师和同学们，进行实时分享。信息技术对于问题式教学的意义在于它可以辅助教学，随着多媒体和网络引入课堂，教师的教学方式，在充分运用信息技术的基础上也发生了很大的变革，教学过程中教师的角色从教授者变为引导者和课堂的组织者，而学生才是真正的主人。在问题式教学的课堂上，在创设问题情境方面可以利用现代信息技术，创设一些使学生感兴趣的问题，营造高效课堂。

2. 问题式教学的作用和意义

问题式教学符合新课标强调的学生对问题进行探究的基本理念，有助于培养学生自主解决问题的能力。新课标将人的发展作为设计基础，注重促进学生的全面发展和运用所学知识解决生活中地理问题的能力。问题式教学的最终目的是培养富有创造性的问题解决者。因此对该教学模式进行研究，有利于新课改目标的实现。

从教学理论上看，对教学方式的研究探讨和应用有利于教学方式的优化。问题式教学有助于学生地理思维能力的养成，能够促进学生地理学科能力的发展。学生亲身参与问题解决的过程，通过与自然或社会的接触，产生浓厚的地理学习兴趣，培养良好的地理素养。通过采集信息和对问题的分析解决，学生能够提高地理学习技能，积累经验。在问题解决的过程中，学生围绕地理问题对构建新的知识不断进行探索，从而使得新旧知识有机融合，有助于提高构建知识的能力。

问题式教学改变了学习方式，着眼于发挥学生的个性专长，鼓励学生自主选择和主动探究。通过学生自主探究能够激发学生学习的内在动机，提高学生自主分析解决问题的能力；问题式教学注重启发和引导学生思考，扩展学生思维，有助于培养学生的开拓创新能力；问题式教学强调地理教学与实际生活的联系性，以及对地理知识的实践和应用，让学生利用自己的生活经验去解决原本抽象的地理问题，自主掌握地理知识，能够提高学生的实践能力，改变学生原来读死书、死读书的学习方式，并学会如何与人合作，提高解决问题的能力，让学生真正喜欢上地理这门课。

在高中地理教学中采用问题式教学，对地理教师提出了更高的要求，高中地理教师要充实自己，努力提高自身专业素质和教学素质，改变传统的教学理念，还学生学习的主体地位，并让他们做回课堂的主人，给予学生充分的质疑和设问的权利，改变传统的师生关系，让课堂环境更和谐、课堂气氛更活跃，教学质量更高。

二、问题式教学的概念界定及理论依据

问题式教学法来源于1969年加拿大麦克马斯特大学医学院教授巴罗斯提出的PBL教学模式（基于问题的学习，Problem-based Learning，简称PBL），美国哈佛大学在1985年将其改进并推广，引起了教育界的广泛关注。问题式教学法因其摒弃了传统以记忆为主的教学方式，更加注重能力的培养，所以很快从医学领域拓展到其他领域，并从大学教育逐渐扩展到中学教育。

1. 问题式教学的概念界定

新课程指出，问题式教学是用"问题"整合相关学习内容的教学方式。问题式教学以"问题发现"和"问题解决"为要旨，在解决问题的教学过程中，教师应引导学生运用地理的思维方式，建立与"问题"相关的知识结构，并能够由表及里、层次清晰地分析问题，合理表达自己的观点。教师要特别关注开放性的没有标准答案的问题。"问题式"在某种程度上也可看作是一个上位概念，凡是基于真实问题、开放式问题、尚无现成答案问题的教学，都可视为问题式教学，单元式、项目式、主题式等教学方式，都可用于问题式教学。

问题式教学是指通过亟待解答的问题，使学生形成"问题"意识，激发对于问题的好奇心和求知欲，它有利于培养学生的学习兴趣，提高学生的思维能力。美国教授巴罗斯和克尔森认为：如果把问题式教学看作一门课，则学习者需要从中获取知识，掌握必备的技能；如果把它看作一种教学方法，则学习者

在这种方法的教导下需学会提出问题、分析和解决问题。综合国内外研究现状，更多的研究是把问题式教学看作一种方法，认为问题式教学是一种以问题为主线的教学方法或教学模式，实质上包含了问题的设计、发现、提出、探究和解决等过程。对比分析国内外学者对于问题式教学的理解，我们认为问题式教学不是单纯地指一整节课中教师一直在提出问题学生来回答，而是教师在备课时就已经设计好问题情境，课堂开始时教师以问题导入教学，课堂教学过程中教师提出问题，让学生进行分析和解答，或者由学生发现并提出一些自己感兴趣的问题，在教师指导下进行分析和解决，从而掌握解决问题的方法，促进自我能力的提升。

2. 问题式教学的理论依据

（1）发现学习理论

布鲁纳提出的发现学习理论强调学生是学习的探求者，学生学习的过程是主动探究、形成认知结构的过程，这一理论对于培养学生的发现、创造能力具有重要的影响。发现学习理论在强调学习过程方面，认为学习是学生获得知识的重要途径；在强调直觉思维方面，认为直觉是寻求问题答案的一种感觉，通过直觉不一定能够得到正确的答案，但是顺着这一方向去思考，有时会收到意想不到的效果；在强调内在动机方面，认为对于新奇事物的好奇心往往会促使学生有目的地思考问题，积极地追求最终的答案；在强调信息提取方面，认为在众多信息中要有选择性地选取对自己有用的信息，并且利用这些信息去获得自己想要的答案。布鲁纳的发现学习理论是问题式教学的基础支撑理论，在地理问题式教学过程中，学生寻求答案的动力往往依赖于自身的内在动机，寻求答案的方法可以是自主探究或合作探究，也可以是依靠直觉查找方向，但最终学生能否自觉主动地探索知识是问题式教学能否有效展开的关键所在。

（2）建构主义理论

建构主义认为，学生学习到的知识是学生自己主动建构的结果，而不是依赖于教师教授的过程。建构主义包括四大要素，情境要素强调学习的外在影响应能够充分激发学生主动学习的兴趣，会话和协作要素强调学生的小组学习、合作探究是积极主动的求知过程，意义建构要素强调学习的内在动力，帮助学生达到学习的目标。这些要素之间相互影响、相互作用，共同组成了学生主动学习的过程。建构主义强调探究学习、合作学习，可以引申为在情境主义的问题式教学下的学习，而问题式教学则是在问题情境中发生的，教学的过程与现实的问题解决过程相类似，在教学中可以设置一些与现实类似的问题情境并指导学生进行问题探索。建构主义学习理论中学生是主动学习的对象，教师是学生学习的帮助者和促进者，这一师生角色的定位为问题式教学中师生关系的建构提供了理论支持，对问题式教学有效性的拓展研究具有非常重要的意义。

（3）马赫穆托夫的问题教学理论

科技革命给苏联学校提出了新的智力培养目标，引导教育工作者进行教育理念的革新，马赫穆托夫和与他志同道合的研究者去学习总结相关先进经验，并进行了问题式教学的试验，最终形成了具有一定体系的问题式教学的理论。在问题式教学理论中，马赫穆托夫对问题式教学的认识基础、心理学依据分别做出了说明，强调了问题的基本范畴，指出"问题"与"问话"（"提问""发问"）、"任务"（"习题""作业"）是不同的，不能混为一谈；提问、发问、问话、任务、习题、作业，这些环节都只是组织问题式教学，并调控问题式教学过程使其顺利进行的手段。他还指出，以提出并解决问题的方式来获取新知识的那种问题性思维过程分为五个阶段：①问题情境的产生和问题的提出；②已知解决方式的使用；③新行动原则及解决方法的寻找；④实施寻得的原则和方法；⑤检验解决方案的正确程序。在教学过程中，学生不仅受教师的外部指令，还受自己内部指令的驱使。问题式教学是完全符合马赫穆托夫问题教学理论的。问题式教学过程完全接受问题教学理论的指导，先由教师进行问题情境的创设，然后组织学生独立认识活动，学生基于已有的知识经验对新的情境进行分析概括。通过这样的教学过程，培养了学生的独立性和创造性，提高了学生综合思维水平以及解决问题的能力。

（4）杜威的实用主义理论

19世纪末由杜威倡导的实用主义教育理论认为，教育要以学生为中心，把学生置于教育中的主动地位，使学生的个性在教育中自然而然地不断发展，即教育即生长；教育是学生此阶段生活的一部分，学生此阶段生活的环境与学生的发展相互作用，教育应该与学生的生活相联系，不应该脱离学生真实生活，使学生适应现实生活环境，教育也能提升学生真实生活环境对学生发展的积极作用，即教育即生活；教学应该顾及学生的实际生活环境与身心发展程度，引导学生在直接经验的基础上"生长"间接经验，以主动性、活动性、经验性课程替代传统的死记硬背，即从做中学。学生的学习需要在做中学，因此教学过程的展开应该遵循以下步骤：呈现含有问题的情境—学生发现问题—提出解决问题的假设—验证假设。该理论对问题教学的意义如下：问题式教学中要引导学生主动地自主发现问题、解决问题，学生要根据自己的经验与现有水平按自己的"节奏"生长经验，教师应"道而弗牵"；问题式教学情境设计与问题设计要联系学生实际的生活与已有的经验；问题式教学设计中学生是动态地，而不是静止地接受系统知识；问题式教学要培养学生的问题意识。

（5）情境学习理论

美国加利福尼亚大学伯克利分校的让·莱夫教授和独立研究者爱丁纳·温格于1990年前后提出情境学习理论。情境学习理论认为，学习不仅仅是一个个体性的意义建构的心理过程，而更是一个社会性的、实践性的、以差异资源为中介的参与过程。知识的意义连同学习者自身的意识与角色都是在学习者和学习情境的互动、学习者与学习者之间的互动过程生成的，因此学习情境的创设就致力于将学习者的身份和角色意识、完整的生活经验以及认知性任务重新回归到真实的、融合的状态，由此力图解决传统学校学习的去自我、去情境的顽疾。正是基于对知识的社会性和情境性的主张，情境学习理论告诉我们：学习的本质就是对话，在学习的过程中所经历的就是广泛的社会协商，而"学习的快乐就是走向对话"。情境学习强调两条学习原理：第一，在知识实际应用的真实情境中呈现知识，把学与用结合起来，让学习者像专家、"师傅"一样进行思考和实践；第二，通过社会性互动和协作来进行学习。

三、问题式教学的特点

1. 问题式教学与传统教学的区别

问题式教学与传统的按照学科逻辑组织的科目教学有着很大的不同，二者的区别主要表现在以下几个方面。

（1）教学目的不同

传统教学尤其是传统的课堂教学，主要侧重于传授知识，让学生掌握人类几千年来积淀下来的人类文化遗产;而问题式教学的主要目的在于使学生建构灵活的知识基础,发展高层次思维能力,成为自主(或自我调节)的学习者以及成为有效的合作者。

(2)知识来源不同

传统教学的知识来源是多年一贯制的固定的教科书上的学科知识;而基于问题式学习的知识来源则是多种多样的:各门学科知识、实践者的专长及实务性学问、政策和实践、来自学生自身的知识。问题式教学选择知识的一个重要标准是所选知识应当在促进理解问题、理解引起问题的可能的原因、考虑解决问题的方案或可能的方案时须予以考虑的种种因素等方面具有一定的功能。

(3)教学方式不同

传统教学主要是以教师讲授为主;而问题式教学则强调以学生的主动学习为主,其最重要的活动是调查和讨论。它强调学生结合已有的经验和知识的亲自参与,它注重通过交谈和辩论,分享经验与认识,促使学生转换并扩展其认识的视角,最终形成富有个性的、自我统一的、动态的认识系统。

(4)沟通渠道不同

在传统教学中,主要是教师向学生传授知识,因而沟通渠道主要是单向流动;在问题式教学中,则不仅有教师与学生之间的沟通,而且也有学生与学生之间的沟通,因而沟通渠道是多源多向的。

(5)教师在教学活动中的地位不同

在传统教学中,由于主要采用讲授的方式,教师的任务是把自己知道的书本知识传授给学生,教师在整个教学活动中居于主要地位;在问题式教学中,教师所扮演的角色是指导者和推动者,学生在教学活动中一般居于主要地位,教师对整个教学活动加以辅导,也可以说教师在教学活动中居于从属地位。

(6)学生在教学活动中的地位不同

在传统的教学活动中,学生的角色主要是听讲者和知识的接受者,学生在整个教学活动中基本处于被动的地位。在问题式教学中,学生所扮演的则是一个积极的参与者的角色。他必须自主地结合已有的经验和知识并融合新的知识和经验去解决所面临的疑问和矛盾。学生在整个教学活动中基本上一直处于主动的地位。

（7）学生的积极性不同

在传统的教学中，学生由于处于被动地位，学习的积极性较低；而在问题式教学中，由于学生在教学活动中处于主动地位，他们积极参与基于问题式学习中各个环节的活动，积极性较高。

（8）学习结果不同

在传统教学中，学生获得的是教师经过筛选、过滤等加工程序后的"第二手"的知识；而在问题式教学中，学生所获得的既有学生自己加工而得的"第一手"的知识，也有在学习过程中养成的问题意识、创造性思维的技能以及解决问题的能力。

（9）教学效果不同

在传统教学中，虽然能够传授比较系统的知识，但在能力培养方面效果明显不足；而问题式教学虽然能有效地培养学生的问题意识、批判性思维的习惯，发展自主学习的策略以及解决实际问题的能力，但在传授系统知识方面效率较低，这不能不说是问题式教学的一大缺陷，对此，我们必须有清醒的认识。

通过上述比较，我们可以发现，问题式教学的优点突出，传统教学也不能一概否定，这两种教学方法各有自己的优缺点，应该取长补短，不可偏颇。

2. 问题式教学的特点

与传统教学法相比，问题式教学的特点主要体现在以下几方面。

（1）以学习者为教学中心

在问题式教学中，学习者必须自己担负起学习的责任，主动学习。了解应该要知道什么，以什么方式学习，凭借自己的个体经验以及基于个体经验的个性化的知识自主地去解决所面临的疑问和矛盾。它促使学习者结合已有的经验和知识，融合新的经验和知识，在解决问题的过程中形成富有个性的、自我统一的、动态的认识系统。换言之，问题式教学中，学习者是问题的解决者和意义的建构者。由于学习活动是学生内部心理活动与外部行为相结合的过程。由此可见，在问题式教学中，学习者自己也是学习外部活动的控制者和管理者，也就是说，这种学习是以学习者为中心的教学。

（2）以问题为学习起点

问题式教学是以结构不良的、开放的、真实的问题作为学习的起点。这些非常接近现实世界或真实情境的散乱而又复杂的问题呈现了学习者实际要面对的挑战，为学习者提供了学习的动机。学习者不能简单地套用原来的解决方法来解决这些问题，他们需要在原有经验的基础上进行创新分析来解决问题。学习者在尝试解决问题的时候，就会知道应该学到什么知识内容。问题式教学以问题汇聚焦点来组织高水平的学习，问题式教学中那些结构不良问题往往是没有规则和稳定性的，学习者无法简单地套用原来的解决方法来解决这些问题，要求学习者要在原有经验的基础上进行创新分析来解决问题。也就是说，面对那些结构不良的新问题，学习者要把握概念之间的复杂联系并广泛灵活地将其应用到具体的问题情境中去，在学习者解决问题的过程中发展其有效地解决问题的技能和高级思维能力。这样还能确保在将来的工作和学习中学习者的能力有效地迁移到实际问题的解决中。

（3）以自主、合作、探究学习为学习方式

在问题式教学中，学生一定要通过自主学习来解决真实性的实际问题。但由于问题太复杂了，学生需要以小组为单位进行合作，通过合作学习来共同完成对所学知识的意义建构。在小组中，学生共享专业知识、思维与智慧，这有助于形成多种假设、多种观点，从而有助于学习者对有关问题的理解，共同探究包含学习议题的复杂性问题。在小组中，学习者需要积极主动参与小组活动，主动地寻求学习伙伴并共同探索问题，在交流和研讨学习信息的过程中，通过语言的表达、思想的沟通、心灵的碰撞、性格的磨合等实现组织能力、交往能力和独立学习能力的提高，个性的发展乃至集体主义观念的形成。概括起来讲，在问题式教学过程中，要大力倡导充分的自主、有效的合作、深度的探究。在自主、合作、探究三者中，自主是合作、探究的基础，合作是促进自主、探究的形式，探究是自主、合作学习的目的。三者互为一体，又互相促进。

（4）以搭建适当高度的脚手架为教学落脚点

脚手架是为了保证各施工过程顺利进行而搭设的工作平台。盖一座高楼时所搭建的脚手架，建筑工人需要站在脚手架上，才能将新的建筑材料安放在应有的位置上。第一个类型的脚手架是从地面搭起，随着高度的增加，不断地向上搭。第二个类型的脚手架，随着建筑高度的不断增加，下面的脚手架就撤了，只在适当的高度上搭建脚手架。如果把问题式教学的过程，看作是学生建筑自

己的知识大厦，那么，教师的作用就是在学生学习时，给学生搭建适当的脚手架，让学生能够找到学习新知识的落脚点，然后把学习到的新知识安放在他们原有的知识结构之中。那么，作为教师的我们，在学生学习新知识的过程中，是否需要从最低点开始搭建脚手架呢？很明显，是不必要的。前面学习的知识或者学习知识过程的方法，是可以迁移作为后续学习的脚手架的。在这里要强调的是，教师在学生建筑自己的知识大厦中应该扮演促进者和引导者角色。

在问题式教学开始之前，教师需要反思学习的目的，并根据学习的目的设计或选择适合的问题。除此之外，教师还要努力寻求让学习者学会为学习承担责任的方法，精心地设计各种策略、准备相应的学习材料、安排学习者分组等，为学习者创造积极投入学习过程的机会。在问题式教学的进行过程中，教师需要倾听，耐心地和学习者互动，通过提问来适当地引导学习者，以避免学习偏离学习主题，并逐渐地做教学方式的转换，从进行讨论、解决问题、建立共识、撰写报告和口头发表见解中，使学习者习惯问题式教学的学习方式。在问题式教学结束之后，教师还需要评价学习者和自身的表现及问题的品质等。综上所述，在组织问题式教学的过程中，教师的责任在于引导学生进行学习，监控整个学习过程使计划顺利地进行。也就是说，教师扮演好促进者和引导者的角色，可以为学生建筑自己的知识大厦搭建出适当高度、结构良好、质量上乘的脚手架。

四、问题式教学的设计

1. 高中地理问题式教学设计的原则

高中地理问题式教学设计的原则是以设计目标问题为基础，以理清目标问题之间的脉络为重点，让问题的设定在围绕教学目标、把控学情和关注学习情境的基础上整合成具有可操作性的问题链，并将核心素养融入其中。

（1）紧扣学习目标与核心素养设问

学习目标是设计教学问题的重要参照因素，问题的设计应为达成学习目标服务。针对学生认知水平与知识基础的差异，学习目标可以设计成不同的水平层次。基于不同层次的学习目标，问题的设计要切中教学要害，针对教学的重点、难点，设计出不同层级的问题链。另外，问题的设计要与培养学生的核心素养相结合，把地理核心素养的精髓植根于问题式教学之中，并通过学生对问题的思考与互动逐步提升其综合思维、区域认知、地理实践力与人地协调观等素养。

（2）尊重学生的认知水平和知识基础

学生的认知水平和知识基础是教学问题设计的起点，这需要教师对学生的知识水平和认知特点有清晰的把握，设计出符合学生"最近发展区"的高质量的问题链。否则，问题的要求过高或过低都无法激发学生的探索欲望，也不利于其核心素养的培育。对于较为抽象的问题，在设问之前可以结合具体的情境做适当铺垫，并把复杂问题分解为若干相关联的小问题。针对较为简单的概念性、常识性等问题，可以将其融入较为复杂的问题之中，作为学生解答复杂问题必须明确的一个前提条件。

（3）注重问题设计的生活化与层次性

地理知识源于生活情境，对抽象的地理知识与原理的探索需要依托特定的学习情境，并使教学情境贯穿于整个教学过程中，只有这样获取的地理知识才能内化于心，外化于行，逐渐形成学生必备的地理素养。问题的设计还应具有清晰的层次性，合理把控问题设计的跨度与梯度，注重知识之间的联系，并按照层次关系合理呈现不同层次的问题。此外，不同层次的问题都应该有主干问题与分支问题，且同层次的若干问题应形成一条具有逻辑关联性的问题链。

（4）增强问题的可操作性与趣味性

问题的功能应以辅助完成课堂教学任务为目标，其设计应该结合教学目标、学情、教学重难点等因素进行并以适当的形式表征。在设计问题时需站在学生的立场慎重考虑，注重问题的可操作性、针对性、设问尺度与难度，同时需要避免问题大而空，不着边际，表述不清等，确保学生明确问题的用意与学习的方向。此外，避免问题呈现方式单一化，类型不同的问题可以适当变换形式和表达方式，增强问题的趣味性和学生探索欲望。

2. 高中地理问题式教学设计的技巧

关注高中地理问题式课堂教学，设计问题是基础。问题的确定应考虑与实际情境相关联，可以覆盖若干条内容要求或教科书的若干章节，围绕问题，使教学内容的结构化与关联性更加突出。"问题"的呈现，要利于学生发现未知，激发学生学习和探究的兴趣，利于学生创造性地解决问题。"问题"的设计，需要依托情境，建议在选择情境时考虑以下几个方面：贴近学生知识水平、生活实际和社会现实，使学生理解情境；蕴含问题，给学生提供探究的空间；体现关联性，让学生在一个贯穿全过程情境中经历地理思维发展的过程；与课程标准和地理教科书内容联系，便于学生找到基本的依据和资源。

设计问题的重要技巧是要明确问题类型，丰富提问角度。教师提问形式的单一限制了学生的思维，使学生提出的问题也呈现出单一化思维的趋势。因此，高中地理师生要想提出更多有价值的问题，前提是必须了解问题的类型，弄清楚可以从哪些角度提问，可以提出什么样的问题。按照布鲁姆"层级化思路"问题设计方法，可以把问题分为：①记忆性问题、②理解性问题、③运用性问题、④分析性问题、⑤评价性问题、⑥创造性问题。在麦卡锡的4MAT模式（又称自然学习模式）中，曾采用"四何"问题分类法，即"是何、为何、如何、若何"。华东师大祝智庭教授将"由何"概念引入问题归类之中，形成了"五何"问题分类法。我们要灵活运用"五何"问题分类法来设计不同层级的地理问题。

（1）是何（what）。关于"是什么"的表示事实性知识的问题。对应的学习基本方式是信息搜集、记忆、理解。学生要回答这类问题，需要完成事实性知识的回忆与再现，或者通过说明、解说、描述、推断来阐明某种事实性的意义。例如：什么是垃圾焚烧发电厂？

（2）为何（why）。关于"为什么"的表示目的、理由、原理、定理的问题。对应的学习基本方式是探究、思考。回答此类问题需要理解事物之间的内在联系和逻辑关系，运用获取的原理性知识对事件、行为、目的、观点、意义、价值、结果等进行合理的解释和推理。例如：居民为什么反对兴建垃圾焚烧发电厂？

（3）如何（how）。关于"怎么样""怎么办"的表示方法、途径与状态的问题。该类问题的解决一般对应着获取策略性的知识。对应的学习基本方式是在做中学，在体验中学习。例如：怎样解决反对兴建垃圾焚烧发电厂与城区日益增加的垃圾排放量之间的矛盾？

（4）若何（if）。关于"如何……会……"的表示条件发生变化，可能产生新结果的问题，即"如果""要是""是否""即使"等情况下的问题。"若何"

类问题复杂多变，易于产生思维迁移，学生要回答这类问题，必须对事物的多种属性进行判断，充分发挥自己的洞察力、想象力和创造力。对应的学习基本方式是猜想中学习，情境中学习，发散与创造性地学习。例如：①如果不兴建垃圾焚烧发电厂，我们可以怎样处理垃圾？②如果兴建垃圾焚烧发电厂，怎样才能平衡居民的意见？③假如你是垃圾焚烧发电厂选址附近的居民，你会有什么想法？④假如你是政府的职能部门，你应该采取怎样的措施？

（5）由何（where/when/who）。关于"由……引起的"的问题。"由何"问题的作用主要表现为：它可以作为情境的依附对象，强调与事物对象相关的各种情境要素的追溯与呈现。表示问题发生的条件、来历、起因，通常可以通过分析问题产生的情境，并由此进一步确定问题的性质以及问题解决的方式。例如：由居民反对兴建垃圾焚烧发电厂想到我们应如何提倡环保、做好垃圾分类等此类问题。

在问题设计中，通常是把由何与其他"四何"问题进行融合设计，展示相应的问题情境。例如：①由居民反对兴建垃圾焚烧发电厂想到，怎样解决反对兴建垃圾焚烧发电厂与城区日益增加的垃圾排放量之间的矛盾？②由居民反对兴建垃圾焚烧发电厂想到，作为政府的职能部门，你应该采取怎样的措施？等等。

课堂教学设计建议关注以下六个方面。(1)以学生的认知水平和知识基础为起点设计教学。(2)围绕问题设计不同层次的问题链条，注重地理知识间的内在关联性，并将所学内容有逻辑地整合成可操作的学习链条。同时也要注意学习链条的设计只是预设，实际学习过程的展开要以学生的思维发展为线索，避免教师用问题链过度"牵引"学生的现象。此外，还要关注课堂生成问题，促进、激发学生发现问题、提出问题。(3)将完整呈现问题和相应情境作为学生学习的基础和背景，避免将情境仅作为"导入"的做法，要引导学生在充分理解情境的前提下展开学习。(4)让所有学生参与问题解决的整个过程，即使在分组学习时，也要避免每个小组仅负责解决问题的某个方面或某个环节，以保证对地理问题的全面认识和综合思维训练。(5)不论是演绎学习还是归纳学习，都要使学生能形成一定的地理知识结构框架，并综合地理解、解释和解决地理问题。(6)要提倡和鼓励学生呈现开放性思维，注意鼓励创新性表现。

3. 高中地理问题式教学设计的案例

依据课标理念和高中地理教学实践，我们提出高中地理问题式教学设计的一般思路是：

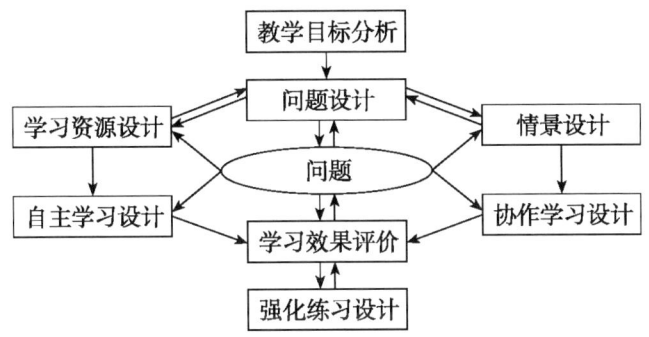

高中地理问题式教学设计的一般模式图

新课标提供了高中地理问题式教学设计的典型案例。

实例1 "浙江青田县稻田养鱼为何持续至今"问题式教学

目标：围绕"浙江青田县稻田养鱼为何持续至今"这个问题，综合学习"地域文化、文化景观、人地关系、可持续发展"等相关知识，发展地理综合思维、区域认知、人地协调观等地理学科核心素养。

问题的设计：(1) 该问题的核心内容为"地域文化景观"，可以对应地理2"结合实例，说明地域文化在城乡景观上的体现"和"说明协调人地关系和可持续发展的主要途径及其缘由"内容要求的学习。围绕该核心内容，涉及的内容还包括乡村景观、可持续发展等。(2) "青田县上千年稻田养鱼农业文化为何延续至今"是一个真实问题，可以引导学生从区域文化价值角度入手，感悟、欣赏这个独特的地域文化景观，分析其中存在的文化现象和区域可持续发展应采取的对策。

情境创设：取"浙江青田县稻田养鱼"的真实情景，经加工整理，形成如下情境的描述。浙江青田县稻田养鱼距今已有1200多年历史，最早是由农民利用溪水灌溉稻田，鱼在稻田里自然生长，经过长期驯化而形成的天然稻鱼共生系统。古青田县志中记载："田鱼，有红、黑、驳数色，土人在稻田及坵池中养之。"田鱼，是淡水鱼的一种，由鲤科鱼类演化而来，有红、黑、花、白、青、粉等颜色，由于自古在稻田中养殖，故俗称"田鱼"。田鱼虽然出自稻田而无泥腥味，肉质细嫩，味道鲜美，鳞片柔软可食，营养丰富，深受人们的喜爱。然而，这种延续至今的生产方式出现了令人担忧的局面：当地掌握这一技术而又专心养鱼的人正在迅速减少，因为要靠种田养鱼发家致富很难，稻田养鱼处于濒危状态已是一个不争的事实。那么这里的农业生产能否持续发展下去呢？

教学设计：（1）了解学生对这类地理事物的认知基础，并针对学生可能存在的理解困难做相应的准备。例如，介绍稻田养鱼的真实情景，以及当地人们的生活方式等。（2）设计问题链条，用地理环境整体性的思路引导学生分析浙江青田县的自然环境及人类活动方式和特点。例如，怎样认识青田县的气候特征？青田县丰富的溪水资源从何而来？稻田养鱼对水稻生产有什么好处？青田县人们长期以来的生产和生活方式是怎样的？这里积淀了怎样的地域文化？为什么今天的青田县稻田养鱼处于濒危状态？青田县的农业生产怎样才能持续发展下去呢？（3）探究浙江青田县"稻田养鱼"模式的形成过程及人地相互作用表现。（4）2005年6月，青田县的稻田养鱼被联合国粮农组织评为"全球重要农业文化遗产保护试点"，成为中国第一个世界农业文化遗产。从可持续发展视角认识浙江青田县稻田养鱼的文化价值。

教师在教学中，可以结合此类案例，辅助搞一些社会调查活动，或借助信息技术整合相关地理信息，引导学生综合地认识"自然—社会—经济—文化"之间的相互作用与协调关系，体验自主思考探究的过程。

五、问题式教学的实施

1. 问题式教学的实施原则

基于《普通高中地理课程标准（2017年版）》对开展问题式教学的原则要求，结合对地理教学专家、一线地理教师的咨询，我们制定了地理问题式教学的实施原则。

（1）目标性：指向地理学科核心素养的培养目标，符合课标的要求，匹配具体教学目标的达成。

（2）主体性：教师是问题式教学设计的真正主体，学生是问题式教学活动的真正主体。问题式教学环境的创设是为了引发、激发学生的自主探究、协作和反思性学习，促进学习者的深度学习。同时，教师感受作为具有自主性和创造性主体的尊严、地位和责任，在教学设计与实施中实现自我价值。

（3）知识性：问题的设计符合地理教学内容，覆盖若干条地理教科书知识；契合学生地理知识的习得路径，有助于学生掌握、应用和构建知识。

（4）方法性：能帮助学生在发现、解决问题的过程中掌握并灵活运用多种学习方法；有助于培养学生的地理逻辑思维，如演绎推理、归纳总结等；结合地理图表信息，培养学生的信息整合和读图析图能力；有助于培养学生的合作探究和表达交流能力。

（5）情境性：以情境为基础进行问题设计，并且符合学生的认知水平；情境来源于学生生活的地理环境，便于学生找到用于解决问题的资源；问题情境不仅是作为课堂教学的导入，而且能够贯穿教学全过程。

（6）关联性：不同问题之间具有关联性，问题链逻辑性强，体现教学内容的内在联系，引导课堂向前发展。

（7）启发性：问题能够吸引学生进行主动思考，促进学生地理知识的习得和地理思维的发展，进而展开深度学习。

（8）情感性：帮助学生形成正确的人地协调观，使其具有环境、资源和法制意识；有助于培养学生对社会和自然的责任感，以及自觉行动意识；有助于培养学生爱家乡、爱祖国的情感和行为。

2. 问题式教学实施的一般模式

所谓问题式教学模式，就是采用设问的方式，组织教学内容，引导学生积极思维，在解答问题的过程中完成新知识的传授的课堂教学方法。依据设问的方式和教学目的不同，问题式教学主要包括三种形式：第一，教师在讲授完一系列的知识后设问，引导学生在前述知识的基础上，归纳推导得出一定的结论，即由"因"到"果"的推论过程；第二，教师在没有讲授知识之前先行设问，设置悬念，激发学生思维兴趣和求知欲望，然后引导学生寻求原因，即由"果"到"因"的反证过程；第三，依据所学的知识，由学生自己提出问题，然后教师引导学生进行共同探讨，寻求答案，即由"多因"到"多果"的讨论过程。

问题式教学实施的形式因教学目标、教学内容、学情等方面的不同可以采用灵活的相应方式。

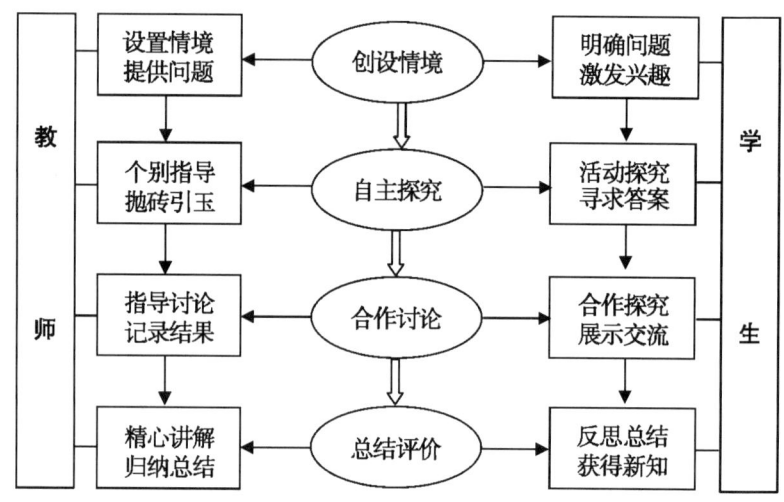

问题式教学实施的一般模式

问题式教学以问题为线索，以设置问题为开端，解答问题为结束，包括创设情境、自主探究、合作讨论和总结评价四个方面。上图中的各个环节并不是一成不变的，教师可以根据实际来确定教学环节的实施过程。只要在教学过程中，学生自我引导进行学习，充分发挥主观能动性，就达到了问题式教学的目的。

（1）创设情境，设置问题

古希腊教育家亚里士多德曾经说过："思维自疑问和惊奇开始。"所以，在课堂开始时，教师要精心设计问题，创设教学情境。例如，在上《地理 必修 第一册》第二章第二节"大气受热过程和大气运动"第2课时"热力环流"内容时可以结合实验创设问题情境，利用实验创设的一些地理问题，能够激发学生学习的积极性，使学生通过实验观察、实验过程中的现象变化以及实验结果等来思考和解决提出的具体问题。在透明的玻璃缸两端分别放入一盆热水和一盆冰块，用塑料薄膜将玻璃缸上端开口处封严，在塑料薄膜的一侧（也就是冰块盆的上方）开一个小口，将一束香点燃放入玻璃缸内，观察玻璃缸内的现象。通过实验可以设置如下问题情境：烟雾在玻璃缸内是如何运动的？为什么会产生这样的现象？由实验得出什么样的结论？或依据教材中"城市热岛环流"图文材料创设问题情境：有这样一个现象，在近地面，气流是由郊区流向市区，而在高空，气流则是由市区流向郊区。为什么会产生这样相反的空气流动现象呢？或借助生活体验创设问题情境：有人在微信群当中发问——如何在切洋葱的时候不流眼泪？根据朋友的回答，引出切洋葱时点蜡烛的实验，进而发问——为什么会出现这种现象？还可以借助课外材料或视频资源创设问题情境：播放《三国演义》中"火熄上方谷"视频，接着设问——诸葛亮火烧上方谷，一场大雨救了司马懿，真的是天意吗？

（2）引导学习，自主探究

教师引导学生阅读教材，参照教材"图2.11 热力环流的形成示意"，理解大气运动有垂直运动和水平运动之分。大气的垂直运动表现为气流上升或气流下沉，大气的水平运动即是风。

通过三个比较气压高低的问题，理解气压概念，并总结地面受热均匀情况下的2个结论。

[概念]

气压：是作用在单位面积上的大气压力，即等于单位面积上向上延伸到大气上界的垂直空气柱的重力，通常以百帕（hPa）为单位。

比较气压高低：

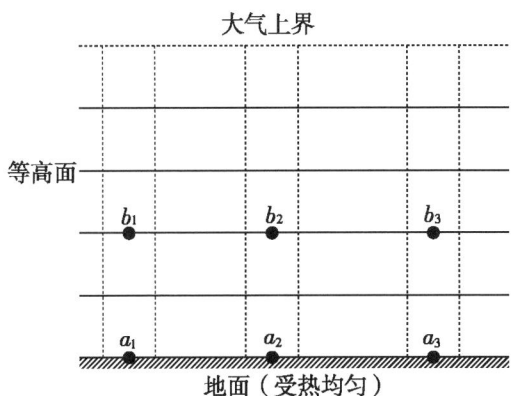

①a_1_____a_2_____a_3

②b_1_____b_2_____b_3

③a_1_____b_1, a_2_____b_2, a_3_____b_3

思考：

①等压面与等高面_____。

②垂直方向上，海拔越高，气压越_____。

结合物理常识，引导推出结论。

在地面受热均匀的情况下：同一水平面气压相等；垂直面上，海拔越高，气压越低。

[设计意图]

通过回顾气压这个重要概念，为理解和掌握热力环流打下重要基础。

结合三个引导性问题，学生阅读教材"图2.11 热力环流的形成示意"，自主探究热力环流形成过程。

◇问题探究◇

①由于近地面冷热不均，近地面空气将首先如何运动？

②近地面和上空的同一个水平面上的大气压还相同吗？

③在同一个水平面上，空气将如何运动？

[教师引导]

由于地面冷热不均而形成的空气环流，称为大气热力环流。现在请同学们自己绘制一幅热力环流示意图，并概括热力环流形成过程。

[师生归纳]

在学生活动后，教师引导学生归纳：

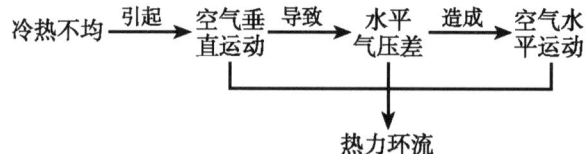

（3）小组讨论，合作学习

教师将全班分为若干个小组，并结合教材相关内容，完成下面5幅示意图。

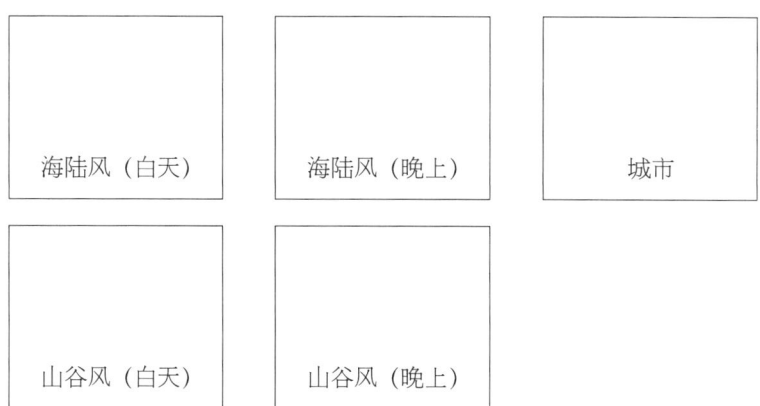

学生绘制完之后,教师选其中一组在黑板上绘制任意五幅示意图,并请其他小组现场点评。

接着,教师再展示几个问题让学生展开小组合作探究。

①根据热力环流示意图,解释"切洋葱时点蜡烛不易流眼泪"的原因。

②播放歌曲《军港之夜》,让学生认真听歌曲,从热力环流角度找出歌词中的一处错误。

(歌词)军港的夜啊静悄悄/海浪把战舰轻轻地摇/年轻的水兵头枕着波涛/睡梦中露出甜美的微笑/海风你轻轻地吹/海浪你轻轻地摇。

③《三国演义》第一百零三回诸葛亮"火烧上方谷"失败的原因是什么?

学生小组讨论每个成员得出的结论,提出解答问题过程中的疑惑,共同探讨。在这个过程中,学生交换自己的学习成果,比较他人与自己结论的差异,反思自己。也可以展开辩论,从而加强理解,学会多方位、多角度思考问题,提高学生分析问题和解决问题的能力。

(4)教师点拨,综合评价

这个环节对于整节课来说至关重要。教师是学生学习的引导者和促进者,教师在最后的精细讲解在本节课起到画龙点睛的巨大作用。在经过学生自主探究和小组讨论之后,学生对本节课的重点内容已经有了一定的了解,教师将学生得出的结论汇总,根据学生没有解决的问题,提炼要点,进行深入浅出

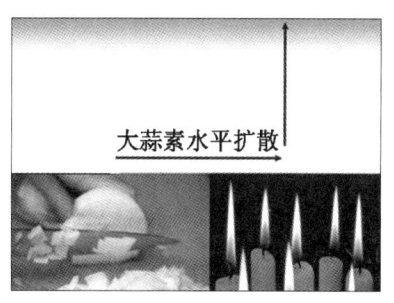

"切洋葱时点蜡烛不易流眼泪"示意

的讲解。最后，教师带领学生共同解答课堂开头创设情境设置的问题。例如，解释"切洋葱时点蜡烛不易流眼泪"的原因。根据上面示意图，切洋葱不易流眼泪的原因：由于点蜡烛后受热不均，产生水平气压差，大蒜素会水平扩散到蜡烛一侧，随着受热上升的气流在超过人体高度的上层空气中扩散，人体吸入的大蒜素减少，不易流眼泪。最后，教师需要对各小组探究的汇报结果进行综合评价，表扬思维创新点，指出不足部分，并进行画龙点睛式总结。

3. 问题式教学的实施技巧

（1）创建合理的地理问题情境，营造愉快的课堂氛围

心理学研究表明，学生在情绪饱满、心情舒畅的情境下，思维较为放松和活跃，记忆力达到最优状态。创设合理的课堂问题情境，营造良好的课堂氛围，是问题式教学的优势所在。良好的问题情境可以一石激起千层浪，自然地把学生引进思考状态，进行自主的理解、体验、感悟与生成。教师最好是在教学准备阶段就充分搜寻相应的情境资源，比如，可以找寻和教学主题相关的一些图片、视频或者是文字类的资料，教学开端可以首先给学生呈现这些内容，然后提出问题，进而让学生展开对于问题的挖掘与探究。这样的教学组织与设计的方式会让整个课堂更为紧凑，可以充分利用有限的课堂教学时间，并且能够让学生的思维能力和问题探究能力都得到良好锻炼。在使用问题式教学法时，要注重以学生为主体，教师为主导，让学生与学生、学生与教师之间产生互动与对话；在交流中，教师要了解学生在学习中产生的疑惑与不解，记录并总结，鼓励学生多方位多角度思考问题。可以说，创建合理的地理问题情境，创造活跃的课堂氛围，让学生以饱满的情绪积极地投入到课堂中去，这恰恰是问题式教学的魅力所在。

教师要善于利用先进的科学技术手段创建问题情境，营造愉快的课堂氛围。多媒体的应用能够活跃高中地理课堂的教学氛围，能够丰富地理教学内容，从而使地理信息的表达更加丰富、生动、直观和多样化，实现抽象地理事物形象化、静态地理图像动态化、复杂地理过程简单化，既吸引学生思考，又让学生发现已有知识和信息体验的冲突矛盾，探究问题的内驱力油然而生，一个有利于学生开展自主、合作、探究的课堂氛围也顺利营造起来。

（2）创设针对性与实效性的地理问题，强化学生问题意识

问题是教学的起点和归宿，也是教学的主线。知识围绕问题而产生，教

围绕问题而展开。因此，如何正确设置问题至关重要。教师在创设地理问题时，要注意问题针对性、科学性、开放性和创造性。需要指出的是，教师在设置问题时，还要注意问题的难易程度，教师需要给学生在已知和未知之间搭建桥梁，根据学生已有的认知水平，提出具有挑战空间的问题，让学生能够通过自己的努力获得学习成果，这也是维果茨基倡导的"最近发展区"思想的意义所在。教师所设计的问题不能过多，也不能设计得偏难或偏易，问题要具有灵活性与探究性，要激起学生的活力与兴趣。所以，教师要针对不同层次的学生，将教学内容及方式进行合理的安排，尽量做到少而精，才能保证其针对性与实效性。通常学生在对一个问题产生疑问时，内心就会产生冲突，在冲突的驱使下，学生会对问题进行积极的思考，这并不是一个简单的思考过程，而是学生创新的过程。经常开展有针对性与实效性的问题式教学，可以有效强化学生的问题意识。

（3）加强学情分析，留给学生充足的探研时间

问题式教学的落脚点是学生的智慧增长与能力提升。教师的问题设计要从教学内容出发，更要指向学生的实际需要。学生的实际需要就是学生学习中存在的真实的、亟待解决的问题。因此，学情分析显得尤为重要。了解学生的已知与未知、优势与不足、学习路径与思维习惯，在课堂上教师才能有的放矢，在有限的时间内有效解决学习的重难点问题。提前做好预习单和学生学习路径分析，是行之有效的一个方法。预习单的设计要着眼于了解学生，引导学生自主学习；学生学习路径分析的着眼点可以包括学习资源、学习顺序、学习时间、学习方式、学习的同伴、师生关系、兴趣特长与思维特点等。在课堂教学实施过程中，教师要在学情分析基础上留给学生充足的探究和研讨时间，从而对教学情境所展现的整个问题，涉及的知识和方法，对自己解决问题的思维过程、运用知识和方法的过程，做出必要的反思，调整原有的认知结构，形成新的认知体系，从而达到知识和能力的升华。在实际教学过程中，很多教师忽略了这一点。所以要强调的是，为学生留下充足的思考与讨论时间，有利于学生创新思维，形成新的知识体系，提高学习能力。

（4）重视课前问题引导，注意课外拓展延伸

问题式教学要注意变"教案"为"导学案"和"学案"，将"两案"建设成

"导学"的有效载体。在课前，教师可以给学生发送包含若干引导性问题的预学案，并要留给学生自主预习的时间。让学生带着问题预习，有利于学生对教材有一个整体性的掌握，还可以对重点进行针对性的学习，提高预习效果。在预习过程中，学生会遇到不懂的问题，在预习结束后，会对问题产生兴趣，提高解决问题的积极性。

课堂教学是一项系统工程，仅局限在课堂 45 分钟是不够的。问题式教学的很多内容可以延伸到课外，要求学生到自然界和社会环境中，亲自去实践、去体验、去观察、去尝试感悟。让他们将搜寻到的第一手资料和课本内容、课外知识、现代信息技术有机融合，这样有利于优化课堂教学内容，有利于问题的解决，真正实现让学生"走向生活""走向社会""走向未来"的教学目的。

（5）采用多样化的教学评价，注重培养学生的能力

在问题式教学中，教师承担着评价课堂学习过程和学习结果的角色。教师要采用开放的多样化评价方式，趋向于更关注于学习过程，以发展学生能力为目标。学生在自己努力后得到问题的答案，通常会有一种发自内心的喜悦和成就感，所以教师切忌轻易否定学生的猜想，要对学生给予充分的肯定，鼓励学生充分发散思维。在现实课堂中，教师常常以时间不够等为理由，在学生做出回答后只是简单地回复"请坐""对""是这样吗"等语句，有的甚至不予回答。在师生互动的过程，若教师不予理会，不采用鼓励性、多样性的课堂评价，学生将逐渐失去参与教学的热情。分析出现上述问题的原因，主要有两个方面：一是设计的问题过于简单，没有引起思维或情感的进一步碰撞，让学生成为教师完成预设教学内容的工具。二是学生的回答出乎教师的预设，教师来不及做出其他思考，使得对话不能继续深入进行。为了避免出现这些问题，教师要认真对待课堂互动与课堂评价，设计高质量的问题，做好充分的预设，不断提高专业素养，灵活应对，在预设的基础上实现精彩的生成。而在课后的教学评价中，考试内容不应局限于课本知识，多涉及热点问题、发散思维的主观问题等，培养学生的地理思维能力。此外，还可以在考试问题上允许学生选择考试题目，一些选做题可以让教师发现学生的优势和学习盲点所在。这种开放式的评价方式，可以使学生在掌握基本知识的同时，能充分挖掘自身潜力，培养主体意识和创新意识，让学生完成知识的内化，为学生的创新思维活动和实践活动开展

提供可行性的空间。

参考文献:

[1] 中华人民共和国教育部. 普通高中地理课程标准（2017年版）[S]. 北京：人民教育出版社，2018.

[2] Barrows HS, Kelson A. *Problem－based Learning：A Total Approach to Education* [M]. Illinois：Southern Illinois University Press，1993.

[3] 黄飞跃. "问题式教学法"在高中生物教学中的应用 [J]. 中学生物教学，2015 (1－2)：14－17.

[4] 刘亚如. 高中地理问题式教学的有效性研究 [D]. 济南：山东师范大学，2019.

[5] 陶承娜. 基于发现学习理论的高中自然地理教法 [J]. 地理教学，2017 (10)：48－51.

[6] 瞿云霞. "PBL教学"在高中地理课堂中的应用 [D]. 南京师范大学，2017：11－12，42－44.

[7] 张玲. 论基于问题式学习的本质和特点 [J]. 文教资料：教育论坛，2005 (26)：53－56.

[8] 黄伟. 新课改下高中地理问题式教学的设计策略 [J]. 课程教育研究：学法教法研究，2018 (36)：154－155.

[9] 任梦然，李秋石. 明确问题类型 丰富提问角度 [J]. 课程教材教学研究：中教研究，2014 (25)：92－92.

[10] 周玉琴，黄小兰，高赛格，张誉予. 高中地理问题式教学评价研究 [J]. 中学地理教学参考，2019 (9)：55－58.

[11] 顾仁勇. "问题式"教学模式的探讨——以《食品保藏原理》课程教学为例 [J]. 科技创新导报，2010 (18)：199－201.

[12] 王晓惠，郭志永. 高中地理问题式教学应用初探. [J]. 教学与管理，2016 (2)：108－110.

第二部分　问题式教学设计与案例

第一章 宇宙中的地球

第一节 地球的宇宙环境

教学内容分析

※**课标要求**※

1.1 运用资料，描述地球所处的宇宙环境。*

※**课标解读**※

1. 主要概念

宇宙：包括地球及其他一切天体的无限空间。(《现代汉语词典》第7版)

地球：是太阳系中的八颗行星之一，是目前宇宙中已知存在生命的唯一天体，是包括人类在内上百万种生物的家园。(《普通高中地理课程标准（2017年版）解读》)

2. 解读

"地球所处的宇宙环境"。地球上的许多自然现象，需要从地球所处的宇宙环境来分析。地球是宇宙的组成部分，其物质组成、运动规律及发生和演化都与宇宙环境同源，认识宇宙环境有利于学生形成科学的自然观和宇宙观。本则课标并不是为了宽泛地描述宇宙，而是从地球的视角了解宇宙环境，在大的层面上，地球的宇宙环境是指地球在天体系统中所处的位置，在小的层面上是地球在太阳系中所处的位置，认识"地球所处的宇宙环境"是使学生知道地球是

---

* 编者注：此处内容只列出该条课标中与本节教学内容有关的要求。书中其他章节的"课标要求"同此处理。

太阳系中一颗既普通又特殊的行星。

"描述"的要求是指学生能用语言形象地说出"地球所处的宇宙环境"是个什么样的环境。

"运用资料"是指学生运用图文资料进行描述和说明。

※教材分析※

课标 1.1 为"运用资料，描述地球所处的宇宙环境，说明太阳对地球的影响。"本节教学内容为前部分"运用资料，描述地球所处的宇宙环境"，是从地球的视角了解宇宙环境。大的层面，地球的宇宙环境是指地球在天体系统中所处的位置，因而天体系统（含天体的概念）及以地球为出发点的各层级天体系统（地月系—太阳系—银河系—可观测宇宙）都应成为必要教学内容。在小的层面上是地球在太阳系中所处的位置，认识"地球所处的宇宙环境"是使学生知道地球是太阳系中一颗既普通又特殊的行星，要理解其普通性，太阳系的结构、组成，各行星的物理状态也应成为必备内容；特殊性本身就是宇宙环境对地球影响的重要表现，也应成为必备内容，特别是由于第二节"太阳对地球的影响"的重点是太阳辐射和太阳活动对地球地理环境和人类活动的影响，而这些影响与太阳和地球的位置密切相关，因而在教学地球的特殊性（存在高级智慧生命）时，无论新教材的相关内容是繁多还是简略，"地球出现生命与太阳的关系"都要做好充分教学，为第二节知识的推进做好铺垫。

从地球的视角了解宇宙环境，就离不开天文观测这一地理实践活动。由于"选修 1　天文学基础"有"天体观测"更详尽的教学内容，而必修课程"地理1"是全体学生地理学科核心素养形成的基础模块，因而，应综合考虑时间、地点、器材、教学难度等方面，选择可行性高的观测活动。按课程标准的设计安排，由于教学内容的特点，本节是落实地理实践力培养的良好载体，在观测活动的可行性得到保障后，建议严格落实。

※学情分析※

新入学的高一新生，对高中生涯，特别是高中的学科学习内容充满了好奇、向往和探索欲望。同时，经过初中三年的系统训练，学生也接触过一定的探究式学习，对探究式学习有一定的体验。必修"地理1"旨在帮助学生增强对生活中的自然地理现象进行观察、识别、描述、解释、欣赏的意识与能力，能够带动高中地理教学方式方法的改革和地理课程评价方式的改革，本模块的大部分要求均可通过探究的方式逐步落实，作为新课程高中地理的第一堂课，本节课的教学内容的实施，宜采用问题式教学法，并结合天文观测，将新课程改革的理念与新生的好奇心进行充分融合，为学生今后良好的高中地理学习模式的形成奠定好基础。

※核心素养培养目标※

1. 通过人类探索地外生命重大项目等现实情境案例的分析，理解地球所处的宇宙环境及其对地球的重大影响；学会运用天体等地理概念，作出对地理事象的正确判断；学会运用天体系统的不同层级，理解地理空间尺度的缩放，从而理解地球在宇宙中的位置；学会运用要素综合分析的方法掌握地球产生生命的影响因素，并分析这些要素的产生与地球所处的宇宙位置的关系，最终能分析这些要素对地球产生生命的具体影响。(综合思维)

2. 通过学习地球的普通性和特殊性，学会正确看待人类探索宇宙中宜居星球的可行性和必要性，更树立目前地球是人类唯一家园的意识，理解宇宙环境与地球自然环境及人类活动的密切关系，深入认识保护地球内部环境和地球外部环境（太空垃圾管理）的重要性，认同人地协调对人类发展的重要意义。(人地协调观)

3. 能够运用所学的知识和简易工具，在户外真实环境下，通过对月相的观测，提升野外地理观测等实际操作能力。(地理实践力)

※教学重难点※

1. 教学重点

(1) 学会运用天体等地理概念，作出对地理事象的正确判断；学会运用天体系统的不同层级，理解地理空间尺度的缩放，从而理解地球在宇宙中的位置。

(2) 学会运用要素综合分析的方法掌握地球产生生命的影响因素。先分析这些要素的产生与地球所处的宇宙位置的关系，再综合分析这些要素对地球产生生命的具体影响，最终理解地球所处的宇宙环境对地球的重大影响。

2. 教学难点

理解地球的普通性和特殊性，特别是地球所处的宇宙环境对地球生命产生的影响。

※教学方法※

情境教学法、问题式教学法、小组合作探究法。

※教学课时※

2课时。

教学过程设计

※课前预习※

一、地球在宇宙中的位置

(一)天体

1. 定义:宇宙中物质存在的形式。

2. 类型:仰望星空可以看到闪烁的_____、轮廓模糊的_____、相对于星空背景有明显位移的_____、一闪即逝的_____、拖着长尾的_____、星际空间物质等。

3. 特征:迅速浏览教材图1.2并画出关键词。

(二)天体系统

1. 概念:宇宙中的天体相互_____、相互_____,形成天体系统。

2. 地球所处天体系统(地球的位置)。

地月系—_____—_____—可观测宇宙

3. 地球在太阳系中的位置。

太阳是太阳系的_____天体,质量占整个太阳系质量比例_____(大/小),地球是距离太阳较_____的一颗行星,日地距离约1.5亿千米,称为1个天文单位。

二、行星地球

(一)地球的普通性

1. 八大行星分类。

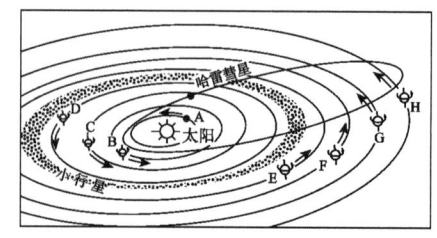

(1) 类地行星：A. _____、B. 金星、C. _____、D. 火星。

(2) 巨行星：E. _____、F. _____，因为_____，被称为巨行星。

(3) 远日行星：G. _____、H. _____，因为_____，被称为远日行星。

2. 体积质量普通。

地球与其他类地行星相似，距太阳较_____，有_____表面，体积较_____。

3. 运动方式普通。

地球与其他太阳系行星，在公转运动时具有_____、_____、_____的相似特征。

(二) 地球的特殊性——智慧生命的存在

地球产生智慧生命的条件。

适宜的_____、_____、_____条件，这与地球在太阳系当中的_____、自身的_____和_____有关（为什么？），也与地球有一个_____的宇宙环境有关（怎样的宇宙环境？）。

※课堂教学（第1课时）※

◇课堂导入◇

同学们，从小到大我们在仰望星空时，总是会有无限的遐思，我们会想知道天上的星星到底长什么样，我们会想知道月亮上到底有什么东西，我们甚至会想着月亮和星星上到底有没有住着和我们一样的人。这些伴随着童年成长的星星月亮也在亿万年的时光尺度中一直伴随着地球的成长，构成了地球所处的宇宙环境。今天我们就来探究一下我们地球所处的这个时空吧。（展示课件，导出标题"第一节　地球的宇宙环境"）

首先，通过课前的预习，大家对于今天要探究内容有了一定的了解，咱们先一起将预习内容进行简单的梳理。(利用预习检测，评估预习效果，并补充完善，为活动探究做好简单的知识储备)

在人类探索宇宙环境的活动中，对地外生命的探索一直是重要内容，迄今为止进行过的相关重大项目为人类带来了极为宝贵的科研成果,下面我们就来探研一下这些项目的奥秘。

◇问题情境◇

近几十年来,人类探索地外生命的脚步从未停歇。20世纪70年代,人类启动了"旅行者号(原水手号)"项目,通过向太阳系外发射宇宙飞船来向外星智慧生命介绍地球,两艘飞船各携带有一张特殊的镀金唱片"地球之音",上面录制了有关人类的各种音像信息:60个语种向"宇宙人"的问候语(含普通话、粤语、吴语和闽南语)、35种自然界的声音、27首古典名曲(含中国古琴演奏的《高山流水》曲目)、115帧照片。其中旅行者1号在探测两颗太阳系行星后,被"甩出"太阳系行星轨道平面,飞到了太阳系"上方",旅行者2号飞船继续在途中近距离对太阳系的几颗行星进行了观测,目前已到达太阳系外缘。其他相继开展的项目还有:"SETI项目"主要通过分析射电望远镜接收到的无线电信号来寻求外星文明存在的证据,"开普勒任务"主要通过观测"行星凌星"现象来寻找系外"类地行星","METI项目"主要通过使用巨型无线电天线向外发射无线电信号来寻求外星人的回应。2019年,作为世界上最大的单口径射电望远镜,"中国天眼"[500米口径球面射电望远镜(FAST)]将锁定太阳系外的太空,通过筛选恒星类型助力国际寻找类似太阳的恒星(利于形成稳定的行星系统的单一恒星,体积质量适中的中等恒星,处于辐射最为稳定的"中年"的恒星),同时也在距离地球约100光年的范围内寻找与地球一样拥有磁场的行星(磁场能避免地球大气被太阳风吹走,能隔绝强烈宇宙射线保护生命免受其伤害),助力寻找地外生命。

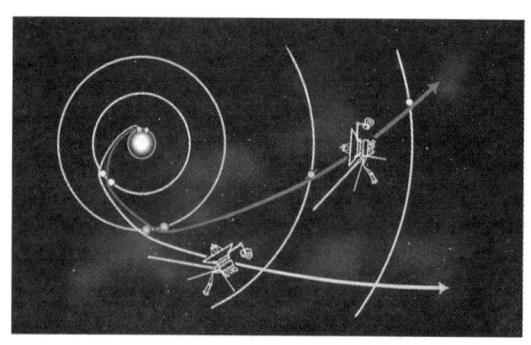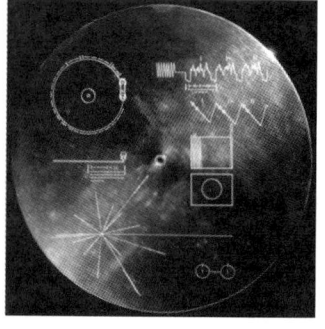

旅行者号(含1、2号飞船)轨迹图及所携带的代表地球文明的唱片正面图

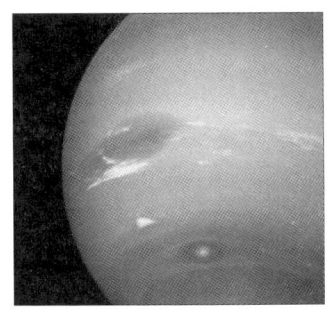
旅行者 2 号拍摄的某太阳系行星图片

联系地外智慧生物的射电望远镜阵列

世界最大单口径射电望远镜——"中国天眼"(FAST)

◇问题探究 1◇

在主动寻找地外碳基智慧生命（生命形式为蛋白质有机体）行动中，适宜碳基智慧生命生存的天体是科学家们致力于寻找的对象。指出这些天体类型，并推测其他天体类型不适宜碳基智慧生命存在的原因。(结合教材图 1.2)

[设计意图]

引导学生应用天体的概念（含天体的定义和分类）解决简单地理问题，巩固预习和学习效果。

◇问题探究 2◇

旅行者号在从地球发射前属于天体吗？(结合教材第 2 页第一自然段)

[设计意图]

引导学生应用地理概念作出地理判断，巩固地理概念知识的预习和学习效果。

◇问题探究 3、4◇

旅行者 2 号沿途所经历的天体系统顺序可能是什么？推测旅行者 2 号将来可能进入哪些天体系统。（结合教材第 3 页内容）

旅行者 2 号沿途穿过了哪些天体的轨道？抵近观测了哪些太阳系行星？这些行星分别属于哪种行星类型？（结合教材第 6 页第一自然段、图 1.4 和前文情境材料的图）

[设计意图]

（1）掌握并应用地球与太阳系八大行星的相对位置关系，认识行星分类，巩固地理概念知识的预习和学习效果；（2）锻炼学生读取和理解地理图像和文字材料的能力；（3）注意：提示学生，现实中旅行者号虽然穿过火星轨道但并没有对其进行抵近观测。

◇问题探究 5◇

旅行者号所拍摄的行星照片形象地展示了各行星的特征，根据教材第 6 页第一自然段，说明地球与其他类地行星的相似特征。

[设计意图]

（1）利用地球与其他行星在体积质量方面的相似特征，引导学生理解地球的普通性；（2）锻炼学生读取教材信息、重视教材信息的学习能力和学习习惯；（3）引导学生学习八大行星的分类，为后面的设问提供类地行星、巨行星、远日行星等基础概念。

旧教材使用"行星质量图表"意在锻炼学生通过读取地理数据发现背后地理现象的能力，但是新教材将旧教材必修 1 分解为必修地理 1 和选择性必修 1 自然地理基础两部分。相比之下，作为必修课程的地理 1 重点考虑宽而浅的内容，为后续的选择性必修课程打好一定的基础，同时围绕地理学科核心素养加强对地理实践活动和探究式教学的要求，本题设计有意识地压缩教学容量和难度，为学生核心环节的探究腾出时间。

◇问题探究 6◇

旅行者 1 号探测了 2 颗太阳系行星后受额外引力影响离开了航道，与地球绕日轨道面（黄道面）夹角达到了 35°左右，被迫终止了探星任务，任务转交给以近似平行于黄道面的方向向外飞行的旅行者 2 号，后者最终完成对其他行星的抵近观测。这说明了含地球在内的太阳系各行星的绕日运动具有哪种相似特征？除此之外还有哪些相似的运动特征，使得科学家可以精确计算旅行者2号与被观测行星的临近交会时间？（需绘图后就图说明）

[设计意图]

（1）引导学生根据文字材料绘图，锻炼学生绘图的地理实践力和图文结合的学习习惯；（2）通过图文结合，理解地球公转运动与其他太阳系行星公转运动的相似性，通过其运动的相似性理解地球的普通性；（3）利用旅行者2号与木星、土星、天王星、海王星"相会"的时间的精确运算，引导学生感受科学严谨的魅力。

◇问题探究7◇

地球与其他太阳系行星相似的绕日运动特征为旅行者号的安全航行提供了什么样的行星际环境？

[设计意图]

引导学生理解"共面性、同向性、近圆性的太阳系行星公转运动特征，产生了有规律的各行其道、互不干扰的安全行星际环境"，有利于旅行者号的安全航行，同时，为后面的地球产生生命的"安全稳定的行星际环境"这一条件的理解奠定知识基础。

◇问题探究8◇

抵近观测可以发现，与体积、质量小的月球没有大气相反，巨行星由厚厚的大气包围，后经测算这些大气以原始大气（氦气、氢气、甲烷等）为主。由此判断地球产生适宜碳基智慧生命呼吸的大气与地球的什么特征有关。

[设计意图]

（1）通过对比法，引导学生理解地球体积、质量适中是地球产生适宜生命存在的大气的主要原因；（2）通过月球、地球、木星不同体积、质量尺度的对比所产生的不同结果，引导学生理解尺度差异的重要地理意义。

◇问题探究9◇

探测的远日行星温度普遍较低，其中的一颗大气温度低至－224 ℃，由此判断地球产生适宜碳基智慧生命的气温与地球的什么位置特征有关。

[设计意图]

（1）引导学生理解地球与太阳的位置关系是地球产生适宜生命存在的气温

的主要原因；(2) 培养学生重视地理位置、运用地理位置分析地理现象的学科意识和学科能力。

◇**问题探究 10**◇

旅行者号还发现地外行星及其部分卫星有水的存在，但都以不适宜碳基智慧生命存在的相而存在，判断这些星球水的主要存在的相（气态、固态、液态）。

[设计意图]

(1) 引导学生理解水的相对生命产生的重要性，理解液态水是地球产生生命的重要条件；(2) 通过对比法，培养学生逆向思维。

◇**问题探究 11**◇

根据材料中"中国天眼"在探索宇宙碳基生命时，必须先筛选寻找近似太阳的恒星的原理，说明太阳对地球生命产生的作用。

[设计意图]

(1) 引导学生根据文字材料信息，理解单一的太阳形成的稳定行星系统和"中年"的太阳形成的稳定辐射环境，是地球产生生命的重要外部条件，感受地球处于太阳系这一位置的重要性；(2) 通过地球在银河系中的位置（太阳系）、地球在太阳系中的位置（距日适中）进行空间尺度的综合思维训练，通过地球产生生命的自身条件和外部条件的要素综合，锻炼学生的地理综合思维能力；(3) 通过对"中国天眼"的了解，树立学生的民族自信、培养其爱国主义精神。

◇**问题探究 12**◇

目前地球是已知的人类仅有的家园，面对地球环境不断恶化等威胁，有人认为应该加快探索地外生命或宜居星球的活动步伐，为人类寻找新的家园；有人认为应该放缓探索步伐，将更多的精力用于保护地球家园。你赞同哪个观点？尝试阐释你的理由。

[设计意图]

(1) 通过设计具有争议的开放性题目，培养学生开放式的探究精神；(2) 引导学生在思辨过程中，树立学生人地协调观（地球环境保护、太空垃圾治理等）的思想。

[学生探究活动、研讨]

步骤1 学生根据问题链完成思考并写出答案。

方式1，第1题至第10题为独立完成，第11题和第12题为小组合作探究。

方式2，小组成员按每人2小题的任务分工，独立完成后，小组内一起合作修正完善答案，最终形成小组的成果。

步骤2　学生根据问题链逐步展示答案。

步骤3　其他学生根据呈现的过程性答案进行评价：处理一，对认为有缺漏的答案进行补充；处理二，对认为有错误的答案进行改正；处理三，对过程产生的问题寻求释疑。

比如，在探究"说明太阳对地球生命产生的作用"问题时，"单一恒星且体积、质量适中，形成利于地球安全、稳定的行星系统；处于发展演化的中期，产生了稳定的辐射"可能因知识偏冷门或阅读遗漏，学生会漏答或错答。但是错、漏、疑的正是生成性问题产生的源泉，教师可充分利用，引导学生进行思维训练和知识补充。

步骤4　教师通过归纳学生的生成性问题，抛向全班进行探讨。

步骤5　教师展示学生自主解决的问题的答案，利用问答法引导学生处理无法自主解决的问题。

[教师引导学生归纳总结]

学生展示，教师进行过程性引导帮助其小结。

1. 在主动寻找地外碳基智慧生命（生命形式为蛋白质有机体）行动中，适宜碳基智慧生命生存的天体是科学家们致力于寻找的对象。指出这些天体类型，并推测其他天体类型不适宜碳基智慧生命存在的原因。（结合教材图1.2）

适宜碳基智慧生命存在的天体主要是行星或卫星。（根据课文信息可知）恒星过于炽热；彗星和流星相对体积小且表层物质受外界影响不断剥落消失，不利于碳基智慧生命的产生演化；星云主要由气体尘埃组成，没有适宜稳定碳基智慧生命生存的稳定固体表面。

2. 旅行者号在从地球发射前属于天体吗？（结合教材第2页第一自然段）

不属于。旅行者号在从地球发射前在地球表面，还未离开地球大气上界。

3. 旅行者2号沿途所经历的天体系统顺序可能是什么？推测旅行者2号将来可能进入哪些天体系统。（结合教材第3页内容）

地月系—太阳系，银河系—总星系（可观测宇宙）。

4. 旅行者2号沿途穿过了哪些天体的轨道？抵近观测了哪些太阳系行星？

这些行星分别属于哪种行星类型？（结合教材第 6 页第一自然段、图 1.4 和前文情境材料的图）

穿过火星、小行星带、木星、土星、天王星、海王星轨道。

抵近观测木星、土星、天王星、海王星。

（教师提示学生：现实中旅行者号并没有抵近观测火星。）

火星属于类地行星，木星、土星属于巨行星，天王星、海王星属于远日行星。

5. 旅行者号所拍摄的行星照片形象地展示了各行星的特征，根据教材第 6 页第一自然段，说明地球与其他类地行星的相似特征。

有固体表面，体积较小。

（教师提示学生：这些相似特征反映了地球从体积和质量上看，是一颗普通的行星。）

6. 旅行者 1 号探测了 2 颗太阳系行星后受额外引力影响离开了航道，与地球绕日轨道面（黄道面）夹角达到了 35°左右，被迫终止了探星任务，任务转交给以近似平行于黄道面的方向向外飞行的旅行者 2 号，后者最终完成对其他行星的抵近观测。这说明了含地球在内的太阳系各行星的绕日运动具有哪种相似特征？除此之外还有哪些相似的运动特征，使得科学家可以精确计算旅行者 2 号与被观测行星的临近交会时间？（需绘图后就图说明）

八大行星的运动轨道具有共面性，使得旅行者 1 号航行轨迹与黄道面夹角达到了 35°后无法继续在黄道面上进行其他行星的抵近观测，也使得以近似平行于黄道面的方向向外飞行的旅行者 2 号最终完成了其他行星的抵近观测。

八大行星的运动轨道具有规律的近圆形、同向性，使得科学家可以精确计算旅行者 2 号与行星的抵近交会时间。

（教师提示学生：旅行者 2 号的航行轨迹能连续与观测行星抵近交会，得益于 176 年一遇的行星几何排列。这些相似特征反映了地球从运动特征上看，是一颗普通的行星。）

7. 地球与其他太阳系行星相似的绕日运动特征为旅行者号的安全航行提供了什么样的行星际环境？

共面性、同向性、近圆性的太阳系行星公转运动特征，产生了有规律的各行其道、互不干扰的安全行星际环境，有利于旅行者号的安全航行。

（教师提示学生：这种安全的行星际环境，也有利于包括地球在内的太阳系内各大行星的安全。）

8. 抵近观测可以发现，与体积、质量小的月球没有大气相反，巨行星由厚厚的大气包围，后经测算这些大气以原始大气（氦气、氢气、甲烷等）为主。由此判断地球产生适宜碳基智慧生命呼吸的大气与地球的什么特征有关。

地球体积质量适中，既能吸附原始大气又不过量，从而有利于原始大气（多二氧化碳、一氧化碳、氨，少氧气）转化为现代有利于生命存在的大气（氮气、氧气为主）。

9. 探测的远日行星温度普遍较低，其中的一颗大气温度低至 $-224\ ℃$，由此判断地球产生适宜碳基智慧生命的气温与地球的什么位置特征有关。

地球距离太阳的位置适中，是地球产生适宜生命存在的气温（均温 $15\ ℃$ 左右）的主要原因。

（教师提示学生：地球公转和自转周期适当，地球表面均匀吸收太阳辐射也是原因之一。）

10. 旅行者号还发现地外行星及其部分卫星有水的存在，但都以不适宜碳基智慧生命存在的相而存在，判断这些星球水的主要存在的相（气态、固态、液态）。

气态水和固态水。

（教师提示学生归纳：①地球具有智慧生命存在是地球特殊性的表现；②地球具有智慧生命存在的自身条件包括适宜的温度、水、大气，这与地球的位置、体积和质量有关。同时，可根据情境材料拓展"地球磁场的保护"这一因素。）

11. 根据材料中"中国天眼"在探索宇宙碳基生命时，必须先筛选寻找近似太阳的恒星的原理，说明太阳对地球生命产生的作用。

单一中等的太阳形成的稳定安全的行星系统和"中年"的太阳形成的稳定辐射环境，是地球产生生命的重要外部条件。

（教师提示学生归纳：①多个恒星相距而行，周围很难形成稳定的行星系统，体积质量过大或过小的恒星，也很难形成像地球这样的行星；②"年轻"的恒星还没有形成具有生命的行星的充足时间，"晚年"的恒星辐射过强且不稳定；③地球具有智慧生命存在的外部条件是安全的宇宙环境，包括稳定的太阳和安全的行星际环境。）

12. 目前地球是已知的人类仅有的家园,面对地球环境不断恶化等威胁,有人认为应该加快探索地外生命或宜居星球的活动步伐,为人类寻找新的家园;有人认为应该放缓探索步伐,将更多的精力用于保护地球家园。你赞同哪个观点?尝试阐释你的理由。

开放式题目。赞同加快,可从时间紧迫性、地球宇宙环境安全、探索宇宙的意义角度进行论证。赞同放缓,可从地球特殊性和稀缺性(目前已知唯一)、太空垃圾、地球的内部环境安全、一定时间内在地外发现宜居星球的可行性、人类和国际关注方向等角度进行论证。对二者都同意的折中观点,论述到位的,要多鼓励。

[探究总结]

地球在宇宙中的位置,是地球与其他天体之间的相对关系,以天体系统作为组织形式。地球所处的宇宙位置,特别是地球所处的太阳系的位置,深刻地影响了地球的自然环境。地球出现了碳基智慧生命,与其所处的宇宙环境密切相关,也与自身的质量适中带来的适宜大气,近日适中带来的适宜温度、液态水等因素有关。地球所处的宇宙位置,对地球的自然环境及人类活动都产生了重要影响,因而人类对宇宙的探索步伐不会停止,同时也应该意识到地球是人类在宇宙的唯一家园,对地球内部的环境问题治理及外围的太空垃圾治理是全人类的共同责任。

[本课时设计意图]

1. 情境材料的选取。

以美国旅行者号为案例培养学生国际视野和开放眼光,以我国"中国天眼"为案例树立学生民族自信、培养爱国主义情操;以旅行者号和"中国天眼"为例,都是基于地球的眼光和位置看宇宙,契合课标意图;以地外碳基智慧生命的探索为主题,激发学生探究兴趣和学习热情;放弃科幻素材,以现实情境为例,培养学生学以致用的能力和意识,同时提高素材的科学严谨性。

2. 问题链条的设计。

(1) 设问的小切口化:对题目进行小切口设问的处理,有利于增加问题的科学性和严谨性,有利于学生思维的聚焦,有利于引导学生思维从单点结构逐渐过渡到多点、关联结构,降低学习启动和推进难度。

(2) 设问的渐进化:从地理概念的理解,到地理事象的判断,到地理特征的描述，再到地理联系的分析推理；从单一的要素运用，到综合的要素运用；从单一空间尺度，到多元空间尺度的缩放。循序渐进，顺应学生认知规律。

3. 问题的解决过程。

步骤1　学生根据问题链完成思考过程并写出答案——引导学生养成独立思考习惯，模拟答题场景。

步骤2　学生根据问题链逐步展示答案——让学生思维发展线索更易显现，便于教师和学生观察回答者的思维过程，理解其思维方式或发现问题。

步骤3　其他学生根据呈现的过程性答案进行评价——创设思辨过程，跟随答题学生的思维发展的线索，让所有学生都参与问题解决的整个过程，不断完善思维方法。

步骤4　教师通过归纳学生的生成性问题，抛向全班进行探讨——关注课堂生成性问题，与学生一同解决，处理学生知识和思维盲区，激发学生开放性思维和学习积极性。

步骤5　教师展示学生自主解决的问题的答案，利用问答法引导学生处理无法自主解决的问题——聚焦学生注意力，构筑知识体系和思维方式。

4. 归纳解决问题的模型。

步骤6　教师引导学生归纳解决问题的方法（路径方法和思维模式）——梳理"地球的宇宙环境"的知识体系，构筑相关的思维方式，形成解决问题的方法模式，将学生的思维能力提升至拓展抽象结构层次，为解决问题的模型的迁移运用做好准备。

◇板书设计◇

一、地球在宇宙中的位置

（一）天体

（二）天体系统

（三）地球在宇宙中的位置

1. 地球所处的天体系统

2. 地球在太阳系中的位置

二、行星地球

（一）地球的普通性

1. 体积、质量普通

2. 运动方式普通

(二) 地球的特殊性

1. 表现——碳基智慧生命的存在

2. 成因

(1) 外部环境（位置）

①稳定的太阳

②安全的行星际环境

(2) 自身条件

①距日适中——适宜的气温

②质量适中——适宜的大气

③液态水

※课堂教学（第2课时）※

详见教材"活动"：开展简单的天文现象观测活动。

◇设计感悟◇

本课标为必修课程"地理1"的第1条课标，旨在帮助学生了解地球的宇宙环境，树立基于位置关系来思考地理问题的地理思维意识。在整个高中课程中，起到奠定"基于地理位置思考地理问题的学科思想"的作用，着重引导学生理解天体、天体系统等地球宇宙环境的概念要素，并在此基础上学会描述地球所处的宇宙环境特征，从而理解这种环境特征对地球普通性和特殊性的产生的重要影响。本堂课在带领学生理解基础概念的同时，坚持采用情境式、问题式教学法，引导学生在过程中发现知识、理解知识、应用知识。教学设计以人类探索地外生命的重大活动为线索，使案例条理化、知识逻辑化，学生在理解抽象概念时有了清晰的实际案例支撑，更易接受。当然，在案例的问题式教学中，问题设问之间的逻辑流畅度还有待实际教学进行检验，问题设问的难度还有待根据学情进一步调整。

※课后达标检测※

嫦娥五号探测器由轨道器、返回器、着陆器、上升器四个部分组成。探测器在 2020 年 11 月底发射升空,自动完成月面样品采集,并从月球起飞,返回地球,带回约 1.7 千克月球样品。据此回答 1—2 题。

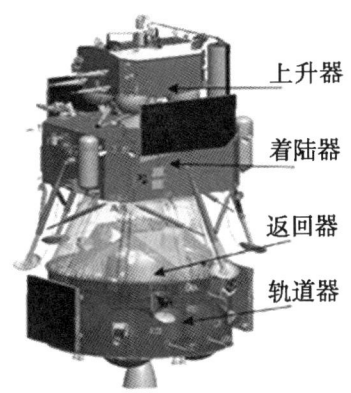

1. 有关材料中的物质,描述正确的是( )

   A. 在航天发射场的嫦娥五号是天体
   B. 在月球上的嫦娥五号是天体
   C. 着陆器和返回器都属于天体
   D. 在月球上的着陆器不是独立的天体

2. 有关材料中所呈现的天体和天体系统的说法,正确的是( )

   A. 月球是地球的唯一卫星
   B. 月球是距离地球最近的自然天体
   C. 包括三级天体系统
   D. 嫦娥五号奔月过程中不属于天体

据英国《每日邮报》报道,天文学家发现一颗绕昏暗恒星运转的类地行星,距地球近 40 光年。它是一个热气腾腾的"水世界",体积是地球的 6 倍。据推测,这个"水世界"同样拥有大气层,且 75% 的表面区域被水覆盖,但由于温度太高,它无法支持地球型生命的存在。据此回答 3—5 题。

3. "水世界"类地行星所在的天体系统是( )

   A. 地月系   B. 太阳系
   C. 银河系   D. 河外星系

4. 天文学家推测"水世界"类地行星无法支持地球型生命存在,该行星无生命存在的原因是( )

A. 上面没有水 B. 距离恒星太近
C. 温度太低 D. 不存在大气层

5. 人类正设法探寻太空生命。如果某颗星球上存在生命，那么这颗星球必须具有（　　）

①适中的体积和质量　②与所绕转的恒星之间有适宜的距离　③与地球完全相同的各种化学元素　④大致与地球相似的地质历史过程

A. ①②③ B. ①②④
C. ①③④ D. ②③④

"水星合木星"是指两颗星在各自的轨道空间内运行，运行到了两者之间的最近距离处。2011年，"水星合木星"发生了两次，第一次发生在3月17日，第二次发生在5月11日。而我们也可以观测到这种难得一见的"甜蜜"景象。结合所学知识回答6—8题。

6. 在太阳系的八大行星中木星的"左邻右舍"是（　　）

A. 水星和金星 B. 火星和土星
C. 水星和土星 D. 天王星和海王星

7. 水星是距离太阳最近的行星，下列有关水星的叙述正确的是（　　）

①肉眼看水星，它发射出明亮的可见光　②水星上的温差是整个太阳系中最大的　③目前还没有发现水星有卫星绕转　④水星的偏心率较大

A. ①②③④ B. ①③④
C. ①②③ D. ③④

8. 如果把太阳系中地球和水星的位置互换一下，则（　　）

A. 地球上将会被水淹没，人类无法在地球上生存下去
B. 地球地表温度太高，原子无法结合起来形成生物大分子，也就不会有生命物质
C. 地球上将不会有大气
D. 地球上将只有固态和晶体物质

9. 阅读图文材料，回答下列问题。

材料一　2018年7月，意大利航天局在火星南极附近发现一个液态水湖。2018年11月美国国家航空航天局的"洞察"号探测器安全穿越火星大气层（大气主要成分是二氧化碳，其次是氮、氩），成功降落在火星表面。下面左图

为太阳系局部示意图,右图为"洞察"号探测器图。

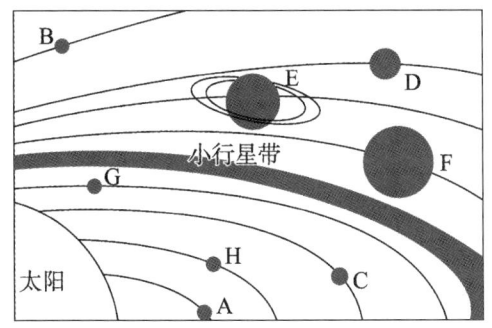

材料二 地球与火星物理性质比较。

行星	质量(地球=1)	体积(地球=1)	自动周期	公转周期	地表均温/℃
地球	1.00	1.00	23时56分	1年	22
火星	0.11	0.15	24时37分	1.9年	−23

(1) 左图所示天体系统的中心天体是_____,代表火星和地球的分别是_____和_____(填字母)。

(2) 八颗行星绕日公转方向具有_____,绕日公转轨道面具有_____,绕日公转轨道形状具有_____。

(3) 有科学家推断火星可能存在生命。你是否赞同?请给出理由。

10. 阅读下列材料,回答问题。

材料一 美国国家航空航天局"朱诺"号木星探测器已于当地时间2011年8月5日12时25分从佛罗里达州卡纳维拉尔角发射升空,踏上远征木星之旅。

材料二 木星在太阳系的八大行星中体积和质量最大,它有着巨大的质量,是其他七大行星总和的2倍还多,是地球的318倍,而体积则是地球的1316倍。此外,木星还是太阳系中自转最快的行星。木星并不是正经球形的,而是两极稍扁、赤道略鼓。木星主要由氢和氦组成。

太阳系行星示意

(1) 在图中标出木星的位置和公转方向。

(2) "朱诺"号木星探测器使用太阳能作为能源,但木星上太阳辐射能相对较弱。为了保证"朱诺"号上的能源供应,应采取何种措施?

(3) 与地球相比,木星有哪些条件有利于生物生存?有哪些条件不利于生物生存?

【参考答案】

1. D 2. B 3. C 4. B 5. B 6. B 7. D 8. B

9.(1)太阳 G C

(2)同向性 共面性 近圆性

(3)观点:反对。理由:缺少适合生命呼吸的大气;表面平均温度较低。

观点:赞同。理由:发现液态的水;自转周期、公转周期等与地球相近。

10.(1)略

(2)加大太阳能电池帆板面积;采取措施使太阳能电池帆板始终对着太阳。

(3)有利条件:有安全、稳定的宇宙环境;太阳光照稳定。不利条件:距太阳远,温度较低;缺少水分;缺少供生物呼吸的氧气。

第二节　太阳对地球的影响

教学内容分析

※课标要求※

1.1 运用资料,说明太阳对地球的影响。

※课标解读※

"太阳对地球的影响"是第一章的重点。本节内容主要有两个方面:太阳辐射对地球的影响和太阳活动对地球的影响。运用资料,说明太阳对地球的影响,即要求学生能够运用图文资料解释清楚太阳辐射、太阳活动是怎样影响地球表面的自然环境和人类活动的。

由于"影响"涉及的范围太广,教学时可以用通过举例的方式说明。教师要引导学生辩证地看待宇宙环境对地球的影响。对于课文涉及的其他知识,如太阳辐射的能量来源与传递、太阳的大气结构、各种太阳活动及其产生的原因等，不需要分析，仅作为铺垫知识学习即可。

※教材分析※

太阳对地球的影响是第一章第一节地球的宇宙环境的内容的延伸，以太阳为案例，进一步说明宇宙环境对地球的影响。根据新课标要求，本节课的教学重点是通过设置问题情境，通过教师所提供的图文资料，让学生解释太阳辐射、太阳活动是怎样影响地球表面的自然环境和人类活动的。根据教学内容，创设真实的问题情境，设置探究活动，引发学生思考、探究，让学生用所学的知识去分析、阐述真实的地理事象，去解决现实的地理问题，让学生感受生活化的地理。通过学习，提高学生的综合思维和地理实践力，让学生学会用辩证的思想看待宇宙环境对地球的影响。

※学情分析※

从高一学生的知识储备、思维能力来看，学生学习本节课内容不存在障碍。太阳辐射对地球的影响贴近日常生活，教师应淡化知识点的讲解，侧重于联系生活实际，激发学生的学习兴趣，提高学生课堂参与度。太阳活动对地球的影响远离日常生活，学生较难理解，教师不能简单地进行知识传授，应该运用具体实例来加深学生的理解。

※核心素养培养目标※

本节课对应的课程标准要求为："1.1 运用资料，说明太阳对地球的影响"。基于课程标准和学情，本节课的核心素养培养目标总体设置如下。

1. 运用图文资料，说明太阳辐射对自然环境和人类活动的影响。(综合思维、人地协调、地理实践力、区域认知)

2. 运用图文本资料，说明太阳活动对自然环境和人类活动的影响。(综合思维、人地协调观、地理实践力)

3. 用辩证的思想阐述太阳辐射和太阳活动对地球的影响，并能举例子说明。(综合思维、人地协调、地理实践力)

※教学重难点※

1. 教学重点

(1) 太阳辐射对地球的影响。

（2）太阳活动对地球的影响。

2. 教学难点

太阳活动对地球的影响。

※教学方法※

问题式教学法。

※教学课时※

1课时。

教学过程设计

※课前预习※

一、太阳概况

1. 物质组成：太阳是一个巨大、炽热的_____，主要成分是_____和_____，其表面温度约为_____。

2. 所处阶段：太阳正处在稳定的_____。

3. 太阳辐射：太阳源源不断地以_____的形式向宇宙空间放射_____。

4. 能量来源：太阳的能量来自太阳内部的_____。

二、太阳辐射对地球的影响

1. 太阳辐射为地球提供_____和_____，维持着地表温度，是地球上_____、_____运动和_____的主要动力。

2. 太阳辐射为我们生产、生活提供_____。太阳辐射除了直接被_____、_____成热能外，还可以被捕获并存储，转换成热能、电能等。

3. 人们大量使用的_____、_____等矿物燃料是地质历史时期_____固定并积累的太阳能。

三、太阳活动对地球的影响

1. 人类能够直接观测到的太阳的部分，是太阳的_____。

2. 太阳大气由内到外依次划分为_____、_____和_____。

3. 太阳大气的_____称为太阳活动。

4. 黑子发生于_____层，周期约为_____年；_____与_____发生于色球层。其中_____为太阳活动的主要标志，_____为太阳活动最剧烈的显示，_____是规模最大、程度最剧烈的显示，会向外抛射大量_____。

5. 太阳活动对地球有显著的影响。当太阳活动增强时，_____变得强劲，会扰动地球的_____和_____，产生_____、_____等现象。当这种扰动足够强烈时，还会对卫星导航、_____、_____、航空航天等人类活动产生灾害性的影响。

※课堂教学※

◇课堂导入◇

在宇宙中，太阳只是一颗普通的恒星，它同所有的恒星一样，是由炽热的气体构成的，主要成分为氢和氦，太阳通过内部的核聚变，产生巨大的能量，并以电磁波的形式向外辐射能量，这种现象被称为太阳辐射。

能源被称为人类社会生产和生活的原动力。尽管太阳产生的能量只有二十二亿分之一到达地球，但是对地球和人类的影响却是不可估量的。

◇问题情境1◇

绿色电力是指利用特定的发电设备，如风机、太阳能光伏电池，将风能、太阳能等可再生能源转化成电能。

2022年第24届冬奥会将由中国北京、张家口联合举行。2019年中国向世界承诺这届冬奥会所有比赛场馆所用的每一度电都将来自清洁能源，这在奥运会的历史上尚属首次。2022年北京冬奥会将是首个全绿电的奥运会。

北京冬奥组委首钢办公区的几座办公楼楼顶上，布满了光伏发电装置。作为绿色电力使用，这套光伏发电系统的电量只是很小一部分，2019年7月1日起北京冬奥组委办公园区通过绿电交易平台已经全面采用清洁能源供电。到2022年冬奥会和冬残奥会结束，预计可减少标煤燃烧0.6万吨，减排二氧化碳1.6万吨。

"张家口的风点亮北京的灯。"张家口地区是我国重要的新能源基地。以目前的装机容量计算，张北柔性直流工程未来每年可向北京输送电能约225亿千瓦时，大约相当于北京年用电量的十分之一。

张家口北部草原上的风电场

北京冬奥组委首钢办公区楼顶的光伏板

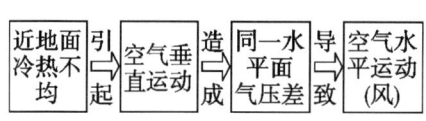

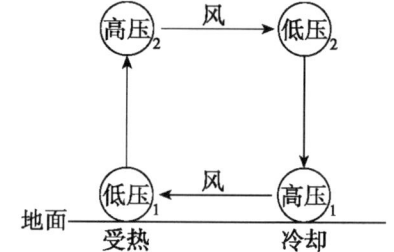

风的形成过程示意

◇问题探究1◇

(1) 判断风力发电、光伏发电与太阳辐射有无关系，请说明理由。

(2) 说出在我们生活中利用太阳能的例子。

[学生讨论、交流]

略

[教师引导归纳]

　　由于太阳辐射能的纬度分布不均，造成高低纬度间的温度差异，导致空气上升或是下沉运动，这种空气的垂直运动，使同一水平面上产生了气压差异，只要水平面上存在着气压梯度，就会产生促使大气由高气压区向低气压区做水平运动，形成了风。太阳辐射能的纬度分布不均引起的温度差异是风形成的根本原因，太阳辐射是大气运动的主要动力。人类利用风车把风的动能转化为旋转的动作去推动发电机，以产生电力。风能资源的总储量巨大，是一种清洁、可循环的绿色能源。

　　我们可以通过安装太阳能系统将太阳辐射直接吸收、转化成热能（如教材图1.14），还可以通过安装发电设备把太阳辐射捕获并存储，转化成热能、电能等（如教材图1.15）。

［展示图片］

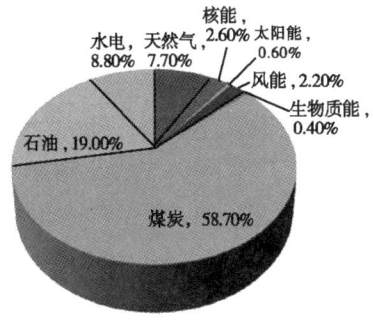

2020 年中国能源消费结构

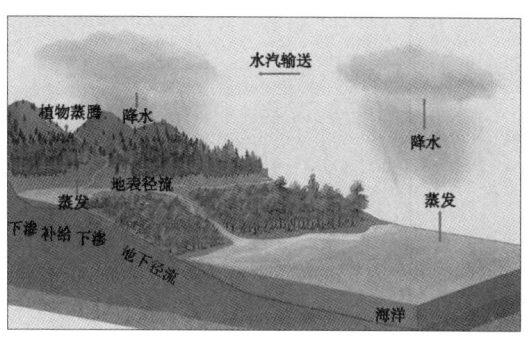

水循环示意

◇追问◇

从 2025 年开始，我国光伏发电将逐步成为主力能源。但目前中国的能源消费仍然是以煤炭为主。读 2020 年中国能源消费结构图，指出图中与太阳辐射有着直接或间接关系的能源类型，并说明理由。

［学生讨论、交流］

略

［教师引导归纳］

煤、石油、天然气等矿物燃料是地质历史时期被生物通过光合作用固定并积累的太阳能。

广阔海洋表面的水受热经过蒸发变成水汽，水汽上升到空中随着气流运行，被输送到大陆上空，其中一部分水汽在适宜的条件下凝结，形成降水。降落到地面的水，一部分在地面流动，形成地表径流；一部分渗入地下，形成地下径流。两者经过江河汇集，最后又回到海洋。太阳能驱动地球上水循环，使之持续进行。地表水的流动是水循环的重要一环，在落差大、流量大的地区，水能资源丰富。水能主要用于水力发电。水力发电将水的势能和动能转换成电能。它是一种可再生、清洁的绿色能源。

生物质能是自然界中有生命的植物提供的能量。生物能是从太阳能转化而来，通过植物的光合作用将太阳能转化为化学能，储存在生物质内部的能量，属可再生能源。人类历史上最早使用的能源是生物能。早期，人类利用的能源以薪柴为主。当前较为有效地利用生物能的方式有：（1）制取沼气。主要是利用城乡有机垃圾、秸秆、水、人畜粪便，通过厌氧消化产生可燃气体甲烷，供生活、生产之用。(2)利用生物质制取乙醇。当前的世界能源结构中，生物质能所占比重微乎其微。

生物的生长状况与太阳辐射之间存在怎样的关系呢？

[展示图片]

教材图1.12和图1.13（图略）。

◇追问◇

(1) 读图1.12，归纳到达北半球大气上界的太阳辐射的分布规律。

(2) 读图1.13，说出热带雨林和亚寒带针叶林生物量的差异，并归纳生物量随纬度的变化规律。

(3) 根据图1.12和图1.13的信息，判断生物量与大气上界的太阳辐射分布是否存在相关性。

[学生讨论、交流]

略

[教师引导归纳]

太阳辐射为地球提供光热资源，维持着地表温度，促进生物生长发育。不同纬度带接受的太阳辐射能不同，使得许多自然地理现象呈现纬度地带的差异。太阳辐射量由低纬向高纬逐渐降低，纬度越高的地区，太阳辐射越弱，该地的生物量越小，生物量与大气上界的太阳辐射呈正相关。

◇追问◇

党的十九大报告提出，推进能源生产和消费革命，构建清洁低碳、安全高效的能源体系。国家电网践行绿色发展理念，最大限度推动绿色电力供给和消费。试分析我国构建绿色电网的原因。

[学生讨论、交流]

略

[教师引导归纳]

电力是推动国民经济发展的重要产业，电力绿色发展是建设美丽中国的前提和保障。从2009年开始，中国就是世界第一能源消费大国。长期以来，中国的能源消费结构以煤、电、油"老三样"为主，大量燃烧煤、石油等矿物燃料对环境产生巨大的污染。在绿色低碳的大背景下，我们要捕"风"、借"光"，提高风电、光伏为代表的可再生能源的比重，让绿色电力服务好生态文明建设，让中华大地天更蓝、山更绿、水更清、环境更优美，为建成美丽中国的宏伟目标贡献更大力量。

［设计意图］

以北京冬奥会为世界首个全绿电的奥运会为话题，引起学生学习兴趣的同时，还激发学生的民族自豪感。通过分析知道风能，光伏发电，生物质能，水能，煤、石油等矿物燃料都与太阳辐射有着直接或间接的关系，进一步明确太阳辐射对地球的积极影响。

通过探讨中国要大力建设绿色电网的原因，明确建立绿色电网的意义，将绿色、清洁、低碳的理念渗透到学生的日常生活中，使学生树立为建设美丽中国贡献自己的力量的意识。

◇问题情境2◇

日食，古人称为天狗食日。事实上是月球运动到太阳和地球中间，如果三者正好处在一条直线时，月球就会挡住太阳射向地球的光，月球身后的黑影正好落到地球上，这时发生日食现象。如果你已经错过了2019年12月26日上演的日全食，你不要遗憾，因为北京时间2020年12月14日又有一场日全食发生。

［展示图片］

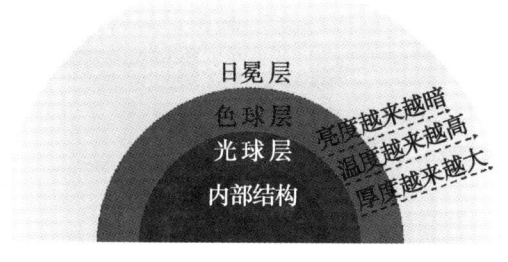

太阳大气层的结构与特征

日全食

◇问题探究2◇

（1）目前，人类能够直接观测到的太阳，是太阳的大气层。它从外到里分为日冕、色球和光球三层。根据太阳大气各层特征，试推测日全食时月球遮住的太阳大气层名称。

(2) 试推测日全食图中比较亮的部分属于太阳的哪个大气层。

[学生讨论、交流]

略

[教师引导归纳]

光球层发出的可见光最强,是用肉眼可以观测到的太阳表面。色球层发出的可见光总量不及光球的千分之一。日冕层为大气的最外层,可以延伸到几个太阳半径,亮度也仅仅是光球层的百万分之一。当月球遮住太阳的光球层时,我们才能看到色球层和日冕层。

[设计意图]

通过日食引入太阳大气层的学习,通过两幅图中呈现的信息,让学生去分析、推测日全食时被月球遮住的太阳大气层以及能用肉眼观察到的大气层的名称,不仅激发学生的学习兴趣,让学生感受到生活中的地理,还培养了学生的读图分析能力,落实地理实践力。

◇问题情境 3◇

太阳的大气的变化称为太阳活动。

北京时间 2017 年 9 月 6 日 19 点 53 分,太阳爆发超级大耀斑。这是自 2005 年以来,太阳最强的一次爆发活动。本次太阳耀斑爆发,是由一个代号为 AR2673 的太阳黑子群引发的。专家介绍,由于本次太阳耀斑发生时,我国恰巧正处于夜间,因此对短波通信的影响较小。不过本次太阳耀斑爆发伴随的日冕物质抛射可能于 8 日到达地球,将会引起地球磁场、电离层和高层大气强烈的扰动,这种巨大的空间环境扰动将可能影响到卫星等飞行器的性能和安全。

◇问题探究 3◇

(1) 太阳活动的现象较多,请从情境材料中找出太阳活动的主要现象。

(2) 说出此次太阳活动对地球产生的影响。

[学生讨论、交流]

略

[教师引导归纳]

(1) 太阳活动的现象较多,主要有太阳黑子、太阳耀斑、日珥、日冕物质抛射等。

(2) 此次太阳活动会引起地球磁场、电离层和高层大气强烈的扰动,这种巨大的空间环境扰动将可能影响到卫星等飞行器的性能和安全，会引起地球短波通信信号的中断。

［展示图片］

教材图 1.18（图略）。

［学生阅读教材］

学生阅读教材对应文本材料。

［教师引导归纳］

教师强调各种太阳活动现象的主要特征。

［展示图文材料］

教材"案例"：不同历史时期太阳活动的影响、图 1.19（图文略）。

◇活动◇

概括太阳活动对地球的影响。

［学生讨论、交流］

略

［教师引导归纳］

剧烈的太阳活动会导致电离层的扰动，影响无线电短波通信，如导致电报业务的中断。当太阳活动的扰动足够强烈时，还会对卫星导航、空间通信、航空航天、电网等人类活动产生灾害性影响。所以建立空间天气预报体系可对太阳活动进行监测和预报，帮助人类做好防护工作。

当太阳活动增强时，太阳风会变得强劲，会扰动地球的磁场，产生磁暴现象，会影响指南针指示方向的准确性，甚至让平时善于识别方向的信鸽迷路。

太阳风到达地球时，受到地球磁场的作用，偏向极地上空，在那里轰击高层大气，使大气电离，产生美丽的极光。

［设计意图］

通过展示图文资料，让学生概括并说出太阳活动类型以及对地球的影响，培养学生的信息提取能力。

◇问题情境 4◇

人们在研究太阳活动周期变化的时候，发现一些有趣的自然现象：生长在中高纬地区的一些乔木年轮的疏密变化，有明显的约 11 年的周期性；对两极地区永久冰层的钻探研究，也证明了地质时期的气候变化有约 11 年的周期性。

[展示图片]

教材图 1.20（图略）和下图。

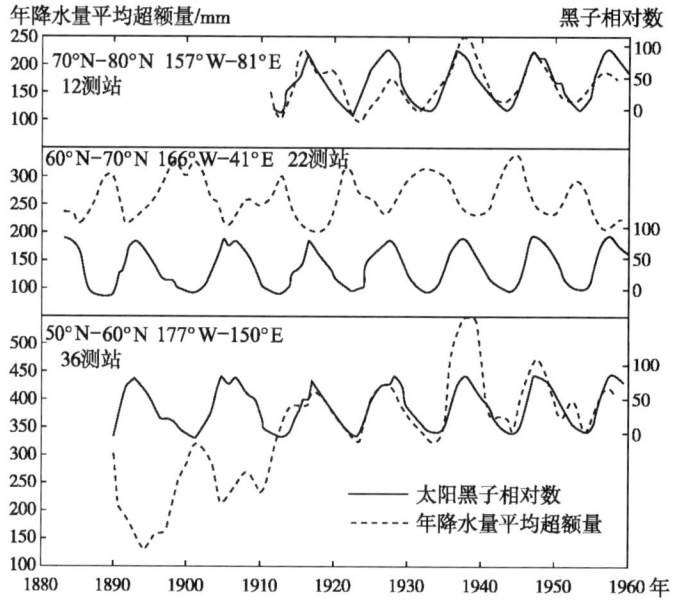

太阳黑子活动周期与年降水量变化周期的相关性

◇问题探究 4◇

（1）太阳黑子的变化周期一般被认为是太阳活动的周期。读教材图 1.20a，找出相邻两个波谷之间的时间间隔。

（2）读教材图 1.20b，找出最左侧和最右侧波谷的年份，数出这两个年份间波峰的个数，计算相邻两个波谷间的平均时间间隔。

（3）对比 1、2 两题的计算结果，总结太阳黑子数的变化规律。

（4）比较太阳黑子相对数与三个地区降水量关系的差异，在此基础上，归纳太阳活动对气候的影响。

（5）对中高纬地区的一些乔木年轮约 11 年的周期性疏密变化，以及两极永久冰层地区的地质时期，气候呈现约 11 年的周期性变化现象，你认为这些现象与太阳活动的周期变化有关系吗？请说出你的看法。

[学生讨论、交流]

略

[展示文本]

太阳活动与地球气候

太阳活动对地球气候的影响机制仍然是未解之谜。例如，在太阳活动峰年，激烈天气现象出现的区域"飘忽不定"，科学家至今也没有找到其内在规律。统计资料表明，在太阳活动峰年，地球上激烈天气现象出现的概率明显增加；反之，地球上天气变化相对平稳。农业统计数据则表明，在多数太阳活动峰年，全球农业倾向于增产；在太阳活动谷年，全球农业歉收的概率更高一些。

[学生阅读文本]

学生阅读展示的文本材料。

[展示图片]

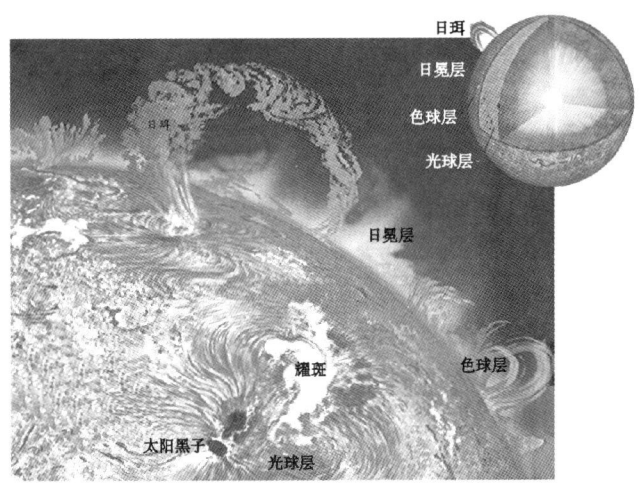

太阳外部结构与太阳活动示意

◇思考◇

看图分别说出出现黑子、耀斑、日珥的太阳大气层名称。

[学生回答]

黑子出现在光球层上，耀斑和日珥出现在色球层上。

◇追问◇

有人认为太阳辐射对地球的影响都是有利的，太阳活动对地球的影响都是不利的。你怎么认为？请说出你的观点，并举例说明。

［学生讨论、交流］

略

［教师引导归纳］

我们赖以生存的地球生机勃勃,万物繁盛,这一切都源于太阳的馈赠。太阳给我们带来了光和热,太阳辐射是地球上最重要的能源来源。但如果太阳辐射太强,射向地面的紫外线就增多,损害人的免疫能力,使人类皮肤癌发病率增加,并危及地球上其他生物的生存,与此同时还可能导致气候变暖;受天气、昼夜长短、纬度、季节等因素的影响,到达某一地面的太阳辐射是极不稳定的,这给太阳能的大规模应用增加了难度。

太阳活动会给地球带来不利的影响,但是极地美丽的极光也是一种旅游资源;那突发的、灾害性的空间天气变化会对卫星导航、空间通信、航空航天、电网等人类活动产生灾害性影响,但也给人类提供了极富挑战性的国际研究课题:揭示灾害性空间天气的整体变化规律,提供高精准、高时变的空间天气数值预报。

任何事物都有两面性,我们要学会用辩证的思想看待身边的地理事物。

［设计意图］

让学生明确黑子、耀斑、日珥具体分布的太阳大气层。

通过层层递进的问题,让学生探究中高纬地区的一些乔木年轮约 11 年的周期性疏密变化,以及两极永久冰层地区的地质时期,气候呈现约 11 年的周期性变化现象,与太阳活动之间的相关性,激发学生兴趣,培养他们的计算能力、读图分析能力,落实地理实践力。

设置"有人认为太阳辐射对地球的影响都是有利的,太阳活动对地球的影响都是不利的"的话题,让学生展开讨论,通过相互间的交流、纠错,最后明确任何事物都有两面性,我们要辩证地看待太阳辐射和太阳活动对地球的影响,形成正确的人地协调观。

◇**课堂小结**◇

利用板书小结本节课主要知识点。

◇板书设计◇

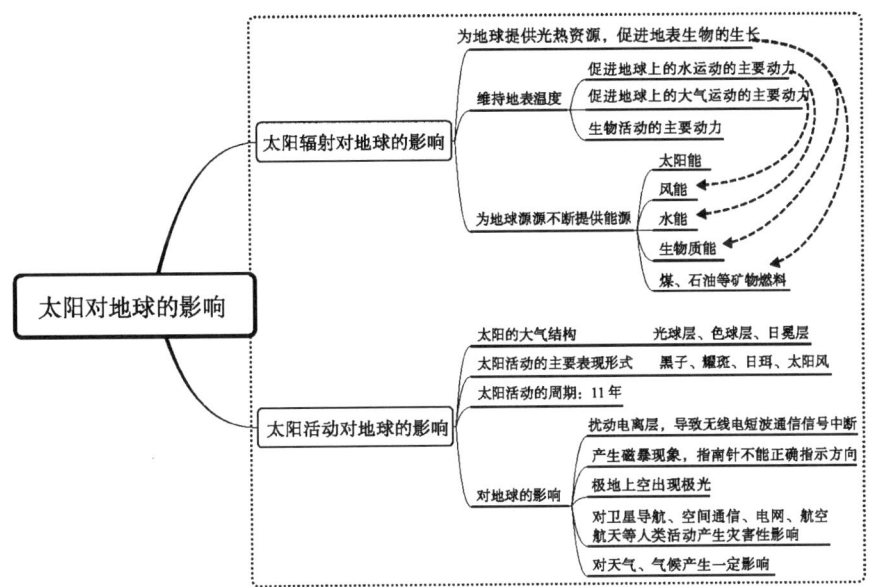

◇设计感悟◇

本节课是高一必修的内容,在地理学科素养的水平分级中只要求达到水平2。从高一学生的知识储备、思维能力来看,学生学习本节课内容不存在障碍。如果按照传统的教学方式,学生只是简单地识记知识点,不仅不利于激发学生学习地理的兴趣,还很难将识记的知识转化成解决问题的能力,也就无法落实培养学生必备的地理核心素养。本节课通过数个相关话题,创设问题情境,把知识还原到真实情境中去,通过问题设置,引发学生思考、探究,通过大量的图文资料,让学生用所储备的知识去分析、阐述真实的地理事象,去解决现实的地理问题,让学生感受生活化的地理,实现知识的自我建构。

※课后达标检测※

1. 下列文字描述的地理现象中蕴含的力量,最终与太阳辐射无关的是（　　）
   A. 地震频发　　　　　B. 雨雾缭绕
   C. 涓涓细流　　　　　D. 落日余晖
2. 公元前28年,曾有记载:"三月乙未,日出黄,有黑气大如钱,居日中

央。"这种现象发生在太阳的（　　）

  A. 光球层   B. 色球层

  C. 日冕层   D. 大气层之外

3. 2007年4月，美国国家航空航天局发表了太空探测器拍摄到的太阳三维图像。这是人类首次从三维视角观测太阳活动。目前，人类对太阳活动的正确认识是（　　）

  A. 黑子增多增大时耀斑也频繁爆发

  B. 太阳活动会引发极光、流星雨、磁暴

  C. 太阳风是太阳活动的主要标志

  D. 光球层到日冕层依次出现黑子、太阳风、耀斑

4. 下列说法正确的是（　　）

  A. 太阳活动加强，将导致荒漠化日益严重

  B. 带电粒子流可引发地球上的磁暴

  C. 耀斑的强辐射会干扰无线电长波通信

  D. 太阳黑子增多会导致地表平均气温下降

5. 上海积极推广"太阳能屋顶计划"是因为（　　）

  A. 太阳能资源清洁、可再生，能量集中

  B. 上海是我国太阳能资源最丰富的地区

  C. 上海人口稠密，经济发达，能源蕴藏量大

  D. 上海煤、石油等常规能源短缺，能源需求量大

移动能源是能源利用方式的一场革命，就是用薄膜发电随时随地提供能源，薄膜发电可以理解为"人造叶绿素"，让人类像绿色植物一样直接利用阳光，薄膜电池像"纸"一样可弯曲、可折叠和可携带。据此完成6—7题。

6. 与常规能源相比，移动能源突出的优势是（　　）

  A. 生产成本低   B. 清洁无污染

  C. 位置制约小   D. 全天候发电

7. 移动能源的应用，最适宜的地区是（　　）

  A. 广阔的畜牧业地区   B. 工业密集地区

  C. 交通干线沿线地区   D. 森林茂密地区

8. 阅读材料，回答问题。

材料一 在"中国太阳城"德州，太阳能的开发利用无处不在，低碳经济悄然融入百姓生活，下图为德州的全国首条接受阳光照射8小时就可以使用7天的长达10千米的太阳能路灯街道。

材料二 下图为我国年太阳总辐射量分布图。

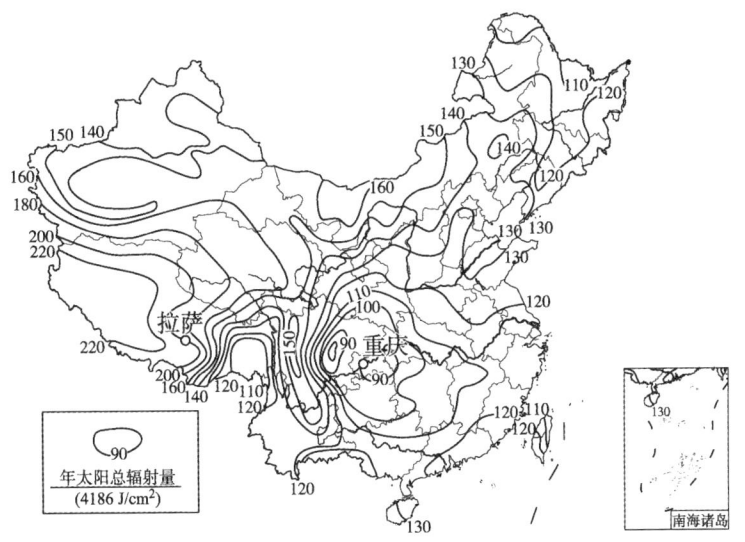

(1) 若在下列城市中推广太阳能路灯，自然条件最不适宜的是（　　）

　　A. 银川　　　　　　　　B. 拉萨

　　C. 成都　　　　　　　　D. 呼和浩特

(2) 纬度大致相当的重庆、拉萨两地的年太阳总辐射量有什么差异？

(3) 太阳能在生活中的应用，除了材料中提到的太阳能路灯之外，还有哪些？

【参考答案】

1．A　2．A　3．A　4．B　5．D　6．C　7．A

8．(1) C

(2) 拉萨年太阳总辐射量大于重庆。

(3) 太阳能热水器、太阳能电子显示屏、太阳能电池、太阳能灶等。

第三节　地球的历史

教学内容分析

※**课标要求**※

1.3　运用地质年代表等资料，简要描述地球的演化过程。

※**课标解读**※

地质年代是用来描述地球历史事件的时间单位，通常在地质学和考古学中使用。地球演化就是地球的历史，是指地球从诞生之后，地球系统由简单到复杂，包括形貌的变迁、生命现象和活动的发展等的历史过程。课标要求学生会运用地质年代表中的数据和其他资料，会用文字或语言说出地球（地壳）的演化过程，教学中为学生提供"描述"的机会。因为是"演化"，需要学生在描述中突出各个年代的特征，注重动态发展的内容和年代间的转变，最终获得对地球演化整体上的认识。为达到课标要求，教师在教学中应予以说明什么是"地质年代"，"界"的划分依据并提供地层、岩石圈、古生物等知识的铺垫。

※**教材分析**※

依据《普通高中地理课程标准（2017年版）》，高中地理课程结构分为必修、选择性必修和选修三类。必修课程包括两个模块，即地理1、地理2两部分。本节课内容主要是要求学生会使用相关资料去描述地球的演化过程。因此，在使用地质年代表时，可以只选取较大的地质年代单位，而且只选择一个或两个即可。通过描述地球的演化过程，使学生建立相应地质年代地球表面的自然图景和不同地质年代之间的关系，培养学生形成一种宏观视角下的时空组合的能力。

※**学情分析**※

部分学生缺乏独立自主的学习能力，习惯于"教师教，学生学"的传统教学模式，缺乏自我探究和协作精神。关于地球表面的自然图景的形象思维总体有些欠缺，因此课上需加强引导和提升。

※**核心素养培养目标**※

本节课对应的课程标准要求为"1.3 运用地质年代表等资料，简要描述地球的演化过程。"基于课程标准和学情，本节课的地理核心素养培养目标设置如下。

1. 通过地质年代表和地球自然图景的时空耦合来描述区域演化特征，进而复习区域认知素养，如地球自然图景演化特征。（区域认知、综合思维）

2. 根据收集到的资料，借助一定的科学研究方法（如归纳演绎法），对现象进行分析，对可能的影响和结果进行归纳、演绎、推理。体验地理事物和现象的形成过程，从中获取地理规律，培养综合思维。例如使学生了解地球上岩浆岩、变质岩、沉积岩三种岩石的形成和特点，以及化石的形成过程和作用，并能根据地球自然图景变化来推测地球的演化过程。（综合思维、区域认知）

3. 通过对地球演化史的分析，了解地球演化的时空关系，明确事物的产生、发展和消亡规律，引导学生思考人地间的微妙关系，进而树立人地协调观。（人地协调观）

4. 借助地质年代表等相关资料，让学生描述地球的演化过程，掌握在归纳中演绎并加以表达的实践能力。（地理实践力、综合思维）

※**教学重难点**※

1. 教学重点

学生会用文字或言语说出地球的演化过程。

2. 教学难点

使学生理解地质年代划分依据和各阶段的特点。

※教学方法※

问题式教学法、视频观察法、自主探究和讨论法、归纳演绎法。

※教学课时※

1课时。

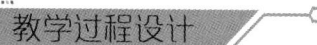

※课前预习※

[补充知识]

1. 生物的进化过程一般遵循：①先简单后复杂、由低级向高级的进化过程；②先有植物后有动物；③由海洋向陆地的过程。

2. 植物的进化过程：藻类→蕨类→裸子植物→被子植物。

3. 动物的进化过程：无脊椎动物→有脊椎动物（鱼类→两栖动物→爬行动物→鸟类、哺乳动物）。

[概念辨析]

化石与地质年代表

（1）地层是具有_____的层状岩石。沉积岩的地层具有明显的_____，一般先沉积的层在_____，后沉积的层在_____。

（2）岩石中包含的_____，可以反映地球的生命历史和古地理环境。同时代的地层中往往含有_____或者_____的_____。生物总是从_____向_____、从_____向_____进化的，越古老的地层含有越_____、越_____的化石。

（3）根据_____、_____、_____等，科学家把漫长的地球历史按照_____、_____、_____等时间单位，进行系统性地编年，这就是_____。

[基础巩固]

根据教材文字描述和活动，完善地质年代表阶段名称、演化过程和主要特征。

年代		距今时间/百万年	演化过程、主要特征	
显生宙	新生代	第四纪	2.6至今	
		新近纪	23－2.6	
			66－23	
		白垩纪	145－66	
			201－145	
		三叠纪	252－201	
	古生代	二叠纪	299－252	晚古生代
			359－299	
		泥盆纪	419－359	
			444－419	早古生代
		奥陶纪	485－444	
			541－485	
			2500－541	
太古宙			4000－2500	
			4600－4000	

※**课堂教学**※

◇**课堂导入**◇

电影《流浪地球》讲述了太阳即将进入红巨星的膨胀阶段，地球将被膨胀的太阳大气所淹没。在人类命运面临存亡的关键时刻，人类联合政府做出了一项决定，将地球作为一个庞大的飞船驶离现有轨道，驶向距离我们4.2光年的比邻星。我们的地球最终真会演化到流浪这一阶段吗？我们的行星最初是什么样子，是如何演化到今天的繁华景象呢？今天这节课就让我们一起探究地球演化的前世今生吧。

[学生活动]

学生根据教师讲解回忆电影情节，与教师互动。

[设计意图]

激疑导入,激发学习热情,点明本节课的目标——探究地球的演化史,为课程的展开做铺垫。

◇问题情境1:地球印记◇

[承转]

人类社会的发展是基于对历史的研究,地球在它漫长的46亿的生命里发生了许许多多的故事,在人类的努力下,这个故事变得越来越清晰。

[展示图片]

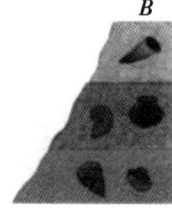

甲　甘肃张掖丹霞地貌　　　　　乙　A、B两地岩层对比

◇问题探究1◇

(1)联系以前所学知识,分析图甲中是何种岩石?

(2)请你描述这种岩石的形成过程。

(3)它(图甲岩石)对人类研究地球历史有什么作用?

(4)图乙中,A、B两地是否有同一年代的岩层?请将相同的岩层连线。

[学生活动]

学生联系岩石圈的物质循环回答(1)(2)题。第(3)题由于先验知识的局限,学生回答可能会有困难,需要教师引导。

[设计意图]

回忆及运用岩石圈物质循环的原理知识,达到温故知新的目的。引导学生自主探究,提升学生的综合思维能力和科学精神,培养学生的区域认知能力。导入本节课的知识点——化石以及化石的作用。为后续的地球历史探究做铺垫。

◇问题情境2:生命诞生◇

[承转]

自古以来,人类对生命的诞生充满了好奇。在生产力不发达的年代,人类通过想象，描绘了许多神话故事。如"盘古开天辟地""女娲补天"等。今天，让我们沿着化石给的提示，继续寻找。科学家们认为最原始的生命是怎么诞生的呢？

［播放视频］

《地球进化》视频。

［展示图片］

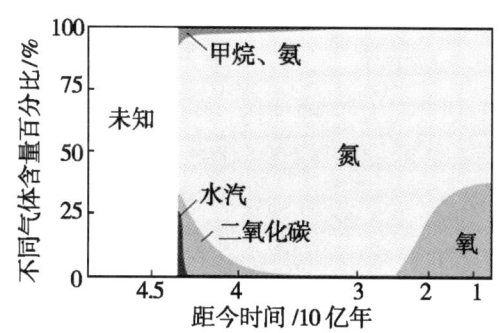

地球大气成分演化示意

◇问题探究2◇

（1）联系已有的知识经验，说一说生物的生存需要哪些条件。

（2）早期的大气圈适合生物生存吗？为什么？

（3）想一想，生命的诞生在什么时期？

（4）生命诞生后，大气又是如何演化的？

［学生活动］

学生带着问题观看视频，记录视频内容，并结合图分析得出问题的答案。

［设计意图］

学生合作探究，有利于调动学生的积极性，增强合作探究意识。在参与讨论的过程中，学生分析图，自主归纳出大气的演化过程，促进逻辑推理能力的发展，培养读图、析图的实践力。

◇问题情境3：地球演化史◇

［承转］

通过刚才的探究分析，我们知道了地球的形成和演化过程，为了更好地探究地球的历史，科学家们制定了地质年代表，如下图。请同学们以小组为单位，并结合教材 16－19 页的文字叙述，回答以下问题。

[展示图片]

教材"图 1.24　地质年代示意（a）"（图略）。

◇问题探究 3◇

(1) 你认为不同地质年代的划分依据是什么？

(2) 在寒武纪/古生代/中生代/新生代，地球的环境发生了什么变化？发生了什么样的生物事件？找到了什么化石？

(3) 通过对比各个阶段的化石，可以发现什么规律？

(4) 若将地球 46 亿年的历史压缩为一天 24 小时，地球诞生于 0 点，结合教材"图 1.24　地质年代示意（a）"，你能算出图中的 4 个阶段分别对应一天中的什么时刻吗？将转化的地质年代表时间标注在右图中。

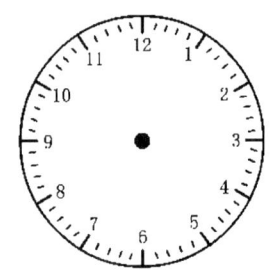

[学生活动]

学生观察、研究地质年代表，并研读教材文字，归纳总结，得出结论。

[设计意图]

此部分是本节课的重点也是难点。通过教师的引导和讲解，让学生借助地质年代表，能够归纳总结出地质年代划分的依据和特征，进而描述地球的演化过程，形成区域认知。小组合作探究地理要素之间的联系，明晰地理过程和地理规律，锻炼综合思维。基于以上分析并结合地球演化的基本知识，学生在描述中能突出各个年代的特征，注重动态发展的内容和年代间的转变，最终获得对地球演化整体上的认识，培养学生的协调发展观。

◇拓展延伸◇

恐龙大灭绝，是地球历史上的第四次以及最后一次大规模物种灭绝事件，也是最著名的一次灭绝事件，约发生于 6600 万年前，并导致当时地球上的大部分动物与植物消失。哺乳动物与恐龙的直系后代鸟类则存活下来，并辐射演化，成为新生代的优势动物。请同学们以小组为单位，查阅相关材料，说一说你们认为恐龙灭绝的原因是什么。

中生代恐龙

恐龙化石

[设计意图]

探究以恐龙灭绝的原因为主题，并且以小组合作为形式，培养学生的合作能力以及在互联网上获取信息的实践力。恐龙灭绝作为科学上的未解之谜能够激发学生的科学探究意识，在学生心中种下一颗科研的种子。

◇课堂小结◇

通过本节课的学习，我们了解了地球的前世，学会了运用地质年代表描述地球的历史。但是，自然界还蕴藏着许许多多的谜题等着我们揭开。

[设计意图]

总结本节课知识，强化重点。

◇板书设计◇

一、地球印记——化石

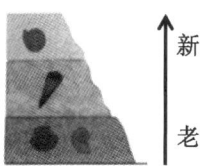

二、生命诞生

三、地球演化史

　　地质年代的划分依据
　　演化过程及特点

◇设计感悟◇

　　本节课主要运用问题链的形式串联整个课堂，并且通过视频、图片、地理图表的形式创设符合学生先验知识的情境，为学生探究提供基础。体现了学生的主体地位，避免传统的满堂灌的教学模式，有利于培养学生的自主探究能力和坚持不懈的科学精神。在探究的过程中，学生的地理实践力和综合思维得到了一定的提升。当然，本节课的设计也存在不足之处，学生的能力存在差异，在探究过程中某些学生可能存在困难，教师需要依据学生的探究情况进行指导。

※课后达标检测※

　　中、法古生物学家的一项合作研究证实，在中国广西扶绥县，年代大约为1.3亿年的那派组地层中发现的恐龙化石是真蜥脚类恐龙的一个新属种，这也是中国首次发现白垩纪早期真蜥脚类恐龙化石，为研究白垩纪早期蜥脚类恐龙演化的复杂性提供了进一步的化石证据。据此回答1－2题。

1. 恐龙大量繁殖的时代是（　　）

　　A. 太古代　　　B. 元古代　　　C. 古生代　　　D. 中生代

2. 恐龙灭绝的事实表明（　　）

　　A. 生物灭绝与环境无关

　　B. 地球已不适合生命生存和发展

　　C. 地质历史时期，地球经历过一些不利生物生存的环境变化阶段

　　D. 了解地质历史时期的环境变化，对人类无任何意义

下图为某沿海地带沉积岩（物）分布示意图，读图完成3－4题。

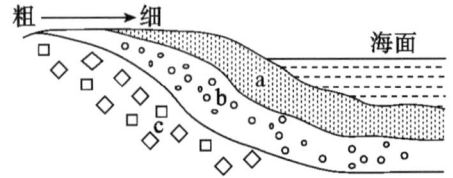

3. 该海域面积与古地质时期相比，应该是（ ）

    A. 增大　　　B. 缩小　　　C. 没有变化　　　D. 以上都不对

4. 岩层的古老程度为（ ）

    A. 一样老　　B. a 层最老　　C. b 层最老　　D. c 层最老

5. 下图是生物进化和环境变迁示意图，有关图中序号①－④的说法，正确的是（ ）

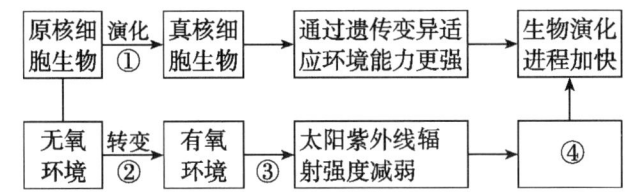

A. ①的演化过程经历了大约 46 亿年

B. ②的转变过程完全是藻类光合作用的结果

C. ③主要是臭氧和氧原子吸收太阳紫外线的缘故

D. ④缩小和改善了生物的生存环境

6. 读下面一则报道，回答下列问题。

美国出版的《科学》杂志刊登一篇文章说，科学家们研究发现，地球在 6500 万年前遭受一颗小行星撞击而导致恐龙灭绝，但这并非地球唯一的"飞来横祸"。另一颗小行星（也可能是彗星）在距今约 2.5 亿年前也撞击过地球，触发了地球上最大规模的物种灭绝……

有关证据是科学家们在对远古时代的沉积物进行研究时发现的，这些从日本、中国和匈牙利的不同地点收集的沉积物来自地质史上的二叠纪和三叠纪之间……

这颗撞击地球的小行星撞击的威力相当于地球上最大地震的 100 万倍，由此还引发了地球上最大规模的火山运动。火山灰和撞击引起的灰尘覆盖整个地球达数百年。当时地球上的主要物种，包括 1.5 万种三叶虫全部灭绝，90% 的海洋生物和 70% 的陆生脊椎动物被毁灭……

(1)"二叠纪和三叠纪之间"应该是距今约＿＿＿＿＿＿＿年，这也是＿＿＿＿＿＿＿代和＿＿＿＿＿＿＿代的时间界线。

(2) 简要分析当时全球气候发生了怎样的变化。

（3）简述当时地球上生物遭毁灭的直接原因。

7. 石羊河流经甘肃省中部，流域内灌溉农业较发达、生态环境问题严重。根据下列材料，结合所学知识，回答下列问题。

材料一　石羊河流域示意图

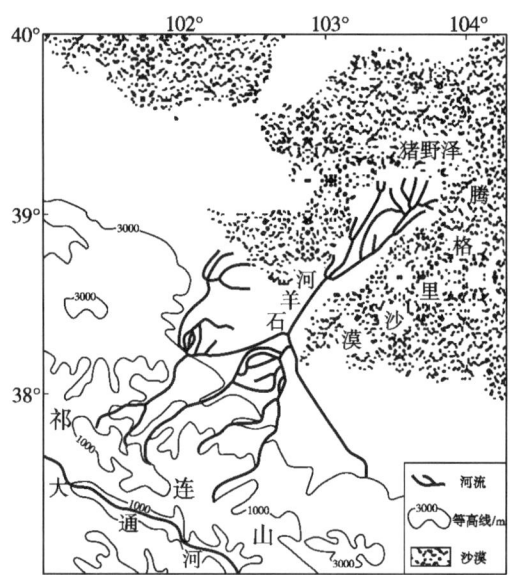

材料二　石羊河流域某采样点垂直剖面图

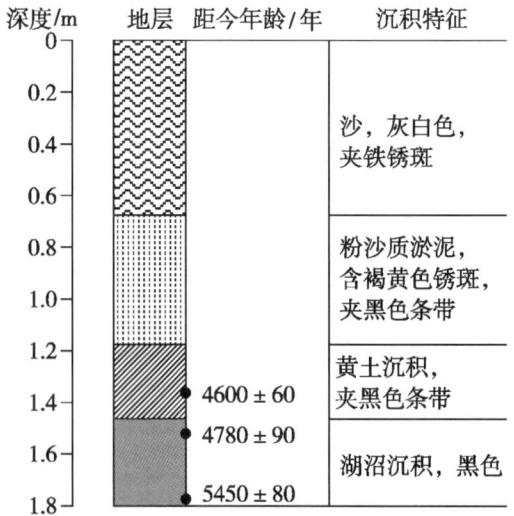

(1) 石羊河的总体流向为_____。从内、外流河类型看,该河为_____河,判断理由是_____。

(2) 图中所示地层,埋藏越深,距今年代越_____。深度1.6米处是_____沉积,由此可推断该地的干湿状况,距今5000年前后比现在_____,理由是_____。

(3) 该河流中下游地区的气候类型是_____,目前面临的最主要的生态环境问题是_____。

【参考答案】

1. D 2. C 3. B 4. D 5. C

6. (1) 2.5亿 古生 中生

(2) 在撞击发生后的一段时间内,由于撞击所产生的热量及火山喷发的热能的作用,地球上的温度很高。一段时间以后,由于大量的灰尘遮天蔽日,太阳辐射被极大地削弱,地球气温降低。

(3) 撞击发生后,地球上暗无天日,许多植物因为得不到充足的阳光而大片死亡。由于植物的大片死亡,许多动物也因食物缺乏而大量死亡。

7. (1) 从西南流向东北 内流 河流没有流入海洋,而是消失在沙漠里

(2) 远 湖沼 湿润 当时为湖沼沉积,属水域环境;而现在是风沙堆积,属荒漠环境

(3) 温带大陆性气候 土地沙漠化(荒漠化)

第四节 地球的圈层结构

教学内容分析

※**课标要求**※

1.2 运用示意图,说明地球的圈层结构。

※**课标解读**※

1. 概念解读

地球的圈层结构是地球内部圈层和外部圈层的总称。地球内部圈层包括地壳、地幔和地核，外部圈层包括大气圈、水圈和生物圈。岩石圈是介于内部圈层和外部圈层之间的一个圈层，包括地壳和上地幔顶部，即软流层之上的固体岩石部分。

2. 素养解读

从宏观上了解地球的结构，进而了解自然环境的组成，这也是根本要求。在学习了有关"宇宙中的地球"之后，学生面临的一个基本问题就是"什么是自然环境"。本条要求以"宇宙环境—地球—自然环境"的认识思路，设计了在宏观了解地球圈层结构的基础上认识自然环境的组成，即在空间范围上把自然环境放在地球圈层结构中来认识。自然环境可以从宏观和微观两个层面上表述。在宏观层面上，根据现代自然地理学的研究，自然环境就是指地球表层系统，它是由岩石圈、大气圈、水圈、生物圈四大圈层交叉而成。人类属于生物圈的一部分，也有为了强调人类的重要性和特殊性，分出一个"智慧圈"，这样就有五大圈层。对于各圈层应抓住主要特点和人类活动关系密切的内容。

"运用示意图"进行说明是对学生的要求。"示意图"并不一定指向某张确定的示意图，也可以是学生用绘制示意图的方式表达对地球圈层结构的理解。

3. 学业质量水平解读

本部分属于必修模块，要求达到 1 到 2 级标准。在 1—1 综合思维部分要求"在简单、熟悉的情境中，能够辨识地貌、大气、水、土壤、植被等自然地理要素，简单分析其中少数几个要素的相互作用，及其与人类活动的相互影响"。

※**教材分析**※

1. 从教材的地位上讲，本节课是继学习了地球的宇宙环境、太阳对地球的影响以及地球的历史之后讨论地球的自身特点，既是前面学习地球性质的概括，也是为后面章节地理环境的发生、发展和变化的学习打下了基础，具有承上启下的作用。

2. 从教材的内容上讲，教材结构明确，分为两个部分，一是地球的内部圈层，主要包括两方面的内容：地球内部的圈层结构及划分依据、掌握地球内部物质组成；二是地球的外部圈层，主要内容包括大气圈、水圈以及生物圈等的组成、空间分布及相互间的关系，但对于各圈层性质并不要求深入了解，只需抓住其主要特点以及和人类活动密切关系即可。

※学情分析※

在教材第一章第一节和第二节中学生已经了解了地球所处的宇宙环境，已掌握了太阳辐射的有关知识。除此，学生对地球圈层有一定的生活体验，初步具备读图与分析能力，为理解本节知识打下了很重要的基础。

高一学生刚进入高中校园，思维比较活跃，已具备一定的形象思维能力。学生在初中地理学习中已经对"地球的圈层"有了比较初步的认识，但是很多学生对基本的地理原理、基本的空间概念不够理解，读图、认图能力依然很薄弱，这给教学带来了一定的困难。

※核心素养培养目标※

1. 通过互联网收集资料，学习基本概念，自主建立基本知识结构，养成互联网思维习惯和自主学习能力。（综合思维）

2. 小组探讨得到地震波基本特点，以及对地球圈层结构的解读。（地理实践力、人地协调观）

※教学重难点※

1. 教学重点

(1) 两种地震波的传播特征及其在地球内部圈层研究中的运用。

(2) 内部圈层分层的状况。

2. 教学难点

两种地震波的传播特征及其在地球内部圈层研究中的运用。

※教学方法※

自主探究、分组讨论法，图文转换法，问题教学法。

※教学课时※

1课时。

※课前预习※

[预习材料]

1. 上网查找地球地震波的相应资料，完成下列表格。

地震波	速度	传播的介质	运动方向

2. 上网查找地震波的应用方向。
3. 如何去了解地球的内部圈层？
4. 地球内部圈层如何划分？
5. 名词解释：软流层、岩石圈。
6. 地球外部圈层都有哪些？彼此之间的关系如何？

[参考答案]

1.

地震波	速度	传播的介质	运动方向
纵波	相比横波快	固、液、气三态均可通过	上下颠簸
横波	相比纵波慢	只能通过固态	左右摇晃

2. 应用地震波速度预测砂岩孔隙度，预测煤、岩体，测地质年代，由地震波速度变化能预测地震。

3. 地球内部是无法直接观测到的。地球科学家使用地震的方法研究地球内部的结构与构成。根据地球物理的研究，地球内部是一个非均质体，各层物质的密度、压力、温度、物理状态和化学成分存在着明显差异。

根据地震波传播速度的差异划分内部圈层。

4. 地壳、地幔、地核。

5. 略

6. 外部圈层有水圈、生物圈、大气圈，三者紧密联系，彼此相互依赖。

[教学行为]

学生自主预习教学内容后完成以上预习材料，小组结合参考答案互相交流评价。

[设计意图]

养成互联网思维习惯，通过文本和图文信息的获取和解读，建立基本概念，为进一步探究做准备。

※课堂教学※

◇**问题情境1（导入新课）**◇

地震来了，小强被压成重伤，为了知道内脏的受损情况，医生立即进行B超图像检查。

◇**问题探究1**◇

人类可以利用超声波来探测看不见的人体内部情况，地球内部也看不见，如何利用目前的手段来探测呢？

[学生活动]

学生讨论、交流。

[设计意图]

激发兴趣。

◇**问题情境与探究2**◇

利用教材的图去探索如何利用地震波的特性来体现地球内部的结构。

[学生活动]

学生小组讨论，并展示学习结果。

[教师总结]

利用地震波的特性去探索地球内部圈层结构，如同用超声波去探索人体内部的信息。

[设计意图]

提高学生的学习力，学会利用现有知识，建立物质观和运动观。

◇**问题情境与探究3**◇

(1) 地震来临，你在教室里，你会感受到什么样的震动方式呢？这时候你该怎么办？

(2) 此时旁边有一个池塘，你是不是可以躲到池塘里呢？为什么？

(3) 你想坐飞机逃生，时间也充分，是不是可行呢？为什么？

[学生活动]

学生自主探究，讨论、交流，展示。

[教师总结]

教师点评，让学生掌握地震波的基本特性。

[设计意图]

对于任何可能发生的事情，创设情境，让学生在灾难来临的时候有正确的选择，培养地理实践力。

◇问题情境 4◇

在地震中，你深受震撼，想探索地下的奥秘来破解地下未知之谜，如何利用地震波探索地球内部的结构呢？

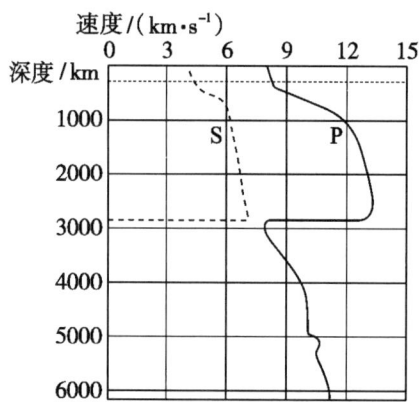 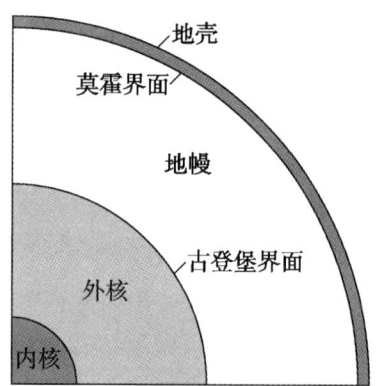

◇问题探究 4◇

（1）利用上面左图，让学生绘制上面右图，并且提出自己的作图根据。（体现不连续面）

（2）试说明不同圈层的内部状态，并说明理由。（参考：地壳和地幔是固态，外核是液态）

（3）你和小强在雅鲁藏布江大峡谷走失了，你在雅鲁藏布江江畔，而小强在你附近的高山上还在寻找你，你和他所在的地区的地壳厚度是不是一样呢？哪个会更早感受到地震？

[学生活动]

学生自主探究，讨论、交流、展示。

[教师总结]

教师点评，总结经验。

[设计意图]

培养科学探索未知世界的能力，学会地理图的绘制，学会用图来解决地理问题。

◇问题情境与探究 5◇

(1) 小强在高山上，也看到了火山爆发的情景，之后小强问你："火山的岩浆来自哪里呢?"你该怎么帮助他寻找答案?

(2) 读教材图 1.34，结合课文，找出地球内部圈层结构的特点，重点找出软流层和岩石圈的位置。

(3) 探究软流层和岩石圈的关系。

[学生活动]

学生自主探究，讨论、交流，展示。

[教师总结]

教师点评。

[设计意图]

培养学生空间综合思维和逻辑思维素养。

◇问题情境 5◇

你和小强在地震中死里逃生，对大自然产生敬畏之感，你们在了解了地球的内部圈层后，想知道地球的外部圈层和地球内部圈层有没有联系。

◇问题探究 5◇

寻找各圈层之间的关系。

[学生活动]

学生思考，回答。

[教师总结]

教师点评,总结。

[设计意图]

通过本环节建立自然环境整体性的观念,建立事物普遍联系的意识。

◇课堂小结◇

本节课主要利用地震波特性来探索地球内部圈层的奥秘,掌握地球内部分层,以及各圈层的相关特点。了解了内部圈层以后,由内而外,进一步了解外部圈层的基本结构,为以后的学习起到承接的作用。

◇板书设计◇

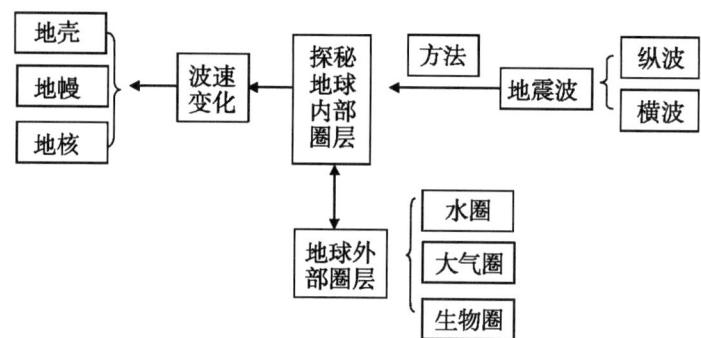

◇设计感悟◇

本节是高一的必修内容,学科素养的水平分级中只要求达到水平1和水平2,内容比较简单,但是因为研究对象比较抽象,目前没有具体的实景图片,只能依靠探测手段推测,因此将本节的内容进行情境化引导,让学生思考、体会,感受到地理在生活中的实际应用,激发学生兴趣的同时,也能够提高学生的思维能力和解决问题的能力,授之以鱼不如授之以渔,利用问题的设置可以进一步提高学生的思维能力、学习能力,让学生学会学习。

※课后达标检测※

1. 2010年3月,北大西洋极圈附近的冰岛发生大规模火山喷发,火山灰蔓延欧洲,使航空业蒙受重大损失。下图示意火山喷发和冰岛位置。读图,推测这些蔓延的火山灰物质在地球圈层中迁移的顺序是(   )

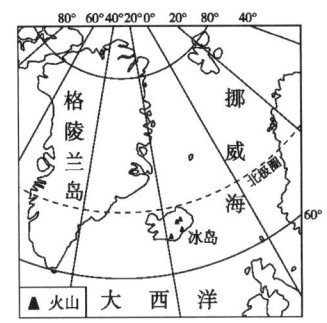

A. 大气圈→水圈、生物圈→岩石圈

B. 岩石圈→大气圈→水圈、生物圈

C. 水圈、生物圈→大气圈→岩石圈

D. 水圈、生物圈→岩石圈→大气圈

右图是某地震波速度随深度变化图，读图回答2—4题。

2. 图中曲线表示的地震波是（　　）

    A. 纵波

    B. 横波

    C. 纵波和横波

    D. 无法判断

3. 该地莫霍面大约位于地下（　　）

    A. 5千米处   B. 17千米处

    C. 33千米处   D. 2900千米处

4. 该地可能位于（　　）

    A. 青藏高原   B. 华北平原

    C. 四川盆地   D. 太平洋

5. 水圈是地球外部圈层中（　　）

    A. 最活跃的圈层   B. 质量最小的圈层

    C. 最厚的圈层   D. 连续而不规则的圈层

6. 地质学家常利用地震的方法来寻找海底油气矿藏，下列四幅地震波示意图中表示海底储有石油的是（　　）

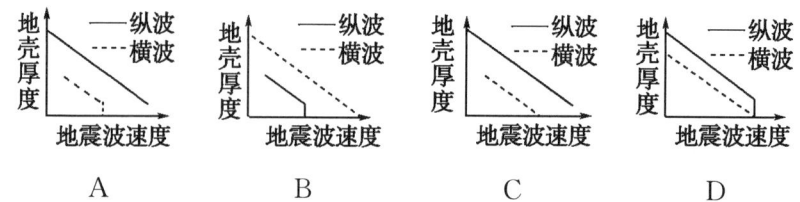

A B C D

7. 2011年2月21日，位于菲律宾吕宋岛东南部的布卢桑火山喷出浓烟，流出大量熔岩。这些炽热的岩浆可能来源于（   ）

    A. 地壳   B. 下地幔

    C. 岩石圈   D. 上地幔中的软流层

8. 以下关于地球内部圈层的叙述，正确的是（   ）

①地壳包括大陆地壳和大洋地壳，大陆地壳较薄，平均厚度约 7 千米　②地壳和地幔之间的分界面是古登堡面　③上地幔顶部的物质结构和地壳很相似，它们共同组成岩石圈　④内核和外核两者均由铁和镍组成

    A. ①②   B. ③④   C. ①④   D. ①③

9. 为了探测莫霍界面的情况，在下图中的 A、B、C、D 四点同时进行了地震波的测定，其中最迟得到从莫霍面传来的地震波的地点是（   ）

10. 地球内部结构中，厚度最小的圈层是（   ）

    A. 地核   B. 地幔   C. 地壳   D. 岩石圈

11. 右图是地球内部圈层示意图，读图回答问题。

（1）图中甲、乙是地球内部的两个不连续面，其名称分别是：甲_____、乙_____。

（2）当 A 处发生地震时，B、C、D、F 四个观测点都测到了 A 地发出的地震波，B 地测得地震震级为 8.1 级。F 地测得地震震级为_____级。对 B、E 两点所测得的纵波波速进行比较，波速较快的

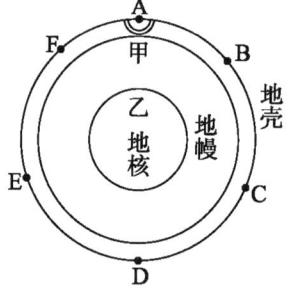

是_____,造成两地波速差异的原因是_____。

(3) 地震波在经过甲时速度发生了怎样的变化?

(4) 地球内部圈层划分的依据是_____。

(5) 请在图中用斜线画出接收不到横波的区域。

12. 下图是地壳结构示意图,读图回答下列问题。

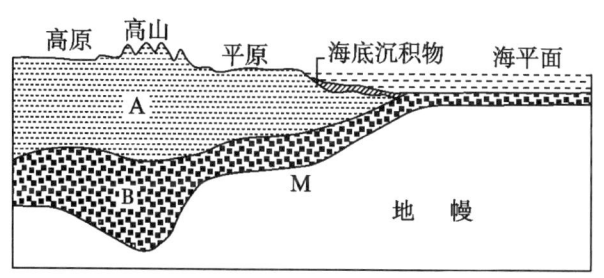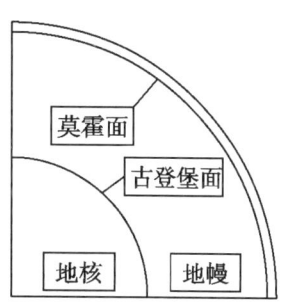

(1) 界面 M 为_____,它的平均深度为_____km。

(2) 海拔高低与地壳厚薄有什么关系?

【参考答案】

1. A 2. B 3. A 4. D 5. D 6. A 7. D 8. B 9. A 10. C

11. (1) 莫霍界面 古登堡界面

(2) 8.1 E 纵波在地幔中的传播速度高于在地壳中的传播速度,AE 之间经过了地幔,AB 之间没有经过地幔,所以由 A 到 E 的平均波速要大于由 A 到 B 的平均波速

(3) 地震波传播速度明显加快。

(4) 地震波速度的变化

(5) 过 A 点作地核这个小圆的切线,两线之间的地核及小圆以下区域即为接收不到横波的区域。图略。

12. (1) 莫霍面 17

(2) 海拔越高,地壳越厚;海拔越低,地壳越薄。

问题研究　火星基地应该是什么样子

教学内容分析

※课标要求※

1.1　运用资料，描述地球所处的宇宙环境。

※课标解读※

"谈天"是为了"说地"，地球上的许多自然现象，若仅从地球本身来找原因，常常得不到正确、完整的结论，这时就需要从地球所处的宇宙环境来分析。火星是宇宙大家庭中的一员，其物质组成、运动规律，以及发生和演变，都与宇宙环境同源。研究火星可以给我们带来很多的启示：地球以后可能会变成什么样子，火星和地球是太阳系里的"兄弟"，研究两者的异同，互为参考，是极具价值的基础研究。认识宇宙环境，有利于学生形成科学的自然观和宇宙观。

※教材分析※

本节是在学完地球所处的宇宙环境后的问题研究章节。在太阳系中，火星被认为是除地球外最适合人类居住的星球。通过对火星的了解，发现火星上曾经与地球有很多相似之处，有生命存在的条件。"绿航星际"试验舱为我们建立火星基地提供了很多经验和技术。通过学习明确建设火星基地是非常不容易的事，但经过我们的努力，火星基地最终会建成，有望成为人类在地球外星体上建立的第一个活动场所。我们可以拿出合理的设计方案，建立起多样的火星基地。

※学情分析※

学生已经学完了地球所处的宇宙环境，且他们从一些科普文章、视频或有关火星的电影中也对火星也有了一定了解，这些知识可以迁移到本节的学习中来。

※核心素养培养目标※

1. 了解火星表面的自然状况，探究人类定居火星的条件与风险，增强科学精神和创新意识。

2. 培养学生通过各种方式进行查找、收集、分析资料的能力。

3. 学生大胆设想和创新，科学地尝试规划火星基地，增强合作意识，激发想象力。

4. 运用探究学习的方式加强研究性学习课程的实施。

※**教学重难点**※

1. 探究式学习方式的初步体验。

2. 查找、收集、分析资料的能力培养。

3. 火星基地的整体规划。

※**教学方法**※

问题式教学法、自主探究法。

※**教学课时**※

1课时。

教学过程设计

※**课前预习**※

学生课前通过网络和图书查找有关火星的资料，了解火星情况。

※**课堂教学**※

◇ **课堂导入** ◇

自古以来，人们对火星都极为好奇，而好奇的原因无非就是在上面可能会存在着的生命，甚至是文明，也就是所谓的火星人。在一两百年前，人们就已经利用望远镜去观察火星，然后发现火星上有很多类似于河流的东西，甚至有些看起来还很像人工运河一样。这样的发现免不了会让人对它产生一些遐想，想象它上面会不会有生命，或者适不适合人类的生存。

◇ **问题情境1** ◇

电影《火星救援》开篇部分，人类实现了首次在火星上登陆。美国宇航员马克·沃特尼与其他五位宇航员遭遇巨型风暴，外太空之旅只能提前结束。沃特尼在回舱过程中因为被一个零件弹出舱外而与别的队员失去联系，所以被误认为无法生还而被留在火星，成了"太空鲁滨孙"。

《火星救援》中沙尘暴来袭场景

◇问题探究1◇

为什么火星上会有沙尘暴现象?

[学生讨论、交流]

略

[教师指导归纳]

火星是沙漠行星,地表沙丘、砾石遍布。火星大气十分稀薄,因而根本无法维持稳定气温,这导致昼夜温差大。白天温度升高,热空气会急速上升导致尘埃扬起,而尘埃一旦升到空中,会阻碍地面热量的散发,于是空气变得更热,更急剧上升,别处的空气以更快速度跑来补充,形成强劲的地面风。地面风把更多更大的尘粒吹起来,形成更大的尘暴。尘暴就这样由小变大,由四面八方蔓延开去,形成罕见的大尘暴,甚至可以支配火星气候,使火星连续几个月陷入黑暗之中。当尘暴把整个火星都笼罩起来,由于尘埃的反射和散射,太阳对低层大气和火星表面的加热作用减少,地表附近温差降低,风速也就减弱,尘埃逐渐降下来,尘暴也就结束。

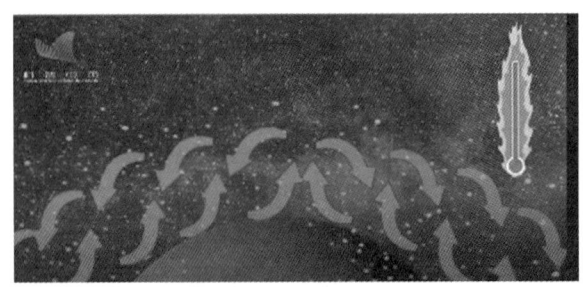

火星气流运动示意

[设计意图]

通过电影让学生直观上对火星有一个基本了解,提高学生的学习兴趣。

◇问题情境2◇

清醒后的沃特尼发现自己远离地球家园,食物只够一个月的供应。幸好他天性幽默乐观,而且是个植物学专家,他决定靠自己的力量生存下去,等到下次火星任务的到来,虽然这一等就要四年。沃特尼精心计算如何最大限度地利用他在这颗干旱星球上的时间。他开始利用自制的肥料种植土豆,对手头的所有材料物尽其用。他运土到基地中,将周围围起来,用粪便做肥料,接下来解决了水的问题,终于看到土豆长出了绿芽。在兴奋之余他的居住舱却由于失压而发生了爆炸,很快长势良好的土豆遭遇外界的低温而全部死亡。

《火星救援》中沃特尼在火星上种植土豆

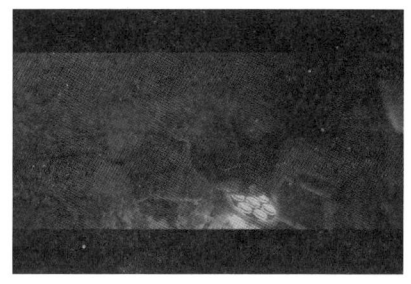
《火星救援》中火星上种植的土豆遭遇低温而死亡

◇问题探究2◇

(1) 火星上是否具备人类生存的条件?

(2) 若要在火星生存,需要改造哪些环境条件?

[学生讨论、交流]

略

[教师指导归纳]

火星和地球是太阳系里的"兄弟",它和地球有很多共同之处,所以火星被认为是除地球外最适合人类居住的星球,主要体现在以下几点。

(1) 火星有稀薄的大气层。其主要成分是二氧化碳,约占95%,还有极少量的一氧化碳和水汽。氧气可以由二氧化碳转化过来。

(2) 火星比地球小,赤道半径为3395千米,是地球的一半,体积不到地球的1/6,质量仅是地球的1/10。火星的内部和地球一样,也有核、幔、壳的结构。

(3) 火星的自转和地球十分相似，自转一周为 24 小时 37 分 22.6 秒。火星上的一昼夜比地球上的一昼夜稍长一点。火星公转一周约为 687 天，火星的一年约等于地球的两年。

(4) 火星上有明显的四季变化，这是它与地球最主要的相似之处。

(5) 火星地表下很浅的地方蕴藏着大量的冰，这些冰块未来可以成为燃料的来源，甚至被转化为饮用水。

虽然火星和地球有很多共性，但是如果人类要在火星上生存，需要改造很多环境条件。

(1) 首先要制造温室效应让火星的温度上升，二氧化碳可以来自火星两极的干冰，如果火星两极的干冰全部升华也许能有一些效果。

(2) 需要制造一个磁场以保护火星的大气层不被太阳风剥离，因为稀薄的大气层的顶端会成为太阳风剥离的逃逸层，而没有磁场保护的火星这个问题尤为严重，否则好不容易制造出来的二氧化碳早已被太阳风刮跑了。

(3) 找到火星的水源在哪里。火星的水源来自两个区域：南北极的水冰（干冰之下也会有水冰）、火星的地下水。在大气压上升到适当的压力后，就可以开始释放水，与二氧化碳一起加剧火星的温室效应，并且还可以增加大气压。科学家发现了卤水湖所在的区域，说明这一步真的非常有希望。能找到卤水湖，那么也应该有淡水湖。未来的火星找水计划也许能给予我们惊喜。

[设计意图]

学生在探讨火星是否适合生物的生存，又有哪些条件需要改造这些问题的过程中对火星基本情况有了进一步的了解，也为后面火星基地的建设奠定了知识基础。教师在这一探讨的过程中潜移默化地渗透保护我们地球环境的意识。

◇问题情境3◇

沃特尼找到了"探路者"，这是很多年前留下的通信工具，他修好了它并和总部取得了联系。沃特尼决定抛弃基地，修好远程车，驾驶改造的远程车去200 千米外的阿瑞斯 4 号任务点与队员对接回地球。他精准计算距离，带上所有维持生命的所需品——氧合器、水回收器、大气调节器，一路定期用太阳能给远程车充电，最终成功到达目的地。

◇问题探究 3◇

如果人类要登陆火星进行科考研究，建设的火星基地要设计的基本设施有哪些？

［学生讨论、交流］

略

［教师指导归纳］

如今随着科技的发展，火星基地已不单单是作为一个噱头或设想而存在，而是建立在现有技术实际可行的基础上。最近科学家们提出了一套完整的火星基地建造方案。《火星救援》里的故事，可能即将成真。下面我们一起了解目前国内外对于火星基地建设的构想。

(1) 目前国外对于火星基地建设的构想。

由瑞士洛桑联邦理工学院空间工程中心研究团队发布的一套方案，包括赴火航线、着陆、建立营地、维持长期可循环设备等多个方面。它有望指导人类于未来几十年内，在火星上逐步建立基地。按照科学家们的构想，火星基地将建在火星的北极。这里沉积数千年的冰层经处理后，可以为人类提供必不可少的水资源。除此之外，两极土壤中还富含硅、铁、铝、硫等多种资源，可以用于制造砖块、玻璃、塑料等建筑材料。利用空气中丰富的二氧化碳等化学物质，人们还可以制造出氢气、甲醇等燃料。据计划，一批机器人将首先登陆，为人类建造一个小型的生存空间，并测试当地的自然资源情况。当机器人建设完成后，六名航天员组成的团队将在北极夏季抵达火星，以利用持续 288 天的极昼。

与电影《火星救援》中表现的相同，工作人员日常生活在基地的中央核心，通过三个胶囊状气闸与外界沟通。不同的是，一个由聚乙烯纤维制成的圆顶将罩在生活区上方，作为阻挡辐射和陨石的第二道屏障，并保持内部气压稳定。

当然，工作人员不必像电影中那样种土豆，基地可以提供人体所需的有机物。当基地顺利运转以后，它可以自给自足九个月甚至更长时间。唯一需要从地球运输的将只有启动物资，例如少量冷冻食品、钍反应器和电池等。

科学家们计划在火星轨道上设置中转空间站，供地球的航天飞机在此卸载乘客和货物，再由特别设计的火星车运输至火星基地。这一设计可以有效降低航天飞机的载重。火星车可以重复利用，所用燃料也均由火星基地自行生产。

基地构想

(2) 目前中国对于火星基地建设的构想和实践。

①"绿航星际"（见教材资料2）。

2016年6月17日上午，"绿航星际"4人180天受控生态生保系统集成试验在深圳市太空科技南方研究院正式启动。4名志愿者进入面积370平方米的密闭舱内，开展为期180天的受控生态生保技术试验验证。

②中国第一个火星模拟基地"火星村"。

据报道，中国"火星村"是一个火星文旅创意体验基地，主体部分由"火星社区"及"火星营地"两个功能区组成，同时也为火星探测工程进行相应准备。

该基地建在青海省的柴达木盆地，这里红岩密布，地质和地貌与火星的地理条件极为相似。除此之外，这座"火星社区"还具有主题公园以及火星模拟营地等性质，同时将提供一系列配套的生存设备，有意者可体验在火星上生活是一种什么感受。

中国"火星村"模拟基地

相似的火星地理环境

[设计意图]

通过介绍国内外对火星基地的构想和实践，让学生对火星基地有初步理解，为后面设计火星基地环节打下基础，没有这一步知识铺垫就凭空让学生设计火星基地，学生将无从入手。

◇问题情境4◇

《火星救援》最后一段话：当我独自被困在那时，想过会死在那儿吗？想过，当然想过，这是你必须要知道的，因为它正发生在你身上，这是太空，它不会配合你，在某一刻，所有的一切都会变得越来越糟糕，当一切都越来越糟糕时，你只能坚强地面对，我就是这么做的，你要么屈服，要么反抗，就是这样，只要你开始，进行计算，解决一个问题，解决下一个问题，解决下下个问题，解决了足够多的问题，你就能回家了。

◇问题探究4◇

为了让将来的火星计划更加顺利，我们该如何更加合理地设计火星基地呢？

[教师指导]

火星表面环境恶劣，人类很难生存，或许可以尝试在密闭的人造环境中生存。封闭环境内的大气、水和食物的循环再生，恰好就是在模拟地球表层大气圈、水圈、生物圈。火星并不完全具备人类生存的条件，但可以尝试制造人造可循环的封闭环境，"绿航星际"基于生态学原理通过多个功能单元的协作，实现封闭环境内的大气、水和食物的循环再生，建立适合人类长期驻留的生命和健康保障体系，减少地面物资补给需求，为未来地外星球基地生命保障技术的研究打开了新局面。

假设火星基地分为登陆区、居住区、科研区、能源区等几个站区。选择你感兴趣的一个站区，从形态、功能、防护等方面提出一个设计方案。最后画示意图，把不同站区对接起来，形成一个完整的火星基地。

要求：课堂上学生分组，讨论并记录小组可能面临的问题；课后分小组收集资料，请教老师、专家等完成任务要求，并形成设计方案；课堂上展示成果。

[学生讨论、交流，动手设计]

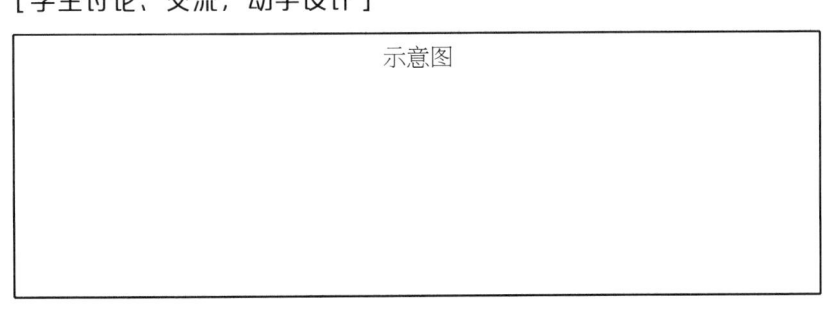

[设计意图]

这是一节问题研究课程，有了前面的知识铺垫就可以把时间交给学生，给学生一个充分施展自己的思想和创意的空间，通过合作探究培养他们的合作精神。

◇**课堂小结**◇

本节课的学习充分展现了同学们的宝贵创意。火星上有建设火星基地的条件，但也要明确建设火星基地是非常不容易的事，不过我们有信心，经过我们的努力，火星基地最终会建成，它会成为人类在地球外星体上建立的活动场所。同学们，努力吧，为早日实现这个梦想而做出我们自己应有的贡献。

◇**板书设计**◇

了解火星表面基本的自然状况

↓

分析火星基地应具备的基本生命保障条件

↓

学生设计火星基地构想图

◇**设计感悟**◇

本节的设计给学生充分的施展空间，培养学生通过各种方式进行查找、收集、分析资料的能力。学生在所学知识的基础上大胆设想和创新，科学地尝试规划火星基地。培养学生科学研究的素养和态度，同时也培养学生的合作和团队精神。但是由于受到教师对火星和火星基地知识掌握深度的限制，很多科学性的问题在课堂还无法全部完成，师生可以在课后进行进一步的探讨。

※**课后达标检测**※

欧洲航天局和俄罗斯航天局联合研制的火星探测器，搭乘俄罗斯研制的"质子"号火箭，从位于哈萨克斯坦的拜科努尔航天发射场升空，其主要任务是探测火星生物存在的证据。下图是太阳系模式图，读图完成1—3题。

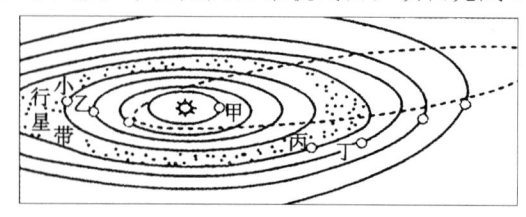

1. 图中代表火星的是（　　）

   A. 甲　　　　B. 乙　　　　C. 丁　　　　D. 丙

2. 火星探测器一旦进入火星轨道，便脱离了（　　）

   A. 地月系　　B. 太阳系　　C. 银河系　　D. 总星系

3. 该火星探测器用于探索地外生命可能存在的环境，主要目标是探测火星上是否存在（　　）

   A. 山脉和平原　　　　　B. 大气和云雾

   C. 太阳辐射和火星引力　D. 液态水和有机物

最新研究表明，类似地球最简单、最远古的微生物，可幸存于火星极端稀薄的大气层中。当前火星表面干燥寒冷，但是大量证据显示，数十亿年前河流、湖泊和海洋覆盖在火星表面。由于地球液态水存在的区域就有生命，科学家猜测当火星处于潮湿气候状态下，生命体可以进化形成。据此完成4—5题。

4. 通常情况下火星很难有生命的孕育，主要是因为（　　）

   A. 常年低大气压环境　　B. 缺乏足够的液态水

   C. 日温度两极化现象　　D. 距日距离较远

5. 火星生命体可以形成的条件必须要有（　　）

   ①微生物的存在　②水资源充足　③光照、温度适宜　④适宜的大气环境

   A. ①②③④　　　　　　B. ②③④

   C. ②③　　　　　　　　D. ①②

【参考答案】

1. B　2. A　3. D　4. D　5. B

第二章　地球上的大气

第一节　大气的组成和垂直分层

教学内容分析

※课标要求※

1.5　运用图表等资料，说明大气的组成和垂直分层，及其与生产和生活的联系。

※课标解读※

大气的组成的内容有两个要点：大气的组成成分及不同成分的占比情况，组成成分与人类、生命有机体息息相关。

大气的垂直分层一般是按大气温度随高度分布的特征，将大气分成对流层、平流层、中间层、热层、散逸层，也可以简化成对流层、平流层和高层大气。每一层的特征可以从气温的垂直变化、气流的运动状况，以及一些物理特性等方面描述。

大气的垂直分层与人类活动的联系，要结合各层的特点来理解。对流层和平流层与人类的关系最为密切，教材也侧重于研究这两个分层的特点以及与人类生产和生活的关系，目的在于要树立人地协调观。

※教材分析※

本节课是第二章第一节的内容，属于地球大气中的基础知识，为第二节大气受热过程和大气运动的学习打下基础。本节课的内容主要是通过图表、文本等资料，让学生说出大气的组成和垂直分层，并分析大气的组成和垂直分层与生产和生活的联系，渗透区域认知，培养学生的综合思维，树立人地协调发展观。

※学情分析※

从高一学生的知识储备、思维能力来看，学生学习本节课内容不存在很大的障碍。因此，在教学过程中教师可以淡化知识点的讲解，侧重于联系生活实际，创设真实的问题情境，在激发学生学习兴趣的同时，通过问题设置，引发学生思考、探究，让学生用所学的知识去分析、阐述真实的地理事象，去解决现实的地理问题，让学生感受生活化的地理。

※核心素养培养目标※

本节课对应的课程标准要求为："运用图表等资料，说明大气的组成和垂直分层，及其与生产和生活的联系。"基于课程标准和学情，本课的核心素养培养目标总体设置如下。

1. 运用图表和文本资料，说出大气的组成，分析大气组成与生产和生活的联系。(综合思维、人地协调观、区域认知)

2. 运用图表和文本资料，说明大气成分变化与人类活动的关系。(综合思维、人地协调观)

3. 运用图表和文本资料，描述大气垂直分层的特点，分析大气垂直分层与生产和生活的联系。(综合思维、人地协调观)

※教学重难点※

1. 教学重点

分析大气组成和垂直分层与生产和生活的联系。

2. 教学难点

分析大气垂直分层特点。

※教学方法※

问题式教学法。

※教学课时※

2课时。

※课前预习※

一、低层大气的组成及作用

1. 低层大气是由_____、_____、_____组成。
2. 干洁空气。

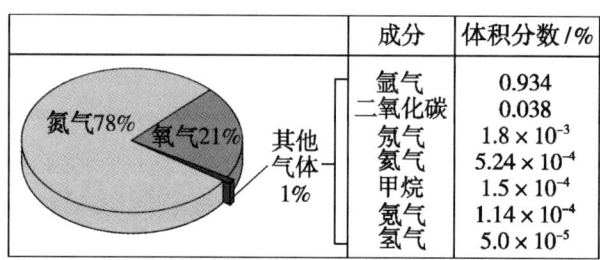

干洁空气的主要成分（25千米以下）

(1) 含量最多的气体是_____，是地球生物体内_____的重要组成部分。

(2) 氧气：含量次多，是人类和一切生物维持_____必需的物质。

(3) 二氧化碳：绿色植物进行_____的原料，对地表有_____的作用。

(4) 臭氧：强烈吸收太阳辐射中的_____，被誉为"地球生命的保护伞"。

3. 水汽和固体杂质。

(1) 水汽：水的_____，产生云、雨、雾、雪等天气现象。

(2) 杂质：作为_____，是成云致雨的必要条件。

4. 人类活动排放的污染物进入大气，会影响大气的成分和含量，产生____。

二、大气的垂直分层

1. 根据大气垂直方向上的_____、_____及运动状况的差异，大气自下而上分为_____、_____、_____。

2. 分层及特点。

(1) 对流层。

① 气温随高度的增加而_____，因为对流层的热量源于_____。

② _____运动显著，因为对流层_____。

③ _____现象复杂多变，因为对流层集中了大气圈质量的_____和几

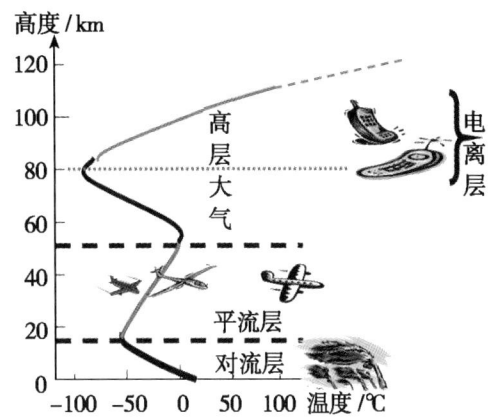

乎全部的水汽、杂质。

(2) 平流层。

①气温随高度的_____而升高,因为平流层中有_____吸收紫外线而使大气增温。

②因为平流层_____,所以其以_____运动为主,加之_____和_____含量少,_____晴朗,利于_____飞行。

(3) 高层大气。

①气压很_____、密度很_____。

②80—500 千米的高空,有若干_____。

※课堂教学(第1课时)※

◇课堂导入◇

全世界没有任何一个地方像西藏这样,如此炙手可热,又如此冰清玉洁。尽管抵达它非常困难,而且常常会受高原反应之苦,但几乎每个人都将西藏列为一生必去的目的地之一。很多去过西藏的人,从此以后就一直走在"回"西藏的路上。暑假到了,小明带着对那块净土的向往,开始了他的西藏之旅。

◇问题情境1◇

小明一路上拉萨这块土地,就被拉萨美丽的风光吸引住了,看着蓝天、白云、牦牛……他的心好像被净化了一般,也变得异常平静。但当他看到位于拉萨红山之巅的布达拉宫时,他兴奋地直奔而去,一边跑一边呼喊着:"布达拉宫，我来了。"导游看到了，赶紧叫道："危险，停下来，不要跑。"

◇问题探究1◇

请你从地理的角度说说为什么导游叫小明不要跑。

[学生讨论、交流]

略

[教师引导归纳]

青藏高原地区海拔高，空气稀薄，气压低，含氧量低，平原地区的人在西藏容易引起高原反应。

[展示图片]

非洲政区图和地形图（图略）。

◇追问◇

(1) 含氧量太低会危害人体健康甚至危及生命，但我们常常发现在奥运会等世界重大体育赛事中，来自非洲埃塞俄比亚、肯尼亚的中长跑运动员往往成绩优异。在非洲政区图上，找出这两个国家，结合非洲地形图，归纳它们共同的地形特点。

(2) 由此，你能推测这两个国家中长跑运动员成绩优异的原因吗？

[学生讨论、交流]

略

[教师引导归纳]

适当的缺氧环境有利于激发运动员的潜力。

◇追问◇

(1) 目前，世界公认的平原运动员进行高原训练的最佳高度为海拔1800—2400米。大家读下表，在中国地图上找到下表所列的高原训练基地位置，看看这5个基地的海拔是否在这个范围内。

我国部分高原训练基地的地理坐标

	榆中	多巴	海埂	兴隆	呈贡
海拔/m	1996	2366	1888	2118	1906
经度	104°02′E	103°31′E	102°41′E	117°22′E	102°48′E
纬度	35°52′N	35°52′N	25°01′N	40°36′N	24°53′N

102 高中地理问题式教学设计与案例（必修第一册）

(2) 参照下表，推测如果运动员在更高海拔训练反而达不到理想成绩的原因。

不同海拔与海平面的含氧量比

海拔/m	0	1000	2000	3000	4000
含氧量比	100%	89%	78%	70%	61%

[设计意图]

通过青藏高原海拔高，空气稀薄，气压低，含氧量低的区域特征，平原地区的人在西藏容易引起高原反应这一现象，引出氧气对人类的影响。通过两个追问，让学生辩证地认识氧气含量高低对人的影响。

◇问题情境2◇

小明与当地藏民交流时发现，虽然大多数年老的藏民听不懂汉语，也不会说汉语，但从他们充满微笑的脸上感受到他们的淳朴与善意。在藏民们的脸上，不但铭刻了雪域高原寒冷的印记，还显示着辐射强烈特有的特征。

◇问题探究2◇

从外貌特征看，大部分藏民的脸上泛着"高原红"，请你分析藏民为什么会有特殊的高原红。

[学生讨论、交流]

略

[教师引导归纳]

西藏自治区位于青藏高原西南部，平均海拔在4000米以上，素有"世界屋脊"之称。空气稀薄，紫外线很强，在长期紫外线的照射下，脸部血管过度扩张造成"高原红"现象。

◇追问◇

太阳辐射的紫外线很强，为什么到达地球表面的紫外线变少了？

[学生讨论、交流]

略

[教师引导归纳]

大气中的臭氧能大量地吸收太阳光线中的紫外线，使地面上的生物免受紫外线的伤害，而少量穿透大气到达地面的紫外线对人类和其他生物则是有益的。

[设计意图]

通过藏族同胞特有的"高原红"原因的分析，明确青藏高原的区域特征，也自然地引出臭氧的作用：吸收紫外线，保护地球生命。

◇问题情境 3◇

晚上，小明在宾馆收看西藏卫视的天气预报。预报员预报拉萨未来几天将出现雷雨天气，并发出雷电预警。小明十分好奇：降水是如何产生的？

[展示图片]

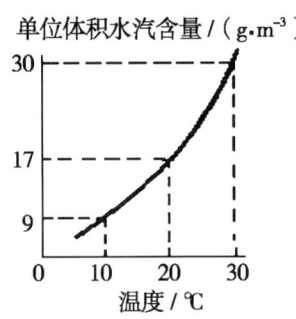

水汽饱和状态与气温的关系

[展示文本]

水汽凝结，只有空气的冷却还不够，还必须有吸湿性强的微粒作为凝结核，促使周围水汽在它上面凝结。空中的云是水汽凝结物。降水即自大气中降落到地面上的液态和固态水，如雨、雪、雹等。降水大多来自云中，但有云时未必降水。这是因为云中的云滴、冰晶如果质量太小，不能克服空气的浮力和上升气流的顶托，就只能悬浮在空中。只有当云继续上升冷却，或者云外不断有水汽输入云中，使云滴不断增大，以致上升气流再也托不住它们时，才会从云中降落下来，形成雨、雪、雹等降水。可见，降水的形成过程，就是云滴增大成为雨滴、雪花或冰雹的过程。

◇问题探究 3◇

(1) 看图说出单位体积空气所能容纳的最大水汽量与气温的关系。

(2) 根据图中信息，试推测可以有几种方式让水汽发生凝结。

(3) 概括降水的形成条件。

[学生讨论、交流]

略

[教师引导归纳]

（1）空气容纳水汽量的多少，是随气温而变化的。气温愈高，空气容纳的水汽量就愈多，反之愈少，二者呈正相关。

（2）增加大气的湿度或是让空气上升冷却，促使大气达到过饱和，从而让大气中水汽发生凝结。

（3）凝结核、充足的水汽、大气冷却。

◇追问◇

（1）西藏是中国最"招雷"的地区之一。夏季，西藏地区进入雷电高发季，请大家为藏族同胞支着：如何预防雷电灾害？

（2）雷电可能给人们的生命和财产带来灾害，但在农村却流传一句农谚："雷雨发庄稼，一场雷雨一场肥。"你能解释雷电对农作物有着怎样"看不见"的功绩吗？（播放有关雷雨固氮的视频）

（3）西藏有许多的蔬菜大棚，小明发现农民往大棚里人工补充另一种气体，以达到增产的目的。我们把这种方法叫气肥法。试推测农民补充的气体名称，并分析该种气体能增产的原因。

[学生讨论、交流]

略

[教师引导归纳]

（1）建筑物要安装避雷设备；在室内，雷雨天要注意关窗、关闭电器、拔掉插头，屋顶装有太阳能热水器的，不要去洗澡等；室外，要远离树木、旗杆、铁塔、水面等，手里不要拿金属杆的雨伞或是肩上不要扛有金属杆的工具，要及时躲避到有防雷装置的建筑物或是汽车里，如果在旷野里找不到合适的避雷场所，应尽量蹲下并低头，双脚并拢，双手抱膝，千万不要用手撑地……

（2）雷雨会制造氮肥。

（3）二氧化碳。增加二氧化碳，可以促进植物光合作用，从而提高蔬菜的产量。

[展示图片]

教材"图2.2 干洁空气成分的体积分数（25千米以下）"（图略）。

[师生小结]

	作用
干洁空气	氮气（78%）：氮是地球上生物体的基本元素，自然合成氮肥
	氧气（21%）：维持生命活动所必需的物质
	二氧化碳：光合作用的基本原料；吸收地面长波辐射，起保温作用
	臭氧：大量吸收紫外线，使地球上生物免受伤害（主要分布在平流层）
水汽、固体杂质	水汽和固体杂质的含量也很少，却是成云致雨的必要条件，固体杂质是凝结核，促成水汽的凝结

[设计意图]

通过拉萨多雷雨的话题，让学生读图分析降水的形成条件和过程。通过列举防雷措施，渗透防灾减灾的意识。观看有关雷雨固氮的视频，了解氮气与农业生产的关系，同时也让学生辩证认识雷电对人类的影响。气肥法让学生知道二氧化碳在农业生产中的重要作用。

◇**问题情境 4**◇

2016年4月20日，新华社在人民网发表了题为《青藏高原冰川持续融化消退》的文章。文章说在过去约30年间，青藏高原及其相邻地区的冰川面积由5.3万平方千米缩减至4.5万平方千米，退缩了15%。

[展示材料]

教材"案例"：大气中二氧化碳含量的变化与人类活动（图文略）。

◇**问题探究 4**◇

(1) 青藏高原地区冰川消融的主要原因是什么？

(2) 阅读教材案例并思考：

①看图说出二氧化碳体积分数的变化趋势。

②概括二氧化碳体积分数增多的原因。

[学生讨论、交流]

略

[教师引导归纳]

略

◇**追问**◇

人类的哪些活动还会造成大气其他成分的改变？

[学生讨论、交流]

略

[教师归纳]

大气的各成分比例自然状态下基本不变。但进入工业社会后，人类活动已经使得大气的某些成分发生了改变。由于工厂、交通工具、家庭炉灶等大量燃烧煤、石油和天然气，排放出大量的二氧化碳，加上森林大量被砍伐，大气中二氧化碳的含量与日俱增。据估计，如果大气中的二氧化碳含量增加一倍，全球的年平均气温将升高 1.5—4.5 ℃。工厂、交通工具等燃烧煤、石油和天然气，不断向大气中排放硫和氮的氧化物。工业生产和家庭广泛使用冰柜和电冰箱，排放出大量的氯氟烃，使臭氧浓度减少，现在，南极上空已出现臭氧层空洞，北极上空的臭氧层也在变薄。人工造林与滥伐森林，也会改变局部地区的大气水汽含量等。大量化石燃料的使用，使悬浮在空气中的微粒增多，尤其是细颗粒物，可穿透肺泡直达血液，危害人体健康。

[设计意图]

通过青藏高原冰川消退的原因分析，引出人类不合理的活动会引起大气二氧化碳的增多。通过列举其他事例，进一步明确人类活动会影响大气某些成分的变化。这些变化会反作用于人类，给人类带来一定的不利影响。从而帮助学生树立正确的人地协调观。

◇课堂小结◇

利用表格师生互动小结。

	作用	人类活动影响下大气成分变化情况
干洁空气	氮气（78%）：氮是地球上生物体的基本元素，自然合成氮肥	
	氧气（21%）：维持生命活动所必需的物质	
	二氧化碳：光合作用的基本原料；吸收地面长波辐射，起保温作用	
	臭氧：大量吸收紫外线，使地球上生物免受伤害	
水汽、固体杂质	水汽和固体杂质的含量也很少，却是成云致雨的必要条件，固体杂质是凝结核，促成水汽的凝结	

※课堂教学（第2课时）※

◇课堂导入◇

小明收看完天气预报后，看了中央电视台《人物》节目。这期《人物》节目讲述的是高空跳伞者鲍姆加特纳。小明被鲍姆加特纳挑战极限、追求梦想的执着精神深深打动。

[播放视频]

《人物》高空跳伞者鲍姆加特纳的视频节选。

[展示图片]

教材"图2.5　大气的垂直分层示意"（图略）。

◇思考◇

(1) 读教材"图2.5　大气的垂直分层示意"，说出大气垂直分层的名称。

(2) 根据图中信息，试推测大气垂直分层划分的依据。

(3) 在大气的垂直分层示意图上标出鲍姆加特纳高空跳伞所在的高度的大气层名称。

[学生讨论、交流]

略

[教师归纳]

按大气温度随高度分布的特征等，将大气分成对流层、平流层、中间层、热层、散逸层，也可以简化成对流层、平流层和高层大气。

◇问题情境1◇

鲍姆加特纳在39千米高空跳伞，他配备的特制宇航服，外表绝缘（防火绝热的面料），密封的内层中填充加压氧气，头盔内有液氧系统，护目镜中装有温度调节器。

鲍姆加特纳出舱准备跳伞

鲍姆加特纳即将安全降落地面

◇问题探究 1◇

(1) 根据课堂导入的视频和问题情境的文本材料,试分析鲍姆加特纳为什么要穿特制宇航服。

(2) 根据问题情境的图文资料,比较 39 千米高空的大气与近地面大气的不同之处,完成下表。

	气温	气压	氧气含量	水汽和固体杂质含量
对流层				
平流层				

[学生讨论、交流]

略

[教师引导归纳]

师生共同完成问题探究 1。

(1) 分析要点如下。

①39 千米所在的平流层已接近太空边缘,近似于真空,大气压只有地球表面的千分之四。由于气压极低,人体血液中的氧气会直接沸腾,紧接着就是昏迷甚至是死亡。此外,在高空低压状态下,溶解在脂肪组织中的氮气会游离出来,造成气栓,堵塞血管,让人痛不欲生,即所谓的"减压病",宇航服起增压作用。

②39 千米高空温度低于 $-57\ ℃$,宇航服外表绝缘,能经得起 $-60\ ℃$ 的超低温严寒考验,又能自动降温,避免落入大气层后因高速飞行引起的摩擦产生高温而燃烧。

③39 千米高空接近真空,极度缺氧,头盔内的液氧系统成为鲍姆加特纳的生命线,为他提供氧气。

④人呼出的气体在头盔里会变成雾气而模糊视线,护目镜里的温度调节器可以消除这些雾气。

⑤平流层的大气稀薄,水汽和固体杂质含量极少,整个大气质量的 3/4 和几乎全部的水汽、杂质,都集中在对流层。

(2) 略

[设计意图]

以鲍姆加特纳高空跳伞的新闻为背景,通过分析鲍姆加特纳的特制宇航服的功能以及观察问题情境的两张图片,让学生通过分析比较,明确对流层与平流层在气压、气温以及物质组成上的差异。

◇问题情境 2◇

鲍姆加特纳在自由落体大约 3 分钟的时候,与地面人员联系说他的面部升温板好长时间没有供热,面罩起雾。地面人员告诉他:"你位于最冷的高度上,再往下来温度会升高。"随后面罩起雾状况消失,视线恢复清晰,在 2100 米高度时,鲍姆加特纳打开降落伞,成功安全降落。

◇问题探究 2◇

(1) 通过大气的垂直分层示意图,找出在自由落体 3 分钟左右的时候,鲍姆加特纳所在的大致位置。

(2) 地面人员说:"你位于最冷的高度上,再往下来温度会升高。"读图说出在这个高度之上和之下的大气垂直分层的气温分布特点,并分析原因。

[学生讨论、交流]

略

[教师引导归纳]

鲍姆加特纳大致位于对流层与平流层交界处,之上为平流层,气温随海拔升高而升高,主要是因为随海拔升高,平流层中的臭氧增多,臭氧大量吸收太阳紫外线而使气温升高;之下为对流层,气温随海拔升高而降低,这主要是因为对流层大气的热量绝大部分直接来自地面,因此离地面愈高的大气,受热愈少,气温愈低。

◇追问◇

(1) 观察下面两张图,说出这两个分层的大气运动特点,并分析原因。

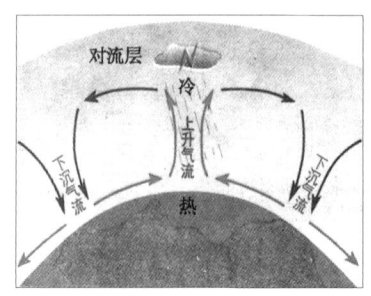

对流层大气的特点

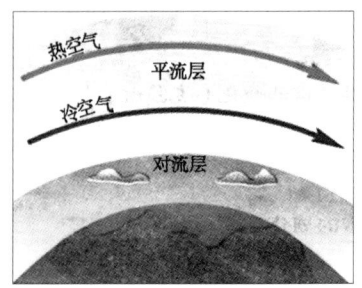

平流层大气的特点

(2) 举例说明这两个分层的大气运动特点对人类生产和生活的影响。

［学生讨论、交流］

略

［教师引导归纳］

对流层大气上部冷下部热，近地面大气受热膨胀上升，有利于空气的对流运动。近地面的水汽和杂质通过对流运动向上空输送，在上升过程中随着气温的降低，容易成云致雨。云、雨、雪等天气现象都发生在对流层，这些复杂多变的天气现象影响人类的生产与生活，同时对流运动也有利于污染物的扩散。

平流层大气上部热下部冷，大气稳定，不易形成对流，大气以水平运动为主，加上水汽、杂质含量极少，云、雨现象近于绝迹。平流层大气平稳，天气晴朗，有利于航空飞行。同时平流层中的臭氧大量吸收紫外线，使地球上的生物免受过多紫外线的伤害，被称为"地球生命的保护伞"。

［展示图片］

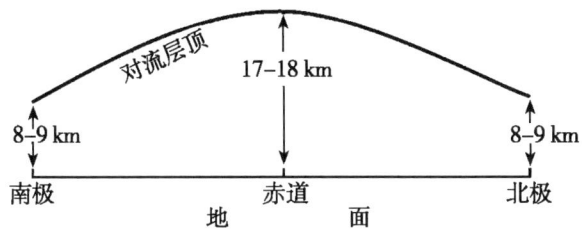

对流层厚度的空间分布规律

◇追问◇

(1) 读图，概括对流层厚度的空间分布规律，试分析原因。

(2) 说出福州地区对流层厚度的季节分布特点。

［学生讨论、交流］

略

［教师引导归纳］

(1) 地球表面对流层的高度并非都一致，低纬度地区受热多，对流旺盛，对流层所达高度就高；高纬度地区受热少，对流层高度就低。

(2) 福州地区对流层厚度的季节分布特点：夏季气温高，对流层高度高；冬季气温低，对流层高度就低。

◇追问◇

(1) 在一定条件下，对流层的某一高度会出现实际气温高于理论气温，甚至是气温随高度的增加而升温的现象，称为逆温。仔细观察下图，指出哪些图存在逆温现象。推测发生逆温时大气的运动状况。

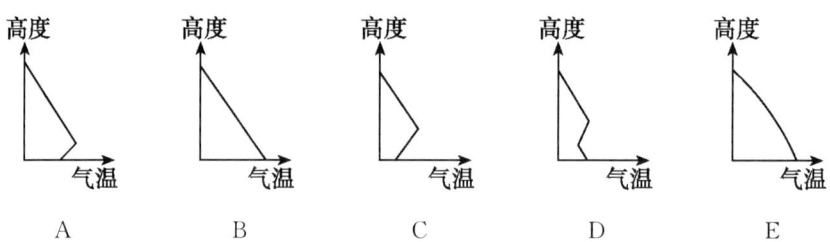

(2) 试举例说明逆温现象发生时可能会对人类产生的影响。

[学生讨论、交流]

略

[教师引导归纳]

一般情况下，对流层的气温是随海拔的升高而降低，但有时对流层也会出现逆温现象，大气上部热下部冷，大气稳定，空气垂直对流受阻，会使近地面污染物不能及时扩散，影响这个地区的空气质量，从而危害人体健康。有时候多雾的天气与逆温有关，它使能见度降低，给人们的出行带来不便，甚至出现交通事故。

◇活动◇

阅读教材第33页"自学窗"：全球合作　保护臭氧层。同在地球村，保护臭氧层，需要全球合作，更需要我们每个人从日常生活中点滴做起。你可以从哪些方面提出倡议？

[学生讨论、交流]

略

[教师引导归纳]

随着现代科学的发展，制冷、清洗、消防等行业对各类消耗臭氧层化学物质的大量使用，臭氧层正遭受着越来越严重的破坏，大气层丧失吸收太阳紫外线的性能，射向地面的紫外线就增多，损害人的免疫能力，使人类皮肤癌发病率增加，并可危及地球上其他生物的生存，与此同时还可能导致世界气候变暖。

为此，我们要号召全社会行动起来，从身边小事做起，共同保护臭氧层：合理控制空调温度，使用氟利昂替代品为冷媒的冰箱和空调设备，避免使用聚苯乙烯泡沫制品，减少汽车尾气的排放，使用无磷洗衣粉，使用无铅汽油等。

[设计意图]

通过鲍姆加特纳在自由落体过程中面罩起雾到最后自然消失这一个过程，引导学生说出对流层与平流层的气温分布特点，分析两个分层大气运动特点以及对人类的影响等。通过追问进一步对对流层高度分布特点及成因、逆温及影响进行拓展。让学生对"全球合作　保护臭氧层"提出倡议，树立正确的人地协调观。

◇问题情境 3◇

远在西藏的牧民通过收音机收听鲍姆加特纳实现"世界第一跳"的新闻。

◇问题探究 3◇

读无线电波的传播图，试分析为什么在西藏的牧民可以收听到这个新闻。

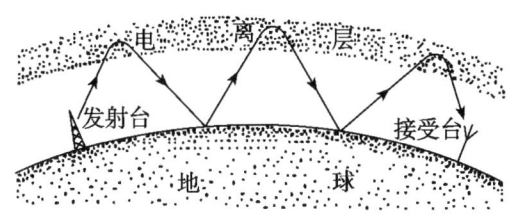

无线电波的传播

[学生讨论、交流]

略

[教师指导归纳]

距地面 80—500 千米高度范围的大气，因受太阳紫外线和宇宙射线的作用，大气中的氧和氮分子被分解为离子，大气处于电离状态，所以这层也叫作电离层。电离层能反射无线电波，对无线电通信有重要作用。

[设计意图]

读无线电波的传播图，了解无线电短波信号传输的工作原理，知道电离层对人类生产与生活的影响。

◇课堂小结◇

结合下图师生共同复习本节课主要内容。

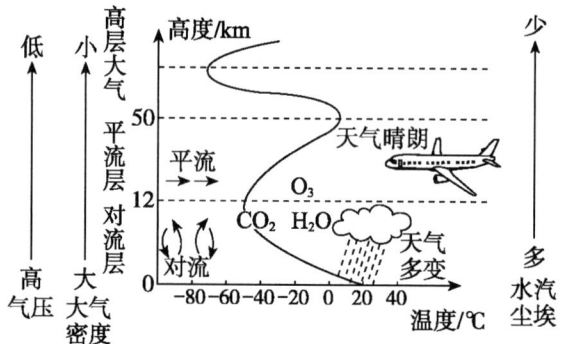

[结束语]

当小明乘坐飞机在高空俯瞰大地时，他想到这么一句话："有时你必须飞得足够高才能理解自己是多么渺小。"人类发展到后工业时代时，才明白不能妄图征服自然，而是要敬畏自然，一切人事均应顺乎自然规律，与大自然和谐共存，最终实现天人合一。

◇板书设计◇

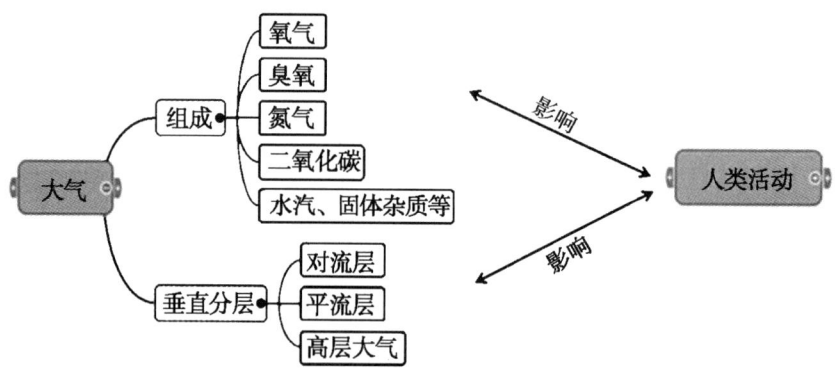

◇设计感悟◇

本节课是高一必修的内容，在地理学科素养的水平分级中只要求达到水平2。虽然学生学习本节课内容不存在很大的障碍，但是教材上的知识点是做了去情境化的处理，呈现的是结论性的知识点，学生如果只是简单地识记，则很难将识记的知识转化成解决问题的能力。因此，这节课的教学设计以小明去西藏旅游为线索，通过创设问题情境，把知识还原到真实情境中去，通过问题设置，引发学生思考、探究，通过大量的图表与文本资料，让学生用所储备的知识去分析、阐述真实的地理事象，去解决现实的地理问题，让学生感受生活化的地理，实现知识的自我建构。

※课后达标检测※

近些年来生活在伍拉斯顿群岛的许多动物视力严重退化，羊患上了白内障，野兔和鸟类几乎双目失明，渔民捕到的鱼大多数是盲鱼。当地居民外出时暴露的皮肤很快就被晒得通红，眼睛也有痒痛感。这种情况是由于大气层中臭氧层被破坏而造成的。读下图，回答1—3题。

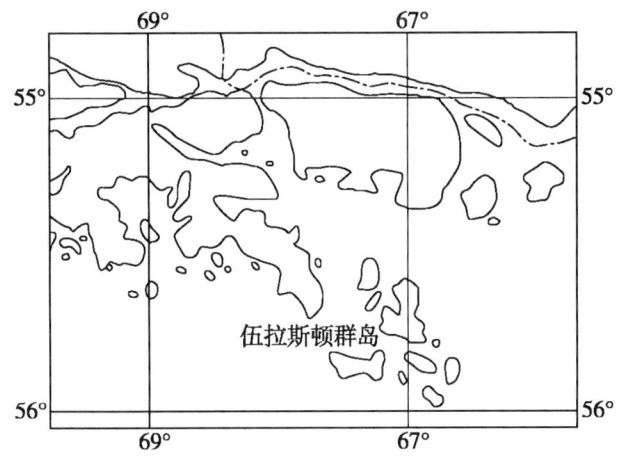

1. 造成当地环境问题的臭氧层空洞出现在（　　）
   A. 北极上空　　　　　　　　B. 南极上空
   C. 赤道上空　　　　　　　　D. 北大西洋上空
2. 臭氧层位于（　　）
   A. 对流层顶部　　　　　　　B. 对流层与平流层的交界处
   C. 平流层中　　　　　　　　D. 高层大气中
3. 保护臭氧层的有效对策是（　　）
   A. 建立大范围的热带雨林自然保护区
   B. 各国共同行动联合治理酸雨和汽车尾气污染
   C. 各国共同行动禁止氟氯烃化合物的排放
   D. 严格控制发达国家 CO_2 的排放量

下图示意大气垂直分层，读图回答4—6题。

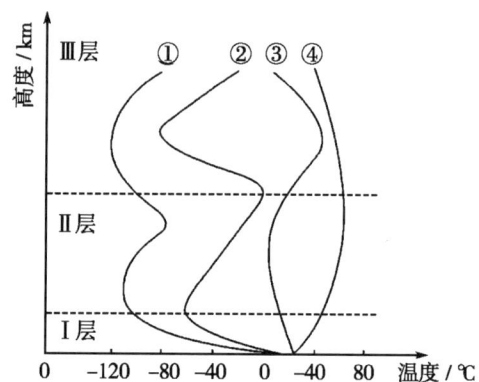

4. 图中正确表示大气层气温垂直变化的曲线是（　　）

　　A. ①　　　　B. ②　　　　C. ③　　　　D. ④

5. 对短波通信具有重要意义的电离层位于（　　）

　　A. Ⅰ层顶部　　B. Ⅱ层底部　　C. Ⅱ层中部　　D. Ⅲ层

6. 我国发射的神舟五号飞船运行轨道所在的大气层（　　）

　　A. 气温在－50 ℃到20 ℃之间　　B. 气温随高度增加平稳下降

　　C. 最低气温约为－80 ℃　　　　D. 最高气温约为40 ℃

下图反映单位体积空气所能容纳的最大水汽量与气温的关系，读图回答7—8题。

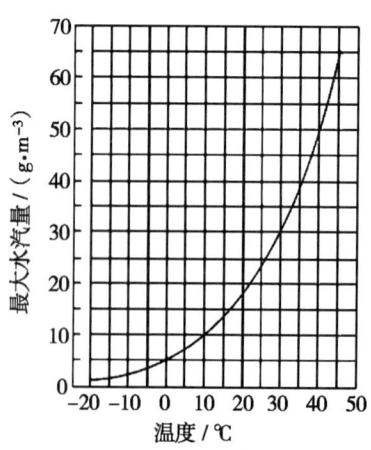

7. 根据图示，气温在10 ℃时。1 m³ 空气所能容纳的最大水汽量为10 g，若要使最大水汽量上升到40 g，气温应达到（　　）

A. 15 ℃   B. 25 ℃   C. 30 ℃   D. 35 ℃

8. 一定体积空气中含有的水汽量与同温度下这些空气所能容纳的最大水汽量的比值称为相对湿度。测得一封闭实验箱内的温度为 30 ℃，相对湿度是 50%，如果要使实验箱内的相对湿度降低到 37.5%，箱内温度应调节为（   ）

A. 35 ℃   B. 25 ℃   C. 15 ℃   D. 5 ℃

【参考答案】

1. B 2. C 3. C 4. B 5. D 6. C 7. D 8. A

第二节　大气的受热过程和大气运动

教学内容分析

※课标要求※

1.6 运用示意图等，说明大气受热过程与热力环流原理，并解释相关现象。

※课标解读※

大气受热过程，实际上是太阳辐射、地面辐射和大气辐射之间相互转化的过程，需要学生掌握大气的热源以及大气是怎样受热的。

大气热力环流是理解大气运动需要的基本原理。小到城市热岛环流，大到全球性大气环流，都可以用大气热力环流的原理来解释。

学习和说明大气受热过程，需要借用一些原理示意图，如大气温室效应示意图、大气热力环流形成示意图等，也可借助一些模拟实验。运用大气受热过程和热力环流的原理可以解释生产和生活中的一些现象，如一日中最高气温通常出现在午后 2 点、气温随海拔降低、城市热岛效应、温室大棚等。

※教材分析※

本节课为必修第一册中第二章第二节的内容，属于地球大气中的基础知识，为第一节大气的组成和垂直分层的学习的延续。主要内容集中在其中的"大气的受热过程与热力环流原理"。这部分内容主要是帮助学生了解大气的受热过程与热力环流原理，用以解释相关现象，树立人地协调发展的观念。本节课在设计上利用图表和文本材料让学生获取相关知识，采用创设的生活情境，以问题的形式提出，让学生运用所学的知识来分析、阐述地理现象。

※**学情分析**※

学生虽然具有一定的自学能力和分析问题、解决问题的能力，但运动学是物理学的重要内容，对于高一新生来说物理学的相关知识还不具备，尤其流体力学在物理学当中也算是难度较大的内容，所以这节课内容对于学生来说既重要又有一定难度，而且知识容量也大，学生的学习任务较重。

本节课在活动环节上是采用问题情境化的形式去设置，侧重于联系生活实际，创设真实的问题情境，需要幻灯片辅助教师的讲解与学生的思考，教师的启发与学生的推演相结合，教师的提问与学生分析相结合，让学生用所学的知识去分析、阐述真实的地理事象，去解决现实的地理问题，让学生感受生活化的地理。

※**核心素养培养目标**※

本节课对应的课程标准要求为："1.6 运用示意图等，说明大气受热过程与热力环流原理，并解释相关现象。"基于课程标准和学情，本节课的地理核心素养培养目标设置如下。

1. 通过区域的学习，加深对大气与地面、山谷与山坡的了解，加深对区域认知的认识深度。（区域认知）

2. 通过说明大气的受热过程与热力环流原理，培养学生认识地理要素之间的相互作用关系，把握要素的综合；在分析过程中理解地理事物和现象发生在特定的时空框架中，把握时空综合。使学生能够多角度、多要素分析问题。（综合思维）

3. 通过对大气的受热过程与热力环流原理分析，理解并认同尊重自然规律、和谐发展的人地协调观。（人地协调观）

4. 主要学习运用归纳法这一基本科研实践方法，通过说明大气的受热过程与热力环流原理，探究地理事物和现象的形成过程，从中培养地理实践力。（地理实践力）

※**教学重难点**※

1. 教学重点

在大气受热过程中出现的"温室效应"及其作用；风形成的过程；掌握水

平气压梯度力、地转偏向力、摩擦力三者间的关系。

2. 教学难点

大气的保温作用；气温、气压、高度三者的关系；影响大气水平运动的受力状况。

※**教学方法**※

问题式教学法。

※**教学课时**※

2课时。

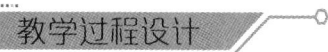

※**课前预习**※

一、热力环流

1. 概念：由于地面_____而形成的空气环流。它是大气运动最简单的形式。

2. 根本原因：_____的纬度分布不均，造成高低纬度间的热量差异。

3. 形成过程：近地面间冷热不均→空气的运动（上升/下沉）→同一水平面产生气压差异→空气的运动→形成热力环流。

4. 常见形式：海陆风、山谷风、城市风等。

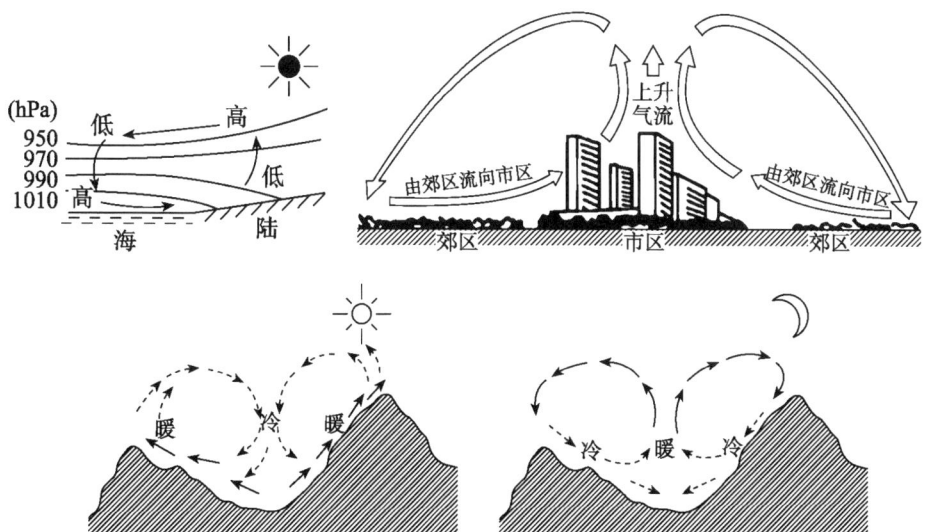

二、大气的水平运动

1. 形成的直接原因：_____。

2. 影响风的三种力：水平气压梯度力、地转偏向力和_____。

3. 高空风和近地面风。

	高空风	近地面风
图示 （北半球）	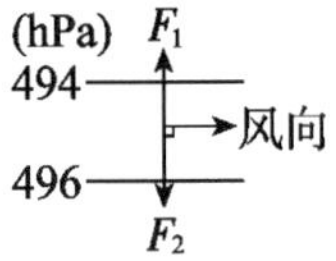 (hPa) F_1 风向 494 → 496 F_2	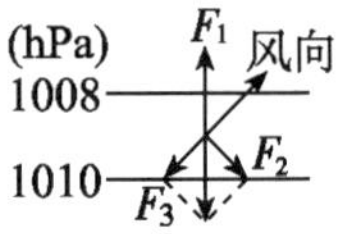 (hPa) F_1 风向 1008 1010 F_3 F_2
受力	F_1（_____）和 F_2（_____）共同影响	F_1（_____）、F_2（_____）和 F_3（_____）共同影响
风向	与等压线_____	与等压线成一_____

※课堂教学（第1课时）※

◇课堂导入◇

播放视频"《三国演义》之'火熄上方谷'"。

为什么诸葛亮眼看就要置司马懿于死地，却最终功败垂成？为什么司马懿眼看大难临头，却最终死里逃生？

◇问题情境1◇

大气的受热过程。

◇问题探究1◇

对比长波辐射和短波辐射。山上气温比山下低，这说明什么问题？

[学生探究活动、研讨]

太阳辐射是地球上的能量之源。大气不同成分，对长波辐射和短波辐射吸收的情况不同。

[教师指导归纳]

略

[设计意图]

从情境激发学习的兴趣，去发现问题。

[转承过渡]

为什么月球表面昼夜温度变化比地球表面剧烈得多？

◇问题情境 2◇

大气对地面的保温作用。

[学生探究活动、研讨]

太阳暖大地，大地暖大气，大气还大地。

[教师指导归纳]

展示教材"图 2.9 大气的受热过程示意"（图略）。

太阳以电磁波的形式向四周辐射能量。太阳辐射为短波辐射，地面辐射为长波辐射。太阳辐射经过大气层，一小部分被大气反射到宇宙空间当中，一小部分被大气层吸收，大部分到达地面，这个过程叫作太阳暖大地。太阳辐射到达地表，使地表增温，地面又向四周辐射热量，叫作地面辐射。地面辐射除极少部分射向宇宙空间，绝大部分被大气吸收，这个过程叫作大地暖大气。大气在增温的同时，也向外辐射长波辐射。大气辐射除一小部分上射向宇宙空间外，大部分向下射向地面，为大气逆辐射，这个过程叫作大气还大地。地面辐射是近地面大气最主要、最直接的热源。

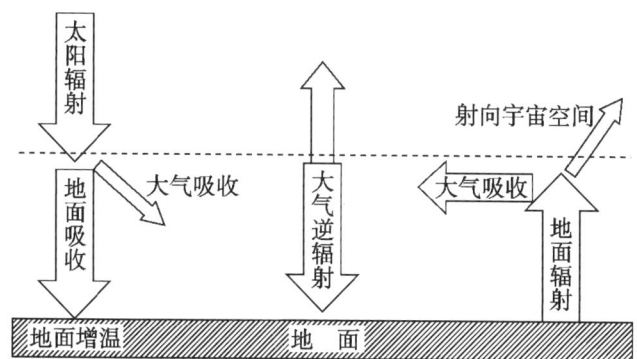

◇问题探究 2◇

自然条件相同的情况下，晴天和阴天，哪种天气状况昼夜温差大？陆地和海洋在哪种天气状况下昼夜温差最小？

[学生探究活动、研讨]

云层越厚，大气的保温作用越强。晴天昼夜温差大；阴天的海洋上昼夜温差最小。大气逆辐射的存在，对地球起到了保温的作用。

[设计意图]

培养学生收集和处理地理信息能力，增强判断信息取舍价值的地理实践力。

◇问题情境 3◇

热力环流的形成。

◇问题探究 3◇

同一水平面，受地面气温的影响，空气如何运动？气压如何变化？垂直方向上呢？

[学生探究活动、研讨]

当地面受热均匀的情况下：同一水平面气压相等，垂直面上，海拔越高，气压越低。

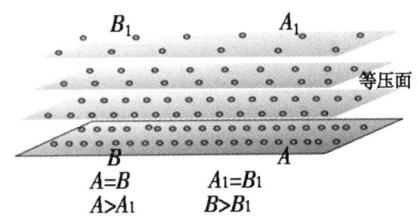

[教师指导分析]

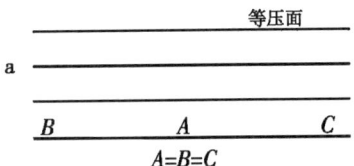

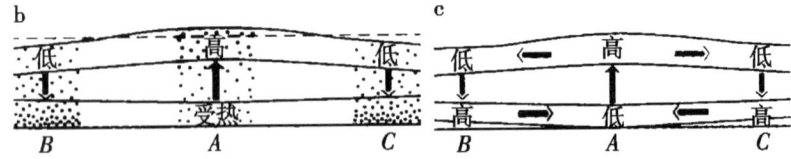

大气中热量和水汽的输送，以及各种天气变化，都是通过大气运动实现的。大气运动有垂直运动和水平运动之分。大气的垂直运动表现为气流上升或气流下沉，大气的水平运动即是风。

由于地面冷热不均而形成的空气环流，称为大气热力环流。它是大气运动的一种最简单的形式，形成过程如上图所示。

当地面受热均匀时，空气没有相对上升和相对下沉运动（上图a）。

当A地接受热量多，B、C两地接受热量少时，A地近地面空气膨胀上升，到上空聚积，使上空空气密度增大，形成高气压；B、C两地空气收缩下沉，上空空气密度减小，形成低气压（上图b）。于是空气从气压高的A地上空向气压低的B、C两地上空扩散。

在近地面，A地空气上升向外流出后，空气密度减小，形成低气压；B、C两地因有下沉气流，空气密度增大，形成高气压。这样近地面的空气从B、C两地流回A地，以补充A地上升的空气，从而形成了热力环流（上图c）。

[教师指导归纳]

(1) 分析热力环流的全过程。

①地面受热不均的情况下：形成空气的垂直运动。

②形成气压差：冷高热低。

③空气的垂直运动，使同一水平面形成气压差。气体由高压流向低压，形成空气的水平运动。

④空气的水平运动＋垂直运动：最终形成热力环流。

(2) 等压线、等压面。

等压线：气压相同的点的连线。等压面：气压相同的平面。

[设计意图]

在教师展示一个完整的问题案例解决后，让学生自己讨论总结，在现实情境中应用知识、迁移知识，培养核心素养。总结合作学习的成果，补充学生没有注意到的细节。

[转承过渡]

大气热力环流是一种常见的自然现象。在一定条件下，地表的冷、热差异会产生大气热力环流。台湾海峡两岸风向的日变化，反映了海陆间大气热力环流的日变化。

◇问题情境4◇

海陆风、城市风、山谷风。

◇活动◇

阅读教材"活动"：绘制海陆间大气热力环流模式图（图文略）。

[学生绘制]

略

[教师指导归纳]

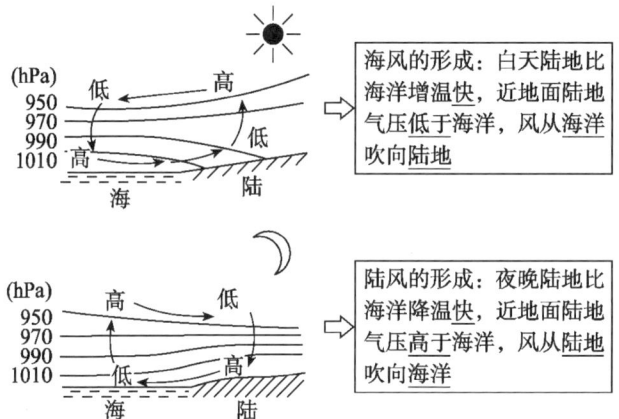

海风的形成：白天陆地比海洋增温快，近地面陆地气压低于海洋，风从海洋吹向陆地

陆风的形成：夜晚陆地比海洋降温快，近地面陆地气压高于海洋，风从陆地吹向海洋

◇问题探究4◇

生活中热力环流的表现形式有哪些？

[学生探究活动、研讨]

展示不完整的城市风、山谷风示意图，让学生绘出后，展示完整图。

[教师指导归纳]

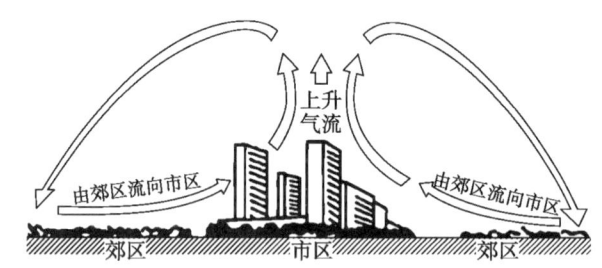

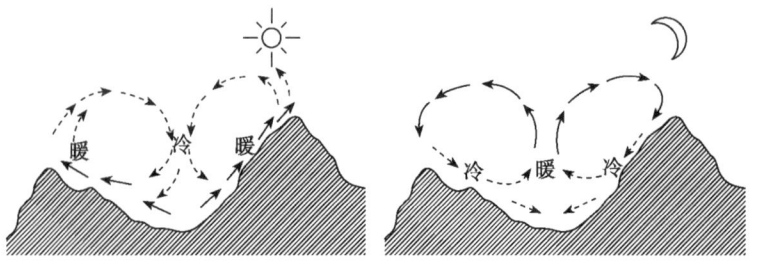

124 高中地理问题式教学设计与案例（必修第一册）

［设计意图］

学生分小组进行绘制，在黑板不同位置展示，所有学生阅读、讨论、修订、完善本组的方案。

◇回归课堂导入◇

司马懿逃出上方谷。

原来上方谷入口窄，腹地阔，两边高，中部低，这种地形不利于空气流通，一旦谷内起火，气温开始升高，贴近地面的空气迅速受热膨胀上升，上层及周围冷空气则收缩下沉，形成强烈对流的山谷风，因此出现了狂风大作的现象。同时，当谷底大量热气流上升到一定高度时，空气中的水汽又因气温降低而凝结成云雾，再加上柴草燃烧所产生的大量烟尘随空气上升到天空后，又为水汽凝结提供了理想的凝结核，从而加速了水汽的凝聚。这些云雾中的小水滴互相碰撞合并，体积就会逐渐变大，最终导致大雨倾盆的局面，浇灭了上方谷的大火，司马懿才得以脱险。

◇课堂小结◇

本节课，我们学习了大气的受热过程。还通过探究活动，绘制示意图，理解热力环流的形成过程：地面受热不均—近地面大气气温差异—大气发生垂直运动—同一水平面气压差异—气体由高压流向低压（即风）—形成热力环流。运用热力环流原理，解释海陆风、城市风等有关地理现象。

◇课外拓展◇

课后分组设计一个热力环流实验，录制微视频。

※**课堂教学**（第 2 课时）※

◇课堂导入◇

播放视频"《三国演义》之'火熄上方谷'"。

狂风大作，是怎么回事？

◇问题情境 1◇

风形成的原因。

◇问题探究 1◇

大气到底怎样运动呢？

［学生讨论、交流］

略

[教师指导归纳]

地面受热不均,导致空气上升和下沉,进而使同一水平面上的气压产生了差异。我们把单位距离间的气压差叫作气压梯度。

只要水平面上存在气压梯度,就产生了促使大气由高压区流向低压区的力,这个力叫作水平气压梯度力。

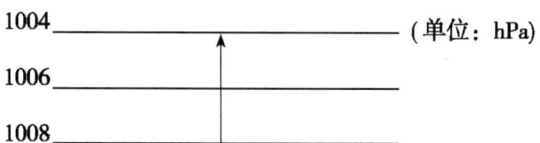

水平气压梯度力垂直于等压线,由高压指向低压。

在水平气压梯度力的作用下,大气从高压区向低压区作水平运动,这就形成了风。可见,水平气压梯度力是形成风的直接原因。

(1) 直接原因:水平气压梯度力。

(2) 根本原因:地面受热不均。

[设计意图]

通过对风形成的原因的学习,联系物理知识,看图分析水平气压梯度力这个难点与重点内容。

◇问题情境2◇

影响大气水平运动的力。

◇问题探究2◇

请你用力学原理,比较三个力的概念、大小、方向、作用,分析大气的水平运动。

作用力		水平气压梯度力	地转偏向力	摩擦力
大小				
方向				
对风的影响	风速			
	风向			

[学生讨论、交流]

略

[教师指导归纳]

水平气压梯度力的方向垂直于等压线，由高压指向低压。等压线是同一高度上气压相等的点的连线。如果没有其他外力的作用，风向应该与水平气压梯度力的方向一致，即风向也垂直于等压线（教材图 2.14）。

[演示模拟实验]

将一小球抛向旋转中的圆盘中心，观察小球的运动变化。

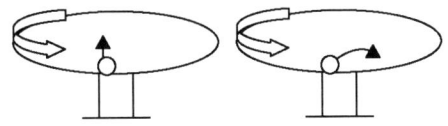

[教师指导归纳]

风一旦形成，马上就会受到地转偏向力的作用，使风向逐渐偏离气压梯度力的方向。在北半球，风向向右偏转；在南半球，风向向左偏转。在不受摩擦力作用的情况下，风向最终与等压线平行（教材图 2.15）。地转偏向力只改变风向，不改变风速。

在近地面，风还会受到摩擦力的作用。摩擦力是指地面和空气之间，以及运动状况不同的空气层之间相互作用而产生的阻力。摩擦力对风有阻碍作用，可以减小风速。在近地面，风在水平气压梯度力、地转偏向力和摩擦力的共同作用下，风向与等压线斜交（教材图 2.16）。

作用力		水平气压梯度力	地转偏向力	摩擦力
大小		与气压梯度成正比，等压线越密集越大	赤道为0，纬度越高越大	下垫面越粗糙越大
方向		垂直于等压线，由高压指向低压	垂直于风向	与风向相反
对风的影响	风速	使风速增大	不影响风速	减小风速
	风向	垂直于等压线，由高压指向低压	北半球右偏，南半球左偏	不影响风向

[设计意图]

通过对等压线的学习，联系物理知识，看图分析归纳影响大气的水平运动的三个力，列表比较大小、方向、对风的影响等方面的差异。通过图示学习及深入探讨，掌握"左右手定则"，突破风向和风速判定这个难点与重点内容。

◇问题情境3◇

力的作用效果。

◇问题探究3◇

指导学生列表比较，讲解一个力、两个力、三个力三种情况下的风向，引导学生用力学原理来分析大气的水平运动。

	理想状态下的风	高空中的风	近地面的风
受力			
方向			

[学生讨论、交流]

略

[教师指导归纳]

	理想状态下的风	高空中的风	近地面的风
受力	水平气压梯度力	水平气压梯度力和地转偏向力	水平气压梯度力、地转偏向力、摩擦力
方向	垂直于等压线	与等压线平行	与等压线斜交

[设计意图]

指导学生看图分析，获取有效信息。列表的目的是比较，有比较才会有鉴别，鉴别之后认识更明晰准确。

◇活动◇

阅读教材"活动"：根据等压线确定风向和风速（图文略）。

◇问题探究4◇

(1) 比较甲、乙两地的气压梯度大小，并说明理由。

(2) 在图上画出甲、乙两地的风向。

(3) 比较甲、乙两地风速的大小，并说明理由。

[教师指导归纳]

等压线越密集，气压梯度越大，风速越大。画风向，先画水平气压梯度力，垂直于等压线，高压指向低压。再画地转偏向力，北半球向右偏转，大概偏30°。

[设计意图]

学会根据气压状况,熟练运用"左右手定则"判断某点的风向和风速。

◇回归课堂导入◇

司马懿逃出上方谷。

原来上方谷入口窄,腹地阔,两边高,中部低,这种地形不利于空气流通,一旦谷内起火,气温开始升高,贴近地面的空气迅速受热膨胀上升,上层及周围冷空气则收缩下沉,形成强烈对流的山谷风,因此出现了狂风大作的现象。

◇课堂小结◇

本节课,我们学习了大气的水平运动。通过探究活动,绘制三种力(水平气压梯度力、地转偏向力、摩擦力)的示意图,分析了一个力、两个力、三个力三种情况下的风向。

◇课外拓展◇

课后分组设计一个大气水平运动的模拟实验,录制微视频。

◇板书设计◇

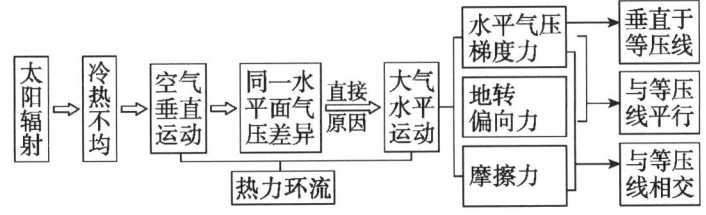

◇设计感悟◇

本节课是高一必修的内容,在地理学科素养的水平分级中只要求达到水平2。大气受热过程,实际上是太阳辐射、地面辐射和大气辐射之间相互转换的过程,需要学生掌握大气的热源以及大气是怎样受热的。采用问题式探究的方式,可启发学生自觉思考,并在自主探究的基础上,让学生在组内形成真正讨论,达成有效交流。

本节课以"司马懿逃出上方谷"为引入,在大气受热过程中出现的"温室效应"及其作用作为重点学习的内容。采用问题式探究,在学生可以解决的范围内(最近发展区),既激发合作学习的动机,也加强对知识的掌握和能力的培养。学习和说明大气受热过程,借用一些原理示意图,如大气温室效应示意图、大气热力环流形成示意图等,也借助一些模拟实验,解释生产和生活中的一些现象,如一日中最高气温通常出现在午后 2 时、气温随海拔升高而降低、城市热岛效应、温室大棚等,特别要求强调对大气基本知识的学习和应用。让学生用所储备的知识,去分析真实的地理事象,去解决现实的地理问题。

※课后达标检测※

伊朗古城亚兹德古老的"风塔"是建筑物中用来通风降温的设计。风塔高过屋顶的部分四面镂空,悬空连接到室内大厅,塔下中央建有一个水池。外部的空气经过这一系统降温后飘散到各个房间,让主人享受着酷暑中的阵阵清爽。据此回答 1—2 题。

1. "风塔"底部的气流运动方向是(　　)
   A. 辐散下沉　　　　　　　　B. 辐合下沉
   C. 辐散上升　　　　　　　　D. 辐合上升
2. 与"风塔"原理相同的是(　　)
   A. 温室大棚气温较高　　　　B. 锋面暖气团的上升运动
   C. 秘鲁沿岸的上升流　　　　D. 水库库区比周边降水少

下图是中纬度沿海某地某时等压面示意图,读图回答 3—4 题。

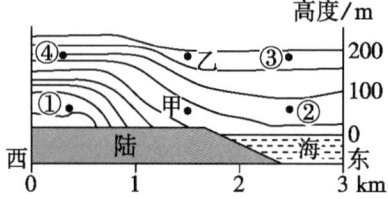

3. 四地气温、气压的比较，正确的是（ ）

   A. ①比②气温高　　　　　　　B. ③比④气压低

   C. ②比③气压低　　　　　　　D. ③比④气温低

4. 依据图示信息和所学知识，下列说法正确的是（ ）

   A. 图中风向的成因与东亚季风的成因相同

   B. 此时①地受高压控制，多阴雨天气

   C. 甲、乙两地水平气流运动方向相反

   D. 等压面分布状况出现时间可能在夏季的白天

穿堂风也叫过堂风，是气象学中一种空气流动的现象，是流动于建筑物内部空间的风。我国许多地区民居设计都充分考虑了穿堂风。下图为我国西南山区的传统民居景观图和该民居穿堂风示意图。据此回答5—7题。

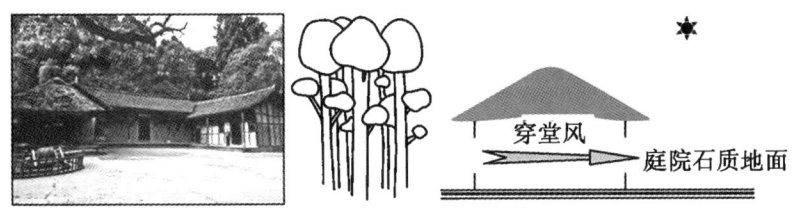

5. 图示中石质地面在增强"穿堂风"中的主要作用是（ ）

   A. 增加地面的平整度，便于通风

   B. 减少下渗，增强湿度

   C. 增加房屋前后温差

   D. 降低夜晚时庭院温度，便于纳凉

6. 现代民居建筑若想利用穿堂风，以下设计合理的是（ ）

   A. 利用厨房、卫生间做进风口

   B. 房屋的朝向为东西向

   C. 减少东西向墙面的长度

   D. 在前后居室间墙上设窗或门洞

7. 与空调冷风相比大多数人更喜欢穿堂风，主要是因为穿堂风（ ）

   A. 不消耗能源　　B. 是自然风　　C. 风力恒定　　D. 风向恒定

【参考答案】

1. A　2. D　3. B　4. A　5. C　6. D　7. B

问题研究 何时"蓝天"常在

教学内容分析

※课标要求※

1.5 运用图表等资料,说明大气的组成和垂直分层,及其与生产和生活的联系。

1.6 运用示意图等,说明大气受热过程与热力环流原理,并解释相关现象。

※课标解读※

大气的组成的内容有两个要点:大气的组成成分及不同成分的占比情况;组成成分与人类、生命有机体息息相关。

大气的垂直分层与人类活动的联系,要结合各层的特点来理解。对流层和平流层与人类的关系最为密切,教材也侧重于研究这两个分层的特点以及与人类生产和生活的关系,目的在于要树立人地协调观。

运用大气受热过程和热力环流的原理可以解释生产和生活中的一些现象,如气温随海拔升高而降低、城市热岛效应、温室大棚等。

※教材分析※

本节课是人教版高中《地理 必修 第一册》第二章的章末问题研究,是在学生学习了"大气的组成和垂直分层"和"大气受热过程和大气运动"之后,对本章节内容的一个总结和升华,侧重于锻炼和培养学生的综合思维能力和实践能力。主要内容有:(1)了解课题研究思路;(2)认识大气污染现象;(3)了解我国大气污染形成原因;(4)了解发达国家大气污染治理措施和所用的时间;(5)阐述我国"蓝天"常在所要采取的措施。

※学情分析※

学生刚从初中升入高中,依靠教师进行学习的习惯还较强,知识储备少,视野较小,对地理问题研究的学习形式有好奇心,但研究问题的能力还较弱。

※核心素养培养目标※

基于课程标准和学情,本节课的核心素养培养目标总体设置如下。

1. 结合教材资料1"大气污染及其危害",查阅资料,概括大气污染特点及其危害,说出影响我国大气污染的主要因素。(区域认知、地理实践力)

2. 结合教材资料2"我国近些年大气污染较为严重的原因",查阅资料,补充我国近些年大气污染较为严重的原因,并区分人为原因和自然原因。(区域认知、地理实践力)

3. 结合教材资料3"发达国家大气污染及其治理案例",查阅资料,分析洛杉矶"光化学烟雾"和"伦敦烟雾事件"人为原因的差异,解释洛杉矶烟雾治理时间比伦敦烟雾治理时间更长的人为原因。(区域认知、地理实践力)

4. 尝试阐述我国"蓝天"常在所要采取的措施。(人地协调观、综合思维)

※教学重难点※

1. 教学重点

(1) 讨论影响我国大气污染的主要因素。

(2) 分析洛杉矶"光化学烟雾"和"伦敦烟雾事件"人为原因的差异。

(3) 解释洛杉矶烟雾治理时间比伦敦烟雾治理时间更长的人为原因。

(4) 阐述我国"蓝天"常在所要采取的措施。

2. 教学难点

阐述我国"蓝天常在"所要采取的措施。

※教学方法※

问题式教学法。

※教学课时※

1课时。

※课前预习※

布置学生上网查找,了解我国大气污染的形成原因,发达国家(主要是美国、英国、法国、德国、日本)治理大气污染的措施和所用的时间。

※课堂教学※

◇课堂导入◇

2013年1月，四次大气污染过程笼罩我国30个省（自治区、直辖市）。2013年9月，国务院发布大气污染防治行动计划，简称"大气十条"。"大气十条"颁布实施之后，全国相继打响了"蓝天保卫战"，空气质量有了明显改善。2017年，全国74个重点城市大气优良天数比例为73.4%，比2013年上升7.4%；大气重污染天数比2013年减少51.8%。然而，如何让"蓝天"常在，如何减少大气污染特别是大气重污染天数，是摆在政府、企业和科学家面前的一项重大工程。上周，老师布置课外作业，要求大家分组分工查找、了解我国大气污染的形成原因，发达国家治理大气污染的措施和所用的时间。相信同学们也作为"专家"进行了一些研究。本节课我们就以"何时'蓝天'常在"这一主题，通过案例探究，分析大气污染与地理环境的关系。接下来我们按小组顺序，各组派代表上讲台展示、分享探究成果，同一任务的两小组汇报后留四五分钟给大家质疑讨论，举手表决评选课前任务完成的优胜组。

◇问题情境1◇

教材"知识拓展"：资料1 大气污染及其危害（材料略）。

◇问题探究1◇

(1) 什么是大气污染？

(2) 怎样评价空气质量？

(3) 大气污染有哪些危害？

(4) 讨论影响我国大气污染的主要因素有哪些。

[学生讨论、交流]

略

[教师引导归纳]

(1) 大气污染：自然或人为原因，使大气中某些成分超过正常含量，或有毒有害物质进入大气，对人体健康、生态系统等造成危害的现象。

(2) 评价空气质量：按主要污染物将空气指数分为六个级别。

(3) 大气污染危害：①危害人体健康。②危害植物。③影响天气和气候：

减少到达地面的太阳辐射量；增加大气降水量；下酸雨；增高大气温度；形成温室效应。

（4）影响我国大气污染的主要因素：季风气候影响；森林火灾；能源消费结构以煤炭为主；工业发展，废气排放量增加；生活水平提高，汽车增多，汽车尾气排放量增加；城镇化快速发展，建筑工地多，扬尘多。

◇追问◇

大气污染来源有哪些？哪些是自然来源，哪些是人为污染源？

[学生讨论、交流]

略

[教师引导归纳]

（1）自然来源。

①火山喷发：排放出 CO_2、CO、SO_2 及火山灰等颗粒物。

②森林火灾：排放出 CO、CO_2、SO_2 等。

③自然尘：风沙、土壤尘等。

④森林植物释放：如碳氢化合物。

⑤海浪飞沫颗粒物：主要为硫酸盐与亚硫酸盐。

（2）人为污染源。

①燃料燃烧：燃料（煤、石油、天然气等）的燃烧过程是向大气输送污染物的重要发生源。

②工业生产过程的排放：例如，石化企业排放硫化氢，钢铁工业在炼铁、炼钢、炼焦过程中排出粉尘等。

③交通运输过程的排放：汽车、船舶、飞机等排放的尾气。

④农业活动排放：农田施肥，秸秆焚烧等。

[设计意图]

通过情境创设问题，问题导学，学习从材料中提取有用的地理信息，参与合作学习，在活动中掌握大气污染的概念、评价办法、造成的危害、影响我国大气污染的主要因素等教学内容。

◇问题情境2◇

教材"知识拓展"：资料2 我国近些年大气污染较为严重的原因（材料略）。

◇问题探究 2◇

(1) 区分资料所列原因中哪些是人为原因，哪些是自然原因。

(2) 补充我国近些年大气污染较为严重的原因。

[学生讨论、交流]

略

[教师引导归纳]

(1) 自然原因：受季风气候影响，我国北方地区冬季干燥，大气降尘量大；受全球变暖影响，我国北方地区由秋至春，冷空气活动频率减小，势力较弱，常出现连续数日微风或静风天气，并且空气湿度相对较高。

人为原因：我国能源消费结构以煤炭为主，煤炭燃烧后废气排放量大，处理难度和成本高；我国废气排放量大的工业企业数量多，规模大，分布广；我国汽车拥有量猛增，汽车尾气排放量大；我国正处于城镇化快速发展时期，建筑工地多，扬尘多。

(2) 补充：环境保护意识薄弱；能源浪费严重；大气污染防治的资金投入不足；执法不严，监督管理力度不够；缺乏实用的治理技术。

[设计意图]

通过近年我国大气污染较为严重的原因分类和补充，明确大气污染受自然因素和人为因素的双重影响，造成污染严重往往是多因素综合的结果，为下面学习大气污染典型案例做好铺垫。

◇问题情境 3◇

教材"知识拓展"：资料 3 发达国家大气污染及治理案例（材料略）。

◇问题探究 3◇

(1) 洛杉矶"光化学烟雾"和"伦敦烟雾事件"相比，人为原因有何不同？

(2) 仅考虑人为原因，试对"洛杉矶烟雾治理时间比伦敦烟雾治理时间更长"做出合理解释。

[学生讨论、交流]

略

[教师引导归纳]

(1) 洛杉矶"光化学烟雾"人为原因：汽车、燃油锅炉和石化工业排出的碳氢化合物进入大气，与空气中其他成分起化学作用而产生光化学烟雾，长久滞留市区引起。

"伦敦烟雾事件"人为原因：工业燃料及居民冬季取暖使用煤炭，煤气排放到大气中后，会附着在飘尘上，凝聚在雾气上，加上不断排放的烟雾，使伦敦上空大气中烟尘、二氧化硫浓度比平时高出多倍引起。

（2）洛杉矶烟雾治理时间比伦敦烟雾治理时间更长的人为原因。

洛杉矶：1943—2007年，治理64年。治理时间长的原因：①没有弄清大气中碳氢化合物来源，查找探索时间较长。②虽有制定相关法律法规，但实施后并没有取得良好的效果。一是行政管理体制的矛盾，各州在法律的制定和执行上与政府有很大分歧；二是经济利益，大气污染治理需要庞大的财政作为支撑，地方政府为了本地的经济发展，不能有效执行相关法律，同时也缺乏有力的监督。

伦敦：1952—1980年，治理28年。治理时间较短的原因：①制定相关法律法规。关闭伦敦市内所有的燃煤发电厂，同时在一些地方建立了无烟区，不允许使用任何产生烟雾的燃料。政府积极鼓励重工业和发电厂进行搬迁改造，开展大气污染的综合治理，严格监督实施。同时大力实施冬季集中供暖，取缔了传统的炉灶。②调整能源结构、绿化城市。③加强机动车污染防治。要求新车必须安装尾气净化装置，控制氮氧化物的排放；通过提高停车费和高额的进城费用，减少进城的私家车辆；通过建设自行车专用车道、改善公共交通环境等措施来满足人们日常出行的需要；通过减免停车费用和汽车使用税以及高额的返利，大力推动新能源汽车的使用，有效控制了机动车尾气污染。

◇追问◇

世界各国在治理大气污染时有哪些措施？

［学生讨论、交流］

略

［教师引导归纳］

政府立法控制；财政支持；调整优化能源结构；重视环保技术的研发和使用；鼓励民众参与；重视植被保护和环境绿化……

［设计意图］

通过对洛杉矶"光化学烟雾"和"伦敦烟雾事件"发生的人为原因及治理时间的分析讨论，明确大气污染伴随人类过度活动而产生，因涉及面广，治理困难，耗时长。

◇课堂小结◇

1. 学生分组汇报我国"蓝天"常在所要采取的措施。

2. 教师点评、纠错、强调。

调整优化能源结构：合理控制煤炭消费总量，推广使用洁净煤，提高车用成品油质量。

发挥财政的激励和导向作用：税收政策支持煤层气发电，新能源汽车补贴政策，支持节能环保技术攻关和相关产业发展。

落实各方责任：实施大气污染防治责任考核，落实环境监管责任，规范环境信息发布。

鼓励民众参与；重视植被保护和环境绿化。

◇板书设计◇

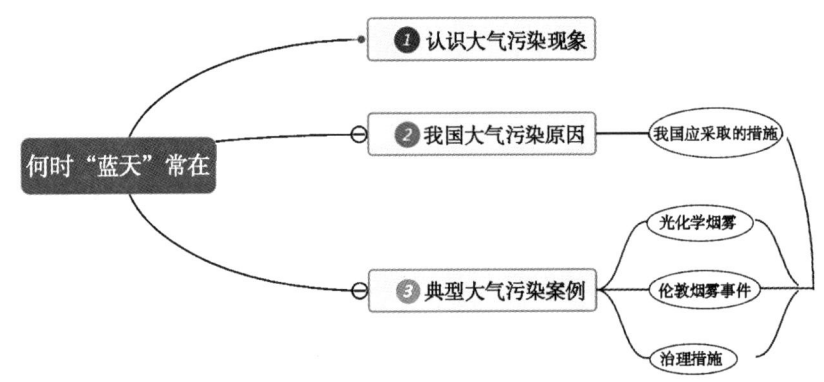

◇设计感悟◇

本节课是高一"问题研究"课型第二节，学生对问题研究的方式方法有了一定经验。通过三个情境化问题设置，引发学生思考探究，从现象→原因→措施，由浅入深，层层递进学习，有利于培养学生的思维能力，重在学习过程。讨论、交流环节，有利于培养学生积极思考、乐于交流的学习态度，重在参与探索，获得感悟和体验。最后采用小组汇报方式对所学内容进行升华应用，围绕如何使我国"蓝天"常在的问题，将知识转化为解决问题的能力，提出所要采取的具体措施，重在知识技能的应用。

※课后达标检测※

我国每年有45万人因大气污染导致身体不适而求医。据此回答1—2题。

1. 下列关于大气污染的说法,正确的是(　　)
   A. 大气具有一定的自净能力,因此向大气中排放废气不会造成大气污染
   B. 大气圈中的原有成分被改变,而且增加了某些有毒有害的物质
   C. 大气污染都是人类的生产和生活活动造成的
   D. 大气污染表现在大气中O_2和水汽的含量增多

2. 下列情况可造成酸雨的是(　　)
   ①森林遭到乱砍滥伐　②工业上大量燃烧煤、石油、天然气等化石燃料　③广大农村居民燃烧沼气　④汽车排放大量尾气
   A. ①②　　　B. ③④　　　C. ②④　　　D. ②③

2008年夏季,美国洛杉矶等大城市相继发生了严重的大气污染事件。结合所学知识,回答3—4题。

3. 洛杉矶等大城市污染发生的原因是(　　)
   A. 附近有火山爆发,喷出大量含二氧化硫的气体
   B. 一段时间内的大气降水量大大超出同期平均水平
   C. 城市绿色植物的呼吸作用放出大量的二氧化碳
   D. 汽车尾气、工业废气的大量排放,加上阳光的作用

4. 导致洛杉矶等大城市大气污染事件的主要成分是(　　)
   A. 水蒸气和硫化物　　　B. 二氧化硫和氟氯烃
   C. 氮氧化物和碳氢化合物　D. 二氧化硫和悬浮颗粒物

大气污染与使用能源的种类密切相关。读下图,回答5—6题。

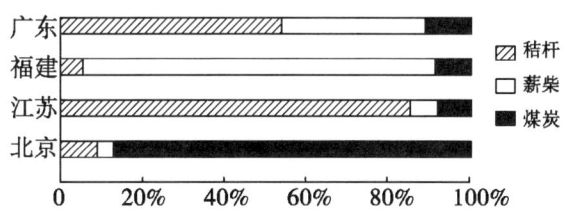

某年四省市农村不同生活能源对大气SO_2污染的"贡献率"

5. 关于四省市农村不同生活能源对大气 SO_2 污染的"贡献率",下列叙述正确的是（　　）

①广东省以煤炭最小　②福建省以薪柴最大　③江苏省以薪柴最大　④北京市以秸秆最小

  A. ①②　　　　B. ②③　　　　C. ①④　　　　D. ②④

6. 减少我国农村大气污染物排放的有效措施有（　　）

①发展沼气　②开采小煤窑　③利用太阳能　④种植薪柴林

  A. ①②　　　　B. ②③　　　　C. ①③　　　　D. ①④

【参考答案】

1. B　2. C　3. D　4. C　5. A　6. C

第三章　地球上的水

第一节　水循环

教学内容分析

※课标要求※

1.7　运用示意图，说明水循环的过程及其地理意义。

※课标解读※

水循环是一种自然现象，包括降水、蒸发（蒸腾）、径流、水汽输送等环节。

水循环过程是动态过程，以海陆间循环为主，将三种循环的过程综合在一起，利于整体把握水循环过程，避免割裂讲解三种循环。

水循环的过程学习需要了解地球表面各种水体的名称和含义，明了水循环各环节包含的概念。

水循环的地理意义是本条要求的重点。水循环的过程是基础知识，为说明水循环的地理意义做铺垫。

※教材分析※

水循环为高中必修地理1内容，初级内容在小学科学中已有安排，河流补给等在初中也有涉及。高中要求学生通过绘制示意图或使用水循环示意图，建立水循环各个环节之间的联系，说明水循环的过程以及地理意义。本节课将以福建省福州市永泰县梧桐镇春光村的百年古榕与水之间的相互作用创设情境，通过问题链的形式，探研水循环的动态过程，通过对比福建永泰古榕与内蒙古赤峰胡杨在不同地理环境下水循环的差异，讨论单一要素、多要素与水循环之间的相互关系，既加深学生对水循环整体性的理解，又体现地理学科的时空变化特点，进而辩证看待自然环境与人类活动的相互影响，树立顺应自然、保护自然，"绿水青山就是金山银山"的生态文明观念。

※学情分析※

结合学生对水循环初级内容有所掌握，对绿色植物基本知识有所了解，通过预学案学习了必备知识等实际学情，本节课以问题情境教学的方式，注重培养学生对事物发展变化的认知和思维能力。

※核心素养培养目标※

本节课对应的课程标准要求为："1.7 运用示意图，说明水循环的过程及其地理意义。"基于课程标准和学情，本节课的教学目标预设如下。

1. 学生观察景观图，结合相关学科知识，分析树的主要结构与水之间的相互作用，归纳自然界水体的类型与分布特征。(综合思维)

2. 学生阅读相关资料，分析河流径流量的季节变化与河流补给的主要形式、特点及分布。(区域认知、综合思维)

3. 学生绘制水循环示意图，掌握水循环类型、过程及环节。(综合思维)

4. 学生阅读相关数据，分析下垫面状况改变对水循环的影响，说明水循环的地理意义，辩证综合认识自然现象，提出合理利用水资源的建议措施，建立人地和谐观。(综合思维、地理实践力、人地协调观)

※教学重难点※

1. 教学重点

水循环的过程及其地理意义。

2. 教学难点

(1) 陆地上各种水体之间的相互补给关系。

(2) 水循环环节的变化对水循环产生的影响。

※教学方法※

问题式教学法。

※教学课时※

1课时。

教学过程设计

※课前预习※

一、相互联系的水体

1. 水的三态及分布

(1) 水在地理环境中以_____态、_____态、_____态三种形式相互转化，形成各种水体，共同构成了一个的圈层。

(2) 水的三态中，_____水数量最少但分布最广；_____水数量最大，分布次之；_____水仅在高纬、高山或特殊条件下才能存在。

(3) 地球上的水体包括_____、_____和_____，其中_____是最主要的，占全球水储量的96.53％。

2. 部分陆地水体类型

河流（外流河、内流河）、湖泊、地下水、冰川、生物水、土壤水。

3. 河流补给

河流补给是指河水的来源，补给水体主要有雨水、湖泊水、沼泽水、地下水、高山冰川融水、季节性积雪融水等。河流一般很少为单一补给，通常是具有某种补给类型占优势的混合补给。

二、水循环的过程和意义

1. 水循环的概念：自然界的水在_____、_____、_____、_____中通过各个环节连续运动的过程。

2. 环节：蒸发或蒸腾→水汽输送→降水→地表径流→下渗→地下径流等环节。

3. 水循环的类型：_____、_____和_____。

4. 地理意义

①联系作用；②更新作用；③平衡作用；④调节作用；⑤搬运作用；⑥塑造作用。

※课堂教学※

◇课堂导入◇

都说水是生命之源，有着三态，奔流于江河湖海，亦固结于冰川之中，更广泛分布在大气中,存在于无形。它就是这么重要而又神奇地存在着。有人在想,江河奔流不息,最终注入大海,为什么大海的水没有增多?我们又常说水是取之不尽、用之不竭,又该怎么理解呢?原来这里涉及一个自然现象——水循环。那么,今天我想用一棵生长在中国福建东南沿海的古榕,来说说水的故事,释疑解惑。

◇问题情境1◇

展示图文资料。

资料一:一棵古榕景观图(下图),该古榕枝繁叶茂,盘根纵横,高大郁葱,独木成林。

资料二:古榕长在福州永泰县梧桐镇(118.95°E,25.88°N),下图中河流为大樟溪,为闽江支流,最终汇入东海。

◇问题探究1◇

观察景观图片，说出古树进行生命活动可能涉及哪些水体类型？

[学生研讨]

学生结合所学生物知识，树的主要结构与水循环之间的关系，以及光合作用和呼吸作用，讨论得出结论：古树进行生命活动涉及的水体有：生物水、土壤水、地下水、大气水。

[设计意图]

了解地球表面各种水体的名称和含义。

◇问题情境2◇

展示图片：中国气候分布图和永泰在我国东国沿海位置图（图略）。

◇问题探究2◇

结合所学知识，讨论大樟溪畔的这棵古榕参与的水循环过程，并指导学生画出水循环示意图。

◇问题1◇

结合图文信息，组织学生讨论分析水从何而来，将去往何处。

学生可从：经纬位置、海陆位置——→气候类型——→气候特征——→降水情况角度进行分析。

[参考答案]

自然界中的水，海洋水占96.53%，大部分的水应该是源自海洋。榕树位于永泰，地处我国东南沿海，为亚热带季风气候，大洋中的水蒸发变成水汽，随着大气运动输送到陆地上，通过降水的形式落到地面，渗透到地下，被植物的根吸收，供给榕树生命活动。图中显示河流为闽江支流大樟溪的某河段，河流也会蒸发，为榕树提供水汽。

◇问题2◇

降到地面的水是否都渗透到地下了？如果不是，水又到哪里去了？榕树蒸腾作用的水又到哪里去了？

[指导画图]

让学生尝试画出水循环过程示意图，并标注各个环节。

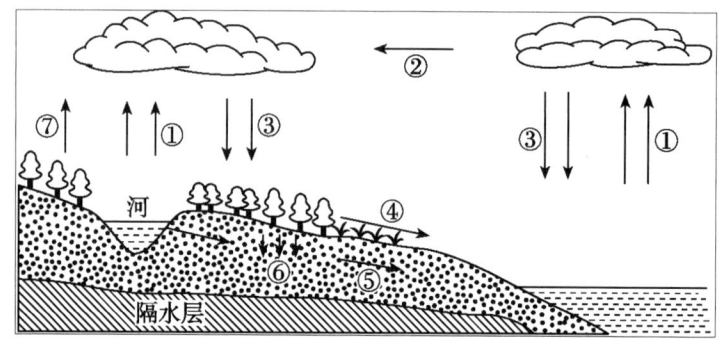

根据水循环示意图，可知古榕参与的是海洋与陆地间的水循环，我们称之为海陆间循环。示意图中①—⑦序号，分别表示水循环的环节，①蒸发或⑦蒸腾→②水汽输送→③降水→④地表径流→⑥下渗→⑤地下径流。

[设计意图]

运用示意图，了解水循环环节及过程。

◇问题3◇

继续观察图片，发现榕树树冠大，地面覆盖较厚的枯枝落叶，榕树的须根，也称之为气根。这些对水循环产生怎样的影响？

[学生讨论]

树冠能够有效截留大气降水，减缓雨水对地表土壤的冲刷侵蚀，从而减少水土流失；枯枝落叶层能够减缓地表径流，增加雨水下渗，保持水土；榕树埋入地下发达的根系，可以深入土壤内部，与疏松土壤一起造就地下较大空隙，为下渗提供储存空间，裸露地表的气根，可以直接从大气中吸收水汽；树冠和枯枝落叶层，能够遮蔽太阳辐射，减弱土壤水分蒸发，增加土壤水源。这些都起到涵养水源、保持水土的作用。

◇教师拓展◇

（1）假如因城市建设，古榕被砍，地面变成水泥地。

（2）假如该地坡度变大。

（3）假如大樟溪的上游兴建水电站。

这些情况，将对水循环造成怎样的影响？

[学生讨论]

人类能够干预或控制水循环的环节主要有降水、地表径流、下渗。如果地表植被覆盖减少，植被蒸腾作用减少，大气中水汽减少，降水也会减少。坡度变大，下渗作用减弱，地表径流增多，地下径流减少。上游兴建水电站，下游的水量减少，整个水循环环境都将发生变化。

[设计意图]

通过假设与讨论，了解水循环环节的变化对水循环产生的影响。

[转承]

地理注重研究自然事物或地理现象时空变化规律。古榕位于我国东部沿海、亚热带季风区，年降水量为 1400—2000 mm，降水主要集中在夏秋季节，从而也影响着该地区水循环的季节性变化，尤其是对河流补给的影响。

提供素材：我国不同地区河流的径流量变化（下图），归纳河流补给类型，分析河流补给特征。

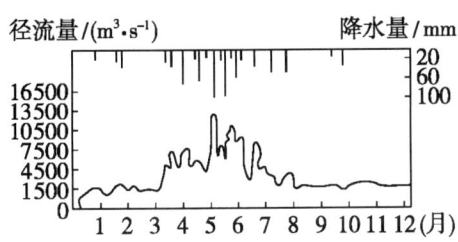
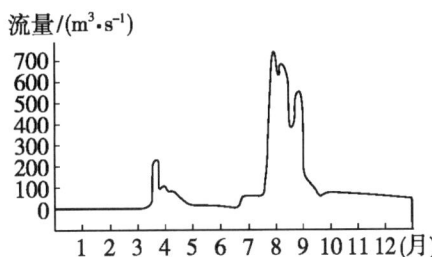
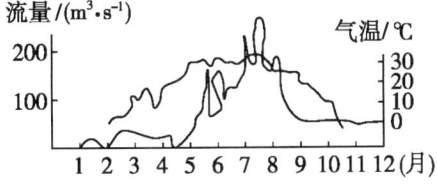
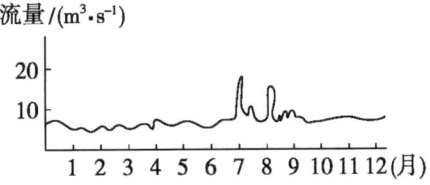

总结：东部季风区以雨水补给为主，东北河流以季节性积雪融水补给和雨水补给为主，西北和青藏地区以永久性冰雪融水补给为主，普遍地区以湖泊水和地下水补给为主。

◇问题 4◇

古榕参与的是海陆间水循环，如果是我国新疆塔里木河下游的胡杨树，如下图，参与的水循环有何不同？

[学生回答]

塔里木河位于我国新疆内陆地区,胡杨树只参与陆地上的水循环,没有参与海陆间循环。

[教师小结]

我们称之为陆地内循环。除了陆地内循环,还有海上内循环——海水受热蒸发上升,冷却凝结成云致雨,降落到洋面。综上,水循环的类型有海陆间水循环、陆地内循环、海上内循环三种。

[设计意图]

通过比较,明确水循环的类型。

[总结]

由于时空差异,自然要素的改变,水循环的过程也相应发生变化,要素间的联系也发生变化,牵一发而动全身,无不体现着地理的时空性、区域性、综合性、整体性。人类在开发利用自然的过程中,也影响着水循环的过程,甚至引发一些环境问题。比如,黄河的断流现象,从生态价值上说,植被具有涵养水源、保持水土的作用,通过植树造林以及通过统一调配水资源等措施可以起到缓解或避免的作用。这很好诠释了新时代"绿水青山就是金山银山"的生态文明观。

◇实践应用◇

展示教材"活动":认识砂田影响的水循环环节(图文略),布置课外探究任务。

[总结]

结合水循环的过程,分析水循环的地理意义。

①联系作用；②更新作用；③平衡作用；④调节作用；⑤搬运作用；⑥塑造作用。

◇结束语◇

通过这节课的学习，我们知道了什么是水循环（what），不同时空条件的水循环（where、when），水循环的过程（how），如何影响水循环（if）。也能回答课前提出的"江河奔流不息，最终注入大海，为什么大海的水没有增多？水是取之不尽，用之不竭，又该怎么理解呢？"。水循环作为一种自然现象，我们不仅要掌握它的规律，更要结合它的地理意义，学以致用，遵循自然，保护环境，建设家园。本节课的古榕素材来自我去永泰研学，当看到梧桐古镇保护完好，古榕成荫，郁郁葱葱，大樟溪河水清澈，小鱼畅游，岸上橄榄树和龙眼树硕果累累，居民享受旅游带来的收益，喜悦之情，溢于言表。在那个时刻，我是愉悦的。相信如果你们置身其中，也一定幸福满满。大概这就是人地和谐的魅力，地理学习的快乐所在，愿我们乐学、善学。

◇板书设计◇

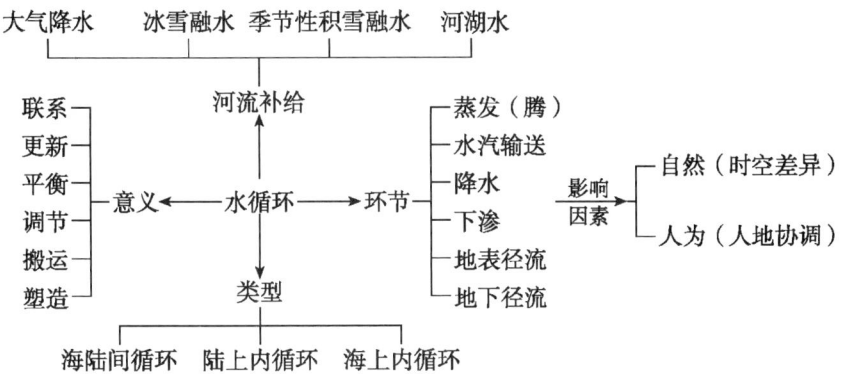

◇评价量表◇

水平等级	具体评价内容	是	否
水平1	根据永泰古榕景观图，能够辨识古榕所在的中国东南沿海的亚热带季风气候，雨热同期，降水丰富，植被覆盖好等，简单分析其中少数几个要素的相互作用，及其与人类活动的相互影响		

续表

水平等级	具体评价内容	是	否
水平2	对比古榕和新疆胡杨林的生长环境的差异，能够简单分析地貌、大气、水、土壤、植被等自然地理要素中多个要素之间的关系，解释水循环的时空变化过程，辨识某些自然要素与人类活动相互作用的主要方式和结果		
水平3	根据宁夏砂田对水循环影响的图文资料，能够说明自然环境对人类活动的影响，分析人类活动对自然环境影响的强度与方式，具备尊重自然规律、科学适应和利用自然的意识		

◇设计感悟◇

研究教学长处与教学特色，通过学习比较，找出理念上的差距，解析手段、方法上的差异，从而提升自己。本节内容难度不大，课时安排为1个课时。通过问题教学法，用"五何"心理认知方法和"solo"学生思维发展进阶理论，进行教学设计。结合预学案，在学生必备知识基础上，拓展加深，进行关键能力、地理思维训练，逐步形成地理核心素养。注重学科知识渗透，用所学解决问题，整节课体现地理的学科特点——综合性、区域性、整体性、时空性，立德树人，注意人地协调生态文明观的渗透形成，是一堂有专业素养、有人文关怀的好课。不足之处：1个课时的时间内，在难度控制、拓展程度上，还需要进一步改善提高。

※课后达标检测※

广西南湖公园海绵化综合改造工程主要是通过雨水花园、透水铺砖的形式来收集和利用雨水。雨水花园通过人工挖掘浅凹绿地，汇聚吸收雨水，在植被、鹅卵石的作用下，初步净化后的雨水再渗入土壤、流入南湖，达到净化水体、造景及养护植物的目的。据此回答1—2题。

1. 该改造工程主要改变水循环的环节是（　　）
   A. 大气降水　　　　　　B. 下渗
   C. 径流　　　　　　　　D. 蒸发

2. 南湖公园海绵化，对地理环境产生的影响可能有（　　）

A. 地下水位下降，地基塌陷
B. 径流速度变快，利于污水排走
C. 增加绿化，加强城郊间热力环流
D. 收集雨水，缓解城市内涝

3. 下图示意水循环，读图回答下列问题。

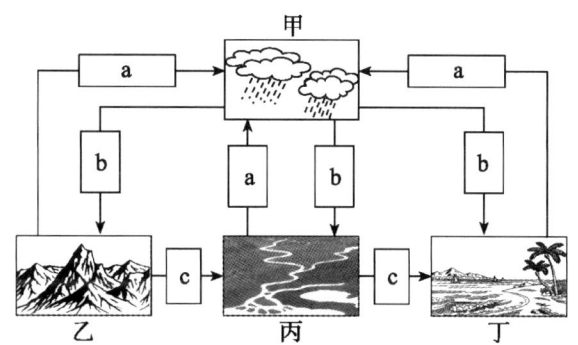

(1) 图中丁→甲→丙→丁过程属于_____循环。水循环的主要地理意义是_____。

(2) 水循环对乙图所示地区直接提供的资源主要有_____和_____资源。丙图中三角洲形成的主要外力作用是_____。

(3) 目前，人类直接利用的淡水资源主要来源于水循环的_____（填字母）环节。人类可以过_____、_____等措施来改善水资源的时空分布，以更好地满足人们对水资源的需求。

【参考答案】

1. B　2. D

3. (1) 海陆间　维持全球水的动态平衡，使陆地淡水资源不断更新，促使地球各圈层及陆地和海洋之间物质转移和能量交换，不断塑造着地表形态

(2) 水　水能　流水的堆积

(3) c　修筑水库　跨流域调水

第二节 海水的性质

教学内容分析

※课标要求※

1.8 运用图表等资料，说明海水性质和运动对人类活动的影响。

※课标解读※

1. 主要概念

海水性质主要指海水的温度、盐度和密度。海水温度是海水冷热程度的反映。海水盐度是指溶解于海水中的盐类物质与海水质量的比值。海水密度是指单位体积内所含海水的质量。

2. 解读

海水的温度、盐度和密度是海水基本的水文特征，许多海洋现象都与这些特征有关。这部分内容的学习一是要把握海水温度、盐度和密度的水平分布和垂直分布规律及影响因素；二是把握海水温度、盐度和密度与人们生产和生活的关系。

※教材分析※

依据《普通高中地理课程标准（2017年版）》，高中地理课程结构分为必修、选择性必修和选修三类。必修课程包括两个模块，即地理1和地理2。课标内容"1.8 运用图表等资料，说明海水性质和运动对人类活动的影响"要求教师强化学生对图表的使用，引导学生阅读世界海洋表层海水年平均水温分布图和同一经度上不同纬度观测站的海水温度随水深的变化规律图，使其掌握海水温度的水平和垂直分布规律；引导学生阅读世界海洋表层海水盐度分布图和不同纬度海水盐度随深度的变化图，使其理解全球海洋表层盐度的分布规律和不同纬度海水盐度的垂直变化规律；引导学生阅读表层海水密度随纬度的分布图和不同纬度海水密度随深度的变化图，使其掌握海水密度的水平和垂直分布规律。

※**学情分析**※

高一年级学生地理基础相对较好，逻辑思维能力较强，能够在一定程度上结合所见、所闻、所学解释有关地理现象，对地理图表的解读有初步的认识。

※**核心素养培养目标**※

本节课对应的课程标准要求为："1.8 运用图表等资料，说明海水性质和运动对人类活动的影响。"基于课程标准和学情，本节课的地理核心素养培养目标设置如下。

1. 运用相关图表资料，分析海水温度的水平和垂直分布规律。（区域认知、综合思维）

2. 结合世界海洋水温分布图，说明影响海水温度的主要因素。（区域认知、综合思维）

3. 运用相关图表资料，分析全球海洋表层盐度分布规律和不同纬度海水盐度的垂直变化规律。（区域认知、综合思维）

4. 结合世界海洋表层海水盐度分布图，说明影响海水温度的主要因素。（区域认知、综合思维）

5. 运用相关图表资料，分析海水密度的水平和垂直分布规律。（区域认知、综合思维）

6. 结合实例说明海水温度、盐度和密度与人们生产和生活的关系。（区域认知、人地协调观）

※**教学重难点**※

1. 运用相关图表资料，分析海水温度、盐度、密度的分布规律。
2. 结合实例说明海水性质对人类生产和生活的影响。

※**教学方法**※

读图分析法、讨论探究法、演绎归纳法、问题导引法等。

※**教学课时**※

2课时。

教学过程设计

※课前预习（第1课时）※

1. 海水温度取决于它的热量收支状况。海水热量的收入主要来源于_____的热量，而海水热量的支出主要是_____所消耗的热量。

2. 海水温度变化规律

（1）海水温度水平分布（随纬度变化）的规律是：由低纬向高纬逐渐_____，等水温线与_____大致平行。

（2）海水温度在垂直方向上（随深度变化）的分布规律是：先随深度增加而_____，在1000米以下水温变化幅度_____，在海沟或海岭处可能由于_____作用而出现逆温现象。

（3）同一海区，海水温度随时间的变化：一年中，对于北半球海区而言，_____月水温最高，_____月水温最低。

（4）在同一纬度带，暖流流经的海区水温_____（偏高或偏低），寒流流经的海区水温 _____（偏高或偏低）。

3. 海水盐度水平分布规律：_____。

影响海水盐度因素：_____、_____、_____、_____。

4. 海水密度水平分布规律：_____。

影响海水密度因素：_____。

※课堂教学（第1课时）※

◇课堂导入◇

2011年1月初，美国马里兰州沿海地区发生200万条斑鱼死亡事件。你知道"斑鱼死亡"是怎么回事吗？这一现象涉及海水的什么理化性质？

◇问题情境1◇

地球表面约有71%的面积被海洋覆盖。海水的温度、盐度和密度是海水最重要的理化性质。海水温度反映海水冷热状况，它主要取决于海洋热量的收支情况。太阳辐射是海洋的主要热量来源。海水蒸发消耗热量，是海洋热量支出的主要渠道。世界海洋热量的收入和支出，基本上是平衡的。但在不同季节、不同海区，热量收支不平衡。阅读教材图3.8，结合自己的生活体验和所学知识，了解海水温度的垂直分布规律。

◇问题探究1◇

阅读教材图3.8，归纳海水温度在垂直方向上的变化规律。

[学生讨论、交流]

略

[教师引导归纳]

阅读教材图3.8时应注意坐标名称及单位、数据等信息。图中横坐标为温度，纵坐标为深度。从图中我们能够归纳出海水温度在垂直方向上的变化规律：海水的温度随深度增加而降低；深度小于1000米的海水温度随深度增加降低速度很快，从表层的27 ℃左右下降到4 ℃左右；深度大于1000米的海水温度随深度增加降低速度很慢，深层海水基本保持低温状态。

◇追问◇

阅读教材图3.9和下图，归纳海洋表层海水温度分布规律。

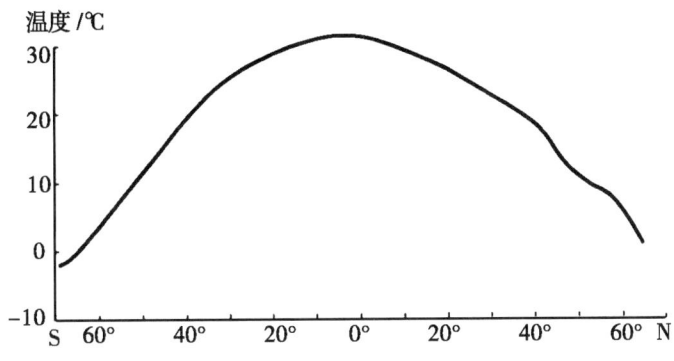

大洋表层温度随纬度的变化

[学生讨论、交流]

略

[教师引导归纳]

从水平分布看，海洋表层海水温度随纬度增加而降低，相同纬度海洋表层的水温大致相同。

◇追问◇

对比南、北半球高纬度海洋表层水温差异并思考产生这种现象的原因。

[教师引导归纳]

高纬度海洋表层海水温度南半球比北半球低（同纬度）。原因：南半球高纬度海洋面积比北半球大。

◇追问◇

结合生活经验归纳海洋表层海水温度的时间变化规律。

[学生讨论、交流]

略

[教师引导归纳]

海洋表层海水温度的时间变化规律：同一海区，夏季普遍高于冬季，白天一般高于夜晚。

◇追问◇

通过前面海水温度的变化规律讨论：影响海洋表层海水温度的主要因素有哪些？

[学生讨论、交流]

略

[教师引导归纳]

影响海洋表层海水温度的主要因素有：太阳辐射、蒸发、海陆分布、大气运动、海水运动等。

[设计意图]

教学中充分利用图表资料，推论海洋表层海水温度的分布规律，并引导学生从海洋表层海水温度的分布规律中总结影响海洋表层海水温度的主要因素。

◇问题情境2◇

播放视频《海洋动物分布》。

◇问题探究2◇

观看视频，从空间、时间两个维度分析海洋生物分布。

[学生讨论、交流]

略

[教师引导归纳]

海洋表层是海洋生物的主要聚集地，深度越深，海洋生物数量和种类越少。不同纬度的海洋表层生活着不同类型的海洋生物，例如，石斑鱼主要生活在低纬度海域，鳕鱼主要分布在中高纬度海域。海水温度的季节变化，还会导致有些海洋生物发生季节性游动。

[设计意图]

播放视频《海洋动物分布》，引导学生观察海洋生物分布及生活习性，激发学习兴趣，感知海水温度分布及其变化对海洋生物的影响，理解人类的渔业活动与海水温度的关系。

◇问题情境 3◇

播放视频展示"雪龙"号极地科考的"破冰之旅"。

◇问题探究 3◇

观看视频，归纳海水温度对海洋运输的影响。

[学生讨论、交流]

略

[教师引导归纳]

纬度较高的海域，海水有结冰期，通航时间较短，在冰封海域航行需要装备破冰设施。

[设计意图]

播放视频，激发学习兴趣，理解海水结冰对航海速度、安全的影响，归纳海水温度对海洋运输的影响。

◇问题情境 4◇

展示我国东南沿海地区夏季的滨海旅游景观图，展示冬季南海、渤海旅游景观图（图略）。

◇问题探究 4◇

观看图片，分析与内陆地区相比，夏季沿海地区更适合休闲度假的原因。

[学生讨论、交流]

略

[教师引导归纳]

由于海水的比热容比陆地大，与同纬度陆地相比，海水温度夏季比陆地低，冬季比陆地高，因此沿海地区气温的季节变化比内陆地区小，适合人们休闲度假。从全球尺度来说，海水对大气温度起着调节作用。从区域尺度来说，沿海地区气温的季节变化和日变化比内陆地区小。

◇追问◇

对比冬季南海、渤海旅游景观，讨论不同纬度海水的温度差异对旅游周期长短、旅游收入的影响。

［学生讨论、交流］

略

［教师引导归纳］

低纬度海区海水温度高，旅游周期长，旅游收入高。

［设计意图］

通过图片展示我国东南沿海地区夏季的滨海旅游景观，以及回忆初中所学的物理、地理知识，引导学生理解海陆热力性质的差异；通过对比冬季南海、渤海旅游景观，引导学生讨论不同纬度海水的温度差异对旅游周期长短、旅游收入的影响。

◇活动◇

完成教材"活动"：分析海水温度对游泳活动的影响（图文略）。

［参考答案］

1. 葫芦岛：夏季海水温度较高，冬季海水温度寒冷，冬夏季节变化显著。

厦门：夏季海水温度较高，冬季海水温度较低，有季节变化。

西沙：冬夏季节海水温度均较高，季节变化不明显。

2. 葫芦岛：7－9月；厦门：5－11月；西沙：全年皆宜。

3. 葫芦岛适宜游泳的时间最短，西沙适宜游泳的时间最长。

原因：纬度越低，海水温度越高，适宜游泳的时间越长。

※课堂教学（第2课时）※

◇课堂导入◇

远处是浩瀚的大海，近处是广阔的滩涂，滩涂被分割成多个四四方方的区域，四周盐蒿草茂密，乍看之下黑黝黝的，宛如一块块淤泥地，实则却是盐民取之不竭的盐仓。这里可见一望无垠的银白色盐海，渠道纵横有序，盐田银光闪闪，景象十分美丽。6月至9月是太阳光线最强、气温最高的时候，同样也是晒盐的黄金季节。当下晒盐场面虽未像当时那般热火朝天，但阳光明媚的早晨还是能看见几个盐农的身影。此时的盐场已不像夏季时的闷热潮湿，风景甚好，凉爽的微风中弥漫着淡淡的咸味。

◇问题情境 1◇

海水盐度是海水的物理性质之一。海水中含有很多盐类物质，其中主要是氯化钠和氯化镁，因此海水又苦又咸，生活在海边的同学有直观的感受。世界大洋的平均盐度约为 35‰。海水盐度的影响因素主要有海水温度、蒸发量和降水量。

◇问题探究 1◇

阅读教材图 3.12，总结外海海水表层盐度和温度、蒸发量、降水量的关系。

［学生讨论、交流］

略

［教师引导归纳］

在外海或大洋，海水的温度越高，盐度越高；蒸发量越大，盐度越高；降水量越大，盐度越低。

◇追问◇

对比教材图 3.9 和图 3.12，归纳海洋表层盐度的分布规律。

［学生讨论、交流］

略

［教师引导归纳］

世界大洋表层海水盐度以副热带海域最高；由副热带海域向赤道和两极，

海水盐度逐渐降低。

◇追问◇

高纬度海区、赤道附近海区盐度较低的原因是什么？

［学生讨论、交流］

略

［教师引导归纳］

高纬度海区水温低，蒸发弱，盐度低；赤道附近海区降水多，盐度低；副热带海域炎热少雨，蒸发量大于降水量，盐度最高。

◇追问◇

影响近岸地区海水盐度的主要因素是什么？

［学生讨论、交流］

略

［教师引导归纳］

近岸地区的海水盐度受到入海径流等因素的影响。有河流注入的海域，海水盐度一般较低。

［设计意图］

充分利用图像，引导学生阅读教材图3.12，总结海洋表层海水盐度随纬度的变化规律。

◇问题情境2◇

播放长芦汉沽盐场和河北曹妃甸的海水淡化车间情况的视频。

◇问题探究2◇

结合教材图3.13和图3.14，从利弊两方面理解海水盐度变化对人类活动的影响。

［学生讨论、交流］

略

［教师引导归纳］

日照充足、降水较少的沿海地区适宜建造晒盐场。此外，还可以利用海水制碱，从海水提取镁、溴等资源。对海水养殖而言，盐度的稳定性极其重要，例如，暴雨会引发养殖场的海水盐度降低，如应对不当，会造成养殖的鱼虾等大量死亡。随着科技进步，人们可以通过海水淡化技术把海水直接转变为淡水；

在近海地区可以用海水冲厕，用海水进行工业冷却；还可以在海边滩涂种植海水稻，通过用淡水稀释海水灌溉水稻等。

[设计意图]

通过案例帮助学生树立正确的资源观和人地协调观，以及用发展的眼光解决问题的思维习惯。

◇活动◇

完成教材"活动"：分析红海盐度高、波罗的海盐度低的原因（图文略）。

[参考答案]

1. 红海是热带沙漠气候，终年炎热干燥；波罗的海是温带海洋性气候，终年温和湿润。

2. 红海两岸是干燥的沙漠地区，几乎无淡水汇入，河流水稀释弱，盐度高；波罗的海四周陆地河流众多，有大量淡水汇入，河流水稀释作用强，盐度低。

3. 红海海域较为封闭，与低盐度的海水交换少；波罗的海海域较为封闭，高盐度的海水流入少。

4. 红海盐度高的原因主要有：①位于副热带海区，水温高，降水少而蒸发旺盛，蒸发量大于降水量；②红海两岸是干燥的沙漠地区，几乎无淡水汇入；③红海海域较为封闭，与低盐度的海水交换少。

波罗的海盐度低的主要原因有：①位于较高纬度，海水温度低，蒸发弱；②处于温带海洋性气候区，降水量大于蒸发量；③四周陆地河流众多，有大量淡水汇入；④海域较为封闭，高盐度的海水流入少。

◇问题情境3◇

播放小故事《死海不死》音频。

◇问题探究3◇

读教材图3.16，总结海水密度分布特点，以及与海水温度、海水盐度的关系。

[学生讨论、交流]

略

[教师引导归纳]

表层海水密度与温度的关系最为密切。一般来说，海水的温度越高，密度越低。大洋表层海水密度随纬度的增高而增大，同纬度海域的海水密度大致相同。

◇追问◇

海水密度的垂直分布有什么特点？

［学生讨论、交流］

略

［教师引导归纳］

在垂直方向上，海水密度随深度的变化因纬度而异。通常情况下，在中低纬度海区，一定深度内海水密度基本均匀，往下（一般至1000米深）海水密度随深度增大而迅速增加，再往下则海水密度随深度的变化很小；在高纬度海区，海水密度随深度的变化很小。

［设计意图］

通过故事，激发学生探究神奇自然现象的兴趣，理解密度的概念。

◇问题情境4◇

阅读"海中断崖"事件相关内容。

◇问题探究4◇

以"海中断崖"事件为例，简述海水密度与人类活动的关系。

［学生讨论、交流］

略

［教师引导归纳］

海水密度随着深度的增加而增大的海水层，因浮力较大，有利于潜艇的航行。有时候，该海水层中出现海水密度随深度增大而减小的情况，称为"海中断崖"。潜艇如果遭遇"海中断崖"，因海水浮力突然变小，可能会掉到安全潜水深度以下，造成艇毁人亡。

［设计意图］

从"海中断崖"事件出发，说明海水密度与人类活动的关系，引导学生辩证地看待自然。

◇板书设计◇

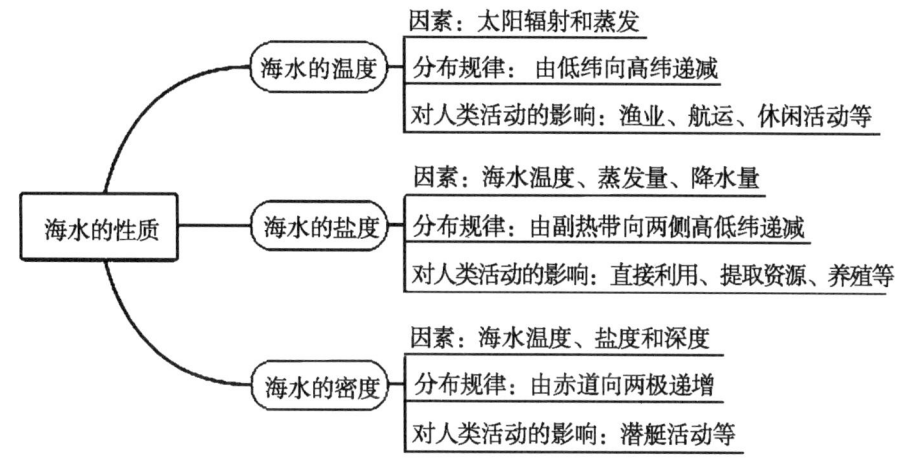

◇设计感悟◇

本节教学内容比较抽象，涉及的概念多，物理、化学等跨学科知识背景要求较高，应注重创设情境，充分利用图表和实例辅助教学，阐述海水温度、盐度、密度的分布规律，重点把握海水性质对人类活动的影响，渗透资源意识和人地协调观。

※课后达标检测※

1. 下列叙述正确的是（ ）

   A. 海水中主要盐类是氯化钠和氯化银

   B. 世界海水的平均盐度约 3.5％

   C. 水温高的海域盐度低

   D. 有暖流经过的海区海水温度高盐度低

2. 影响世界大洋盐度随纬度分布的最主要因素是（ ）

   A. 降水量　　　　　　　　B. 河流淡水注入

   C. 洋流　　　　　　　　　D. 降水量与蒸发量之差

3. 世界上盐度最高的海区是（ ）

   A. 红海　　　B. 波罗的海　　　C. 渤海　　　D. 黑海

4. 下图是太平洋 170°W 附近某观测站水温随深度而变化的曲线图，其中

正确的曲线是（　　）

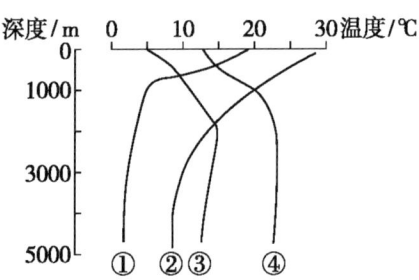

A. 曲线①　　　B. 曲线②　　　C. 曲线③　　　D. 曲线④

5. 下图是海洋表面盐度随纬度分布的曲线图，其中正确的曲线是（　　）

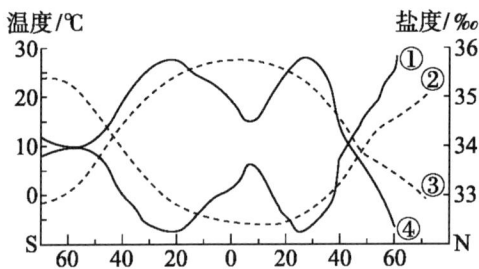

A. 曲线①　　　B. 曲线②　　　C. 曲线③　　　D. 曲线④

6. 盐度是衡量海水性质的一项重要指标，海水的盐度是指（　　）

   A. 1000克海水中所含溶解的盐类物质的总量

   B. 1000克海水中所含氯化镁、氯化钠的总量

   C. 1000克海水中所含氯化钠的总量

   D. 1000克海水中所含溶解物的总量

7. 红海盐度为世界最高的原因有（　　）

   A. 降水量大于蒸发量　　　　B. 几乎无陆上淡水注入

   C. 有暖流经过　　　　　　　D. 降水量等于蒸发量

8. 下列关于海水盐度分布规律的叙述，正确的是（　　）

   A. 盐度从南北半球副热带海区向两侧递减

   B. 赤道低盐度区位于赤道以南地区

   C. 同一纬度海域的盐度基本上是一样的

D. 南纬 60°海域较北纬 60°海域平均盐度低

9. 对海洋表层海水盐度大小没有明显影响的是（　　）

  A. 降水量和蒸发量的对比关系　　B. 河流汇入

  C. 洋流　　　　　　　　　　　D. 沿海人工养殖

10. 世界上盐度最低的海区是（　　）

  A. 红海　　B. 波罗的海　　C. 阿拉伯海　　D. 黑海

读下图，回答 11—12 题。

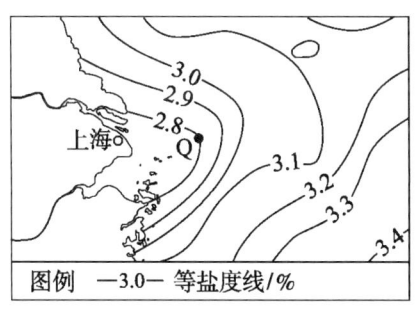

11. 图中，影响等值线向外海凸出的主要因素是（　　）

  A. 降水　　　B. 暖流　　　C. 寒流　　　D. 径流

12. 在等值线的年内变动中，Q 点（2.8 等值线上的最东点）距大陆最近的时段是（　　）

  A. 2 月　　　B. 5 月　　　C. 7 月　　　D. 10 月

13. 下图是世界年降水量与海洋表面平均温度、蒸发量、盐度按纬度分布图，读图回答下列问题。

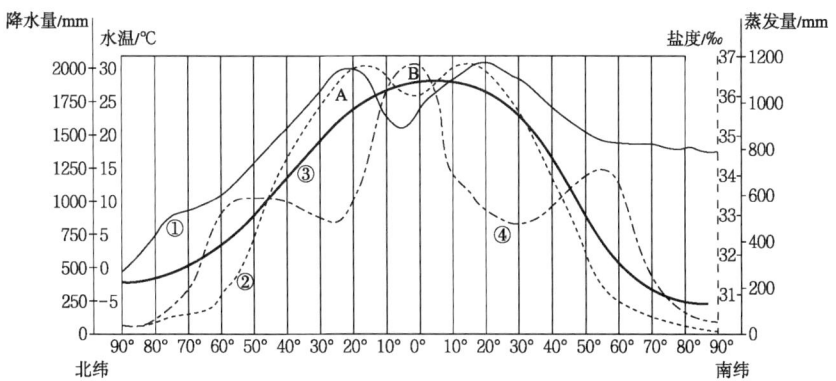

(1) 图中表示海洋表层盐度按纬度分布的曲线数字代号是_____。

(2) 图中 A 处附近，线①②呈峰值的主要原因分别是_____；
_____。

(3) 图中 B 处附近，线③④呈峰值的主要原因分别是_____；
_____。

【参考答案】

1．B 2．D 3．A 4．A 5．D 6．A 7．B 8．A 9．D 10．B 11．D 12．A

13．(1) ①

(2) 受副高控制，降水少，蒸发量大于降水量 纬度较低，炎热干燥，蒸发旺盛

(3) 纬度低，太阳辐射强 赤道低气压控制，降水量大

第三节　海水的运动

教学内容分析

※**课标要求**※

1.8　运用图表等资料，说明海水性质和运动对人类活动的影响。

※**课标解读**※

1. 主要概念

海水运动主要指波浪、潮汐和洋流。波浪指水面有规律地高低起伏运动，并向一定方向传播的现象。潮汐指由于月球和太阳对地球各处引力不同所引起的水位的周期性升降现象，我们所说的潮汐一般指海洋潮汐。洋流又称海流，是海洋中海水沿着一定方向的大规模流动。

2. 解读

波浪、潮汐、洋流是海水运动的三种主要形式。这部分内容的学习，一是理解波浪、潮汐、洋流是海水的基本运动形式，二是海水运动对人类活动的

影响。

※**教材分析**※

依据《普通高中地理课程标准（2017年版）》，高中地理课程结构分为必修、选择性必修和选修三类。必修课程包括两个模块，即地理1、地理2。课标要求为"1.8 运用图表等资料，说明海水性质和运动对人类活动的影响。"波浪、潮汐、洋流是海水运动的三种主要形式。这部分内容的教学要把握两点。一是理解波浪、潮汐、洋流是海水的基本运动形式。波浪主要包括风浪和涌浪，风浪是最常见的一种波浪；了解波浪的成因。潮汐按照周期可分半日潮型、全日潮型和混合潮型三类，了解潮汐的成因和规律。洋流根据海水温度的高低可以分为暖流和寒流，根据成因的不同可以分为风海流、密度流和补偿流。二是海水运动对人类活动的影响是教学的重点。例如，波浪和潮汐有很大的能量，我国沿海一些省份利用波浪能和潮汐能发电；洋流调节了高低纬度间热量的平衡，影响了气候、航运和渔场分布等。

※**学情分析**※

学生地理基础相对较好，逻辑思维能力较强，一定程度上能够结合所见所闻所学解释有关地理现象，对地理图表的解读有初步的认识。

※**核心素养培养目标**※

本节课对应的课程标准要求为："1.8 运用图表等资料，说明海水性质和运动对人类活动的影响。"基于课程标准和学情，本节课的地理核心素养培养目标设置如下。

1. 运用资料，描述海水运动的基本形式。(综合思维)
2. 运用洋流分布图，分析世界洋流的分布规律。(区域认知、综合思维)
3. 结合实例，说明洋流的地理意义。(区域认知、人地协调观)

※**教学重难点**※

结合实例说明海水运动对人类生产和生活的影响。

※**教学方法**※

读图分析法、讨论探究法、演绎归纳法、问题导引法等。

※**教学课时**※

2课时。

教学过程设计

※**课前预习**※

1. 表层海水最基本的运动形式有_____。
2. 海浪产生的原因：_____。
3. 海浪对生产和生活的影响：_____。
4. _____是塑造海岸地貌的主要动力。人们通过_____和_____措施来减缓，例如_____。
5. 潮汐是海水的一种_____现象。白天的海水涨落称为_____，夜晚的海水涨落称为_____。
6. 潮汐对生产和生活的影响：_____。
7. 洋流：海洋中的海水，_____比较稳定地沿着_____作_____的流动，叫作洋流。
8. 洋流分类（按海水温度）。

寒流：从_____的海域流向_____的海域的洋流。

暖流：从_____的海域流向_____的海域的洋流。

9. 洋流对地理环境的影响。
(1) 对海洋生物资源和渔场分布的影响：_____。
(2) 对海洋航行的影响：_____。
(3) 对海洋污染的影响：_____。

※**课堂教学**（第1课时）※

◇**问题情境1（新课导入）**◇

播放视频《海里无风三尺浪》。

◇**问题探究1**◇

请同学们结合自己的经历，说说大海中海水的运动形式。

[**学生讨论、交流**]

略

[**教师引导归纳**]

表层海水最基本的运动形式有：海浪、潮汐、洋流。

[设计意图]

引导学生感受海洋波浪，创设情境，激发学生学习的兴趣，进入本节教学内容的学习。

◇问题情境 2◇

阅读教材"图 3.20　波浪要素示意"（图略）。

◇问题探究 2◇

思考波的基本要素有哪些。

[学生讨论、交流]

略

[教师引导归纳]

海浪就是海里的波浪。人们通常用波峰、波谷、波高、波长等要素来描述波浪。

◇追问◇

风与海浪是什么关系？

[学生讨论、交流]

略

[教师引导归纳]

风是海浪形成和传播的主要动力。风力越大，浪高越高，传递的能量越大。

[设计意图]

以图片、视频等资料为载体，通过具体实例引导学生观察、探究、推理、归纳得出结论。

◇问题情境 3◇

展示国家海洋环境预报中心网站发布的 24 小时海浪预报图，模拟发布海浪预警。

◇问题探究 3◇

根据提供的实例资料，分组探讨灾害性海浪对滨海和海上活动的不利影响。

[学生讨论、交流]

略

[教师引导归纳]

海底地震、火山爆发或水下滑坡、坍塌可能会引起海水的波动，甚至形成巨浪，这种巨浪称为海啸。在强风等作用下，近岸地区海面水位急剧升降，称为风暴潮。当强风与海水涨潮同时发生，海水水位暴涨，风暴潮来势倍增。海啸和风暴潮往往给沿岸地区带来灾难性后果。例如冲毁堤岸，淹没海塘、码头，破坏海上工程。

◇问题情境 4◇

展示教材"案例"：1953 年荷兰遭受风暴潮袭击（材料略）。

◇问题探究 4◇

海浪会侵蚀海岸，人们可以通过什么措施减缓海浪的侵蚀？

［学生讨论、交流］

略

［教师引导归纳］

海浪是塑造海岸地貌的主要动力。人们通过工程和生物措施来减缓海浪对海岸的侵蚀，如修建海堤、种植海岸防护林等。

◇追问◇

海浪对人类活动有利吗？

［学生讨论、交流］

略

［教师引导归纳］

冲浪是人们利用海浪的特点开展的体育运动。

［设计意图］

通过真实的情境和资料引导学生感受海啸、风暴潮的巨大危害，关注海浪预报，增强防灾减灾意识，提高应对海洋灾害的能力。

◇问题情境 5◇

播放钱塘江大潮的视频。

◇问题探究 5◇

请同学们思考潮汐运动的特点是什么。

［学生讨论、交流］

略

［教师引导归纳］

潮汐是海水的一种周期性涨落现象，它的成因与月球和太阳对地球的引力有关。一天中，通常可以观察到两次海水涨落。古人将白天的海水涨落称为潮，夜晚的海水涨落称为汐，合称潮汐。农历每月的初一和十五前后，潮汐现象最为明显，潮水涨得最高，落得最低。

◇问题情境 6◇

诺曼底登陆是第二次世界大战中的关键战役。1944 年，盟军在英国集结，计划在夜间横跨英吉利海峡，登陆法国诺曼底地区。此战涉及多兵种的合作，海军要求在海水水位最低时行动，便于爆破队破坏德军在海岸带布置的障碍物，保护登陆舰安全靠岸；陆军登陆部队要求在海水水位最高时行动，减少士兵在海滩上暴露的时间；空降部队要求行动时有明亮的月光，便于识别地面目标。最终指挥部选择了 6 月 6 日（农历闰四月十六）作为登陆日。

◇问题探究 6◇

指挥部为什么选择 6 月 6 日这一天作为登陆日？

[学生讨论、交流]

略

[教师引导归纳]

6 月 6 日是农历十六，潮汐现象最为明显，潮水涨得最高，落得最低。海军在夜晚潮水水位最低时先登陆，展开爆破，破坏海岸障碍物；陆军在潮水水位最高时隐蔽登陆；空降部队利用明亮的月光识别地面目标。诺曼底登陆是人们根据潮汐的周期性规律在军事上的应用。

◇问题情境 7◇

展示教材"图 3.22　福建霞浦紫菜养殖场""图 3.23　浙江温岭的江夏潮汐电站"，教材"案例"：钱塘江大潮等图文资料。（图文略）

◇问题探究 7◇

请同学们结合图文资料讨论海边哪些日常生产、生活要利用潮汐规律。

[学生讨论、交流]

略

[教师引导归纳]

沿海各地，每日潮涨潮落的时间准确、可查。人们在海边的很多活动：晒盐、捕捞、养殖、航运、游泳、旅游、发电等都需要充分认识并利用潮汐规律。

[设计意图]

通过图文资料,引导学生理解潮汐对滨海人们的生产、生活的深刻影响,欣赏大自然的魅力。

◇活动◇

完成教材"活动":讨论海水运动对人类活动的影响(材料略)。

[参考答案]

1. 赶海:居住在海边的人们,根据潮涨潮落的规律,赶在潮落的时机,到海岸的滩涂和礁石上打捞或采集海产品的过程。

游泳:人们倾向于在涨潮时游泳。

观潮:就是等到大潮的时候观赏高潮迭起、潮水涌起的壮观景象。

船舶进出港口:可以利用涨潮时港口水深的时机。

2. 游泳:还要了解海水的温度、海浪等信息;避开潮流湍急的时候,并注意海洋生物等的影响。

观潮:关注当地的潮汐时间表,还要关注台风、海浪的信息,综合考虑河口形态等因素。

◇问题情境 8◇

播放纪录片《洋流》。

◇问题探究 8◇

请同学们思考洋流的定义及分类。

[学生讨论、交流]

略

[教师引导归纳]

海洋中的海水,常年比较稳定地沿着一定方向作大规模的流动,叫作洋流。按海水温度,可以将洋流分为暖流和寒流。一般来说,从水温高的海域流向水温低的海域的洋流,叫作暖流;从水温低的海域流向水温高的海域的洋流,叫作寒流。

[设计意图]

通过视频,引导学生直观感受洋流的真实存在,形成对洋流的初步感知。

◇问题情境 9◇

展示教材"图 3.26 洋流交汇海域浮游生物的卫星影像"、教材"案例":

纽芬兰渔场的形成与衰落。（图文略）

◇问题探究 9◇

请同学们结合案例，探究洋流对海洋生物和渔场分布的影响。

［学生讨论、交流］

略

［教师引导归纳］

一般来说，寒暖流交汇的海域，海水受到扰动，可以将下层营养盐类带到表层，有利于浮游生物大量繁殖，易于形成大渔场。

［设计意图］

结合纽芬兰渔场的案例，引导学生通过讨论形成科学的发展观。

◇问题情境 10◇

播放纪录片《郑和下西洋》。

◇问题探究 10◇

请同学们结合视频案例，探究洋流对海洋航行的影响。

［学生讨论、交流］

略

［教师引导归纳］

海轮顺洋流航行可以节约燃料，加快航行速度。但是洋流从极地地区挟带冰山向较低纬度漂移，给海上航运造成较大威胁。

［设计意图］

通过视频案例，理解洋流对航海速度和成本的影响。

◇问题情境 11◇

展示太平洋垃圾带的相关图片（图略）。

◇问题探究 11◇

请同学们结合图片所示案例，探究洋流对海洋污染的影响。

［学生讨论、交流］

略

［教师引导归纳］

洋流可以把近海的污染物质挟带到其他海域，有利于污染物的扩散，加快净化速度，但也扩大了污染范围。

[设计意图]

通过图片所示案例辩证看待洋流对海洋污染的影响。关注海洋环境，渗透海洋环境观教育。

◇板书设计◇

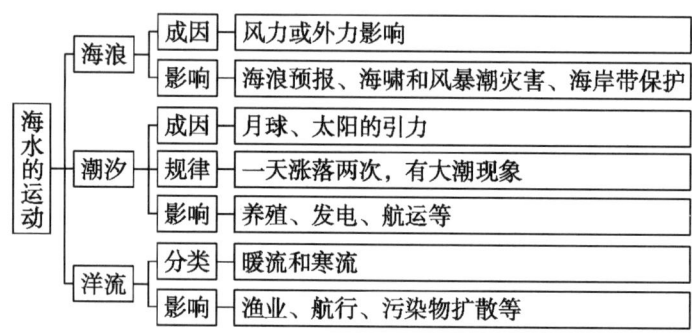

◇设计感悟◇

本节课教学中应创设情境，引导学生在情境中观察、思考，理解海浪、潮汐、洋流的概念内涵；应充分利用实例，创设生活化的情境，激发学生的探究兴趣，调动学生已有的生活体验，感知海浪、潮汐、洋流与人类活动的关系，形成海洋资源意识、环境意识和人地协调观。

※课后达标检测※

1. 寒流流动的方向大致是（　　）

  A. 由南向北　　　　　　B. 由北向南
  C. 由高纬向低纬　　　　D. 由低纬向高纬

读下图，回答 2—3 题。

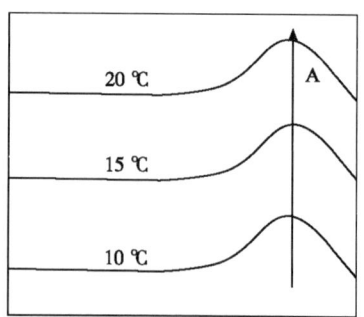

2. 有关该区域所在半球和洋流性质的叙述，正确的是（　　）

　　A. 北半球　暖流　　　　　　B. 北半球　寒流

　　C. 南半球　暖流　　　　　　D. 南半球　寒流

3. 有关该洋流对沿岸气候影响的叙述，正确的是（　　）

　　A. 增温、增湿　　　　　　　B. 增温、减湿

　　C. 降温、增湿　　　　　　　D. 降温、减湿

4. 寒流经过的海域，表层海水等温线（　　）

　　A. 较为密集

　　B. 较为稀疏

　　C. 向低纬度方向凸出

　　D. 向高纬度方向凸出

5. 由海底地震、火山爆发或水下滑坡、坍塌引起的海水运动形式是（　　）

　　A. 潮汐　　　　　　　　　　B. 洋流

　　C. 风浪　　　　　　　　　　D. 海啸

6. 海洋水体运动的主要动力是（　　）

　　A. 地转偏向力

　　B. 大气运动和近地面风带

　　C. 各种天体对地球引力

　　D. 海水密度的差异

7. 有关海水运动的叙述，正确的是（　　）

①海啸是一种最常见的波浪形式　②潮汐是海水在月球和太阳引力作用下发生的周期性涨落现象　③秘鲁附近海区海水存在下降补偿流　④陆地形状、地转偏向力对洋流有影响

　　A. ①②　　　　　　　　　　B. ①③

　　C. ②③　　　　　　　　　　D. ②④

8. 阅读下列材料，回答问题。

杭州湾为三角形海湾，口大内小，海潮涌起时，海水由外海进入湾中，潮位堆高，潮差可达 10 米。夏秋季节夏季风盛行，又加剧了潮势。为防御潮水入侵淹没田地房屋，杭州湾沿岸筑有坚固的海堤，当地人称为"海塘"。

(1) 钱塘潮发生在我国的_____海域。

(2) 简单解释潮汐的成因。

(3) 夏季风加剧了钱塘潮的潮势，这里的夏季风是指_____（风向）季风。

(4) 钱塘潮成为著名的旅游景观，但也容易发生灾害。当地人为此采取了什么措施？

9. 下图是某海区海水等温线分布图，读图回答下列问题。

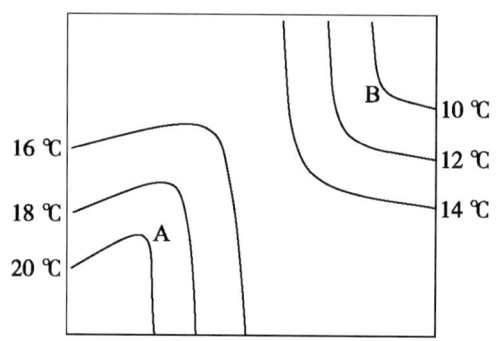

(1) 该海区属于_____（南或北）半球。

(2) A处为_____流，B处为_____流，原因是_____。

(3) 该海域利用价值最大的海洋资源是_____，原因是_____。

【参考答案】

1. C 2. D 3. D 4. C 5. D 6. B 7. D

8.（1）东海

（2）海水在月球和太阳引力作用下发生的周期性涨落现象。

（3）东南

（4）在杭州湾沿岸筑海塘。

9.（1）北

（2）暖　寒　暖流经过的海区海水温度要高些，寒流经过的海区水温要低些

（3）海洋生物资源　暖寒流交汇给鱼类带来了丰富的饵料

176　高中地理问题式教学设计与案例（必修第一册）

问题研究　能否淡化海冰解决环渤海地区淡水短缺问题

教学内容分析

※课标要求※

1.8　运用图表等资料，说明海水性质和运动对人类活动的影响。

※课标解读※

本节课知识内容主要对应课标"1.8　运用图表等资料，说明海水性质和运动对人类活动的影响。"主要概念应该涉及海水性质特别是海水的温度、盐度等基本水文特征。其中重点一是要抓住影响这些特征分布的主要因素，例如太阳辐射是海水最主要的热量来源，其差异导致了海水的温度和盐度存在显著的时空分布规律；二是关注海水温度、盐度对解决人类水资源短缺的价值。

课标在实施建议中也强调重视问题式教学，本节课组织形式需要强调联系真实情境的"做中学"的过程，在过程中促进深度学习，并在解决问题的同时发展认知技能和人际交往能力等，培育学生的地理学科核心素养。

※教材分析※

本节课是人教版《地理　必修　第一册》第三章的问题研究。"问题研究"从上一版本的教材开始，就承担着"转变教师的教学方式和学生的学习方式"的重要功能。因此对于本节课的内容设计，最为关键的是教师教育理念的更新，对学习哲学观的转变。要认识到教材知识内容的记忆不是教学的主要内容，我们需要更加重视在教师的引导下和丰富的地理素材中，学生主动探究地理问题的学习方法和过程。具体到本节课内容，就是通过对"淡化海冰解决环渤海地区淡水短缺"这一现实世界的复杂问题的探索，使学生在合作交流中自主建构对自己有意义的知识。这样就需要在问题探究教学中除了鼓励个人探究，更要着力培育知识共享、交流协作解决问题的学习文化。倡导以协作的方式提升共同体的集体知识，并且以这样的方法促进个体学习。

※学情分析※

学生在本章学习完成后已经对水圈的地理知识有了初步认识，并在初中地理和高中地理前三章学习过程中掌握了一定的图表使用技能和方法。新世代学生从小接触互联网技术，结合日常生活的实际体验，完全可以尝试运用信息技术解决与本节课内容有关的问题，因此能顺利进入本节课学习。

※核心素养培养目标※

1. 学生需要对环渤海地区的自然、人文地理环境进行一定程度的了解。（区域认知、综合思维）

2. 学生能够在教室的环境下模拟解决真实的、结构不良的地理问题，包括自然地理问题和人文地理问题，并在人地冲突问题的解决方式的求解过程中，反思自己的策略、决策等具体实践过程。（综合思维、地理实践力、人地协调观）

3. 通过个人学习和小组协作的过程，学生学会表达、可视化其思维，交流协商并对自己提出的策略进行反思。（地理实践力）

※教学重难点※

1. 教学重点

教学重点应该在协助学生应用他们所知道的去建构新的理解。确保探究的目标能够围绕主题，探究过程能够提供支持，合作交流能够顺畅进行。

2. 教学难点

教学难点在于小组探究的合作如何有效推进，对于学习结果的评价如何保证公平与准确。

※教学方法※

问题探究式教学。

※教学课时※

2课时。

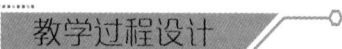
教学过程设计

※课前预习※

小组成员按照安排进行分工。具体安排如下。

角色任务				
组长	角色1	角色2	角色3	角色4
1. 作为小组与教师的联系人。 2. 阐明问题要求，确保成员理解。 3. 督促同伴按时完成任务。	1. 与其他小组保持联系，协调矛盾。 2. 在全班讨论中代表小组发言。	1. 记录小组活动过程与成果。 2. 撰写书面总结。	1. 获取活动所需的材料。 2. 收发作业，保管过程性材料。	1. 调节组员间的矛盾，报告建设性的反馈。 2. 确认环境安全，防止发生意外。

[设计意图]

给小组成员分配不同的角色并定期轮换，可以为学生提供一些有效协作所必需的技能指导，并改善问题讨论的质量从而构建成员间的有效交互。

※课堂教学（第1课时）※

◇课堂导入◇

教师简单快速讲述：问题研究思路（了解问题—提出问题—解决问题—反思问题）、课标以及需要做出决策的问题——能否淡化海冰解决环渤海地区淡水短缺问题？

[设计意图]

让学生明确探究思路、课标要求、学习内容，做到有的放矢。

◇问题探究1◇

环渤海水资源短缺的表现和原因有哪些？

[学生探究活动、研讨]

学生查找、总结资料信息，分析环渤海地区缺水的表现和原因。

由各组填写问题材料在便利贴上，展示在黑板供全体同学浏览，互相印证、补充，形成完整的理解。

[设计意图]

这部分内容比较简单，且学生有很好的基础，因此直接设计此题是让学生收集研究区域的背景材料，理清答题思路（从资源供需两方面分析环渤海地区的缺水原因），以及明确供需矛盾的时空特点、解决水资源短缺的紧迫性，培养学生综合思维。

◇问题探究2◇

冬季在渤海及黄海北部形成较大范围的海冰。海冰因其成冰过程中盐分大量析出而盐度很低，可能成为解决这些地区缺水问题的重要淡水资源。论证这个措施是否可行之前，请同学们先讨论交流应该从哪几个方面着手分析。

[学生探究活动、研讨]

学生组内协作，总结探究的要点：如海冰作为淡水资源，需要分析其时空分布、水质以及用户与其分布之间的时空关系，可开采利用的技术、经济可行性，开发利用中环境成本等。

[设计意图]

基于现实世界的问题复杂多样，提醒学生探究之前需要先确定分析的框架，为接下来的探究提供智力支持，保证探究的效率和方向。

[学生探究活动、研讨]

组间交流采用"拼图"式策略改变小组的参与结构，每个初始小组完成探究框架后，让组内每个人都熟悉本组对于问题探究的解决流程和关注重点。然后每个组抽出一个人来组成拼图小组去交流各自的主题。最终回归初始小组完善并形成最后的方案。

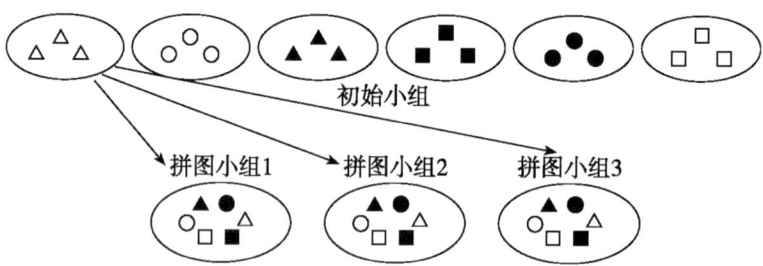

[设计意图]

让每个学生成为拼图组内其他成员的"专家"。以期增加学生的责任感，鼓励学生的学习投入。组内和组间的讨论促进学生表达，可视化其思维，参与交流还能引导对自己策略的反思等。

※课堂教学（第2课时）※

◇问题探究◇

（1）海冰作为淡水资源的时空分布。（2）用户与其分布之间的时空关系。（3）可开采利用的技术、经济可行性。（4）大规模开采影响分析。针对以上四个主要问题进行分析综合，阐述并论证自己的观点：能否淡化海冰解决环渤海地区淡水短缺问题？

[学生探究活动、研讨]

学生分组探究。教师提示"资料分析"中的问题需要特别注意，并为探究过程提供智力支持。

[设计意图]

核心素养在联系真实情境的"做中学"的过程中得到内化。如果学生使用已有经验难以解决认知冲突时，教师要为其搭设"脚手架"，使得学生得以克服这种知识和技能的差距，从而导向问题解决。

[展示结果]

学生撰写论证报告，在全班展示交流。

[学生探究活动、研讨]

就赞成与否重新组成两个阵营，分别在组内确认论证过程和材料后，派代表向对方提出质询，并回答对方的质询，以期达成一些共识。

[设计意图]

促进学生表达，可视化其思维，参与交流还能引导对自己策略的反思等。培育知识共享、交流协作解决问题的学习文化。倡导以协作的方式提升共同体的集体知识，并且以这样的方法促进个体学习。

◇课堂小结◇

针对本章知识在本节课具体问题解决中的应用，教师帮助学生总结解决新问题（使用知识）所适用的条件。

[设计意图]

现实问题的解决为知识的掌握和应用提供了情境，并且这些情境有助于学生学会何时、何处以及如何使用他们学过的知识。

◇课后评价◇

根据各小组展示交流的文本（探究过程的方案设计、探究成果的展示成品）

进行教师评分；组长提供组内成员过程性评价表；教师最后给出综合评价。

（评价量表参考：黄榕青，陈杰．高中生地理实践力培养及评价方案［J］．中学地理教学参考，2018（05）：37－40．）

评价内容	分值	自我评价	小组评价	教师评价	总评
参与活动的主动性与积极性	10				
计划制订的合理性	10				
调查问卷设计的可行性	10				
调查样本的代表性	10				
信息处理的准确性	10				（定性评语）
原因分析的可靠性	20				
提出建议的可操作性	10				
调查报告结构的严密性	10				
结论的可信度	10				
分值总计	100				

评价内容	评价方式			评价等级			
	自评	小组评议	教师评议	A	B	C	D
态度：积极、正面对待地理自然环境，能够欣赏大自然的美，珍惜、爱护环境				A：真正实现并且效果显著 B：完成情况较好且效果突出 C：完成情况一般，效果不明显 D：完成情况及效果均较差			
表述：准确、扼要表达观点，揭示地理事物或现象产生、发展的原因，生动传递自身对于地理环境的态度、情感							
分析：紧扣问题、抓住关键，准确且到位地分析地理现象的形成过程							
合作：分工明确，积极互动，相互尊重，个人和小组均成绩显著							
判断：准确判定地理事物或现象的美是否遵循大自然的规律							

◇板书设计◇

本节课重点在于问题探究的过程而不是问题的答案，板书略。

◇设计感悟◇

问题探究的教学过程，学生借助来源于现实世界的问题，以"问题发现"和"问题解决"为要旨导向自主学习，将新知识应用于问题，并反思他们学习成果以及所采用策略的有效性。在落实立德树人根本任务，培育地理学科核心素养的地理课程改革背景中，素养作为一种知识、能力、价值观和情感在特定情境下的综合表现，仅仅依靠基于学科知识的接受式学习是无法培育的。核心素养必须通过联系真实情境的"做中学"的过程，才能得到内化。

问题式教学扎根于学习哲学（如知识观）的范式转变，从建构主义理论出发，与传统的基于学科知识的教学有很多的不同。后者常常以讲授为基础，直接呈现事实和概念，要求学生记忆，然后测试学生对这些知识的掌握；问题式教学则倡导利用现实情境创设问题，学生被要求调查和发现有意义的问题及其解决方案，并推广迁移到新情境解决新问题。因此问题式教学围绕问题发现、问题解决，课堂生成十分丰富。要从不同视角兼顾各种需求，也要将诸多视角"动态统一"于问题解决的全过程。只有这样才能充分发展地理课程的育人价值，更好地落实核心素养，最终在立德树人的根本任务中发挥地理学科应有的作用。

※**课后达标检测**※

海冰含盐量接近淡水，适当处理后可作为淡水资源。下图示意渤海及附近区域年平均气温≤-4 ℃日数的分布。据此回答1—3题。

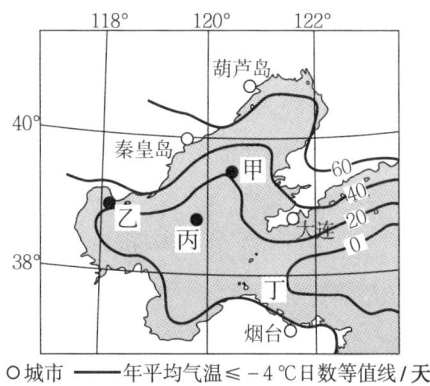

1. 图示甲、乙、丙、丁四海域中，海冰厚度最大的是（   ）

A. 甲   B. 乙   C. 丙   D. 丁

2. 下列城市附近海域，单位面积海冰资源最丰富的是（   ）

    A. 葫芦岛   B. 秦皇岛   C. 大连   D. 烟台

3. 推测目前没有大规模开采渤海海冰的原因是（   ）

    A. 资源量不足   B. 破坏环境

    C. 成本过高   D. 市场需求不足

河北省沧州市海兴县由于地下水盐度高，缺乏淡水资源，盐碱地广布。海兴县根据盐度与结（融）冰的关系（如下图所示），进行咸淡分离，成功改造了盐碱地。在每年10月平整高低不平的土地，1月份气温低于－5 ℃后，开始使用海水灌溉农田，直至海水结冰厚度达20—25厘米为止。3月份开春冰层完全融化下渗后，及时全田覆盖农用薄膜，然后种植作物。据此回答4—5题。

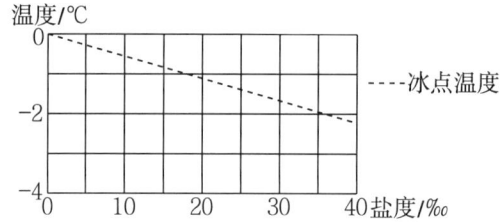

4. 当地1月份气温低于－5 ℃后，开始使用海水灌溉农田的原因是（   ）

①淡水资源不足 ②海水的含盐量比土壤低 ③低于－5 ℃的海水盐度低 ④气温在－5 ℃时，海水易结冰

    A. ①②   B. ②③   C. ③④   D. ①④

5. 海兴县开春后全田覆盖薄膜的最主要作用是（   ）

    A. 防止低温冻害

    B. 防止土壤养分流失

    C. 防止蒸发引起次生盐碱化

    D. 保护农作物

6. 阅读图文材料，回答下列问题。

海水结冰状况与温度、盐度和水深等因素有关。海冰含盐量接近淡水，适当处理后可作为淡水资源。鄂霍次克海域被称作"太平洋冰窖"，海域面积有158.3万平方千米。从每年的10月份至次年6月份结冰，结冰最厚的月份可达

1米。严冬季节,西北风会把浮冰吹向千岛群岛,使某些海峡堵塞。鄂霍次克海北部有宽阔的大陆架,大陆架占海底面积的42%以上,往南水深增加。下图示意鄂霍次克海地理位置。

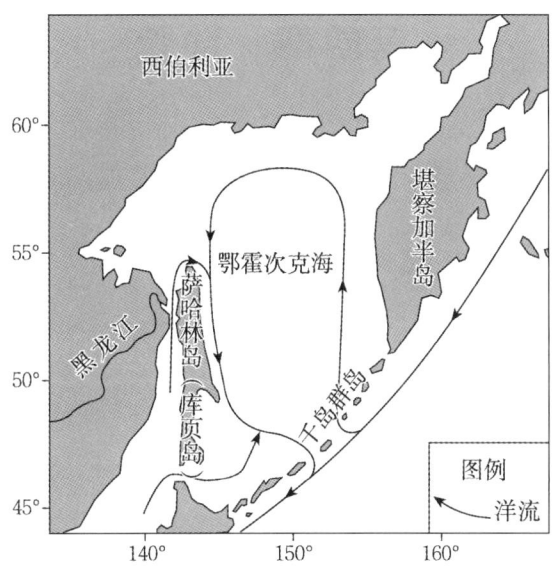

(1) 简述鄂霍次克海海冰流动的形成过程。
(2) 推测受海冰危害影响严重的产业活动。
(3) 请评价鄂霍次克海海冰资源的开发条件。

【参考答案】

1. B 2. A 3. C 4. D 5. C

6.(1)海域较封闭,与大洋的海水交换较少;沿岸河流的注入降低了表层海水含盐量;受冬季风和南下寒流的影响,表层海水易冻结成为海冰;深层海水因降温幅度较小、盐度较高未凝结,易形成流冰;海冰在偏北风和南下寒流的共同作用下向南移动。

(2)海冰易封锁港口,阻塞航道,影响海上航运;危害油气勘探和生产,损坏海洋工程;危害海洋渔业生产。

(3)有利条件:纬度高,结冰厚度大;海域面积广,海冰资源量大;海冰分布靠近海岸,易开采。不利条件:气候寒冷,开发成本高;沿海地区人口密度小,市场需求量小。

第四章 地貌

第一节 常见地貌类型

教学内容分析

※**课标要求**※

1.4 通过野外观察或运用视频、图像，识别3—4种地貌，描述其景观的主要特点。

※**课标解读**※

地貌指固体地球表面形态特征，与"地形"通用。初中地理以外部形态为指标划分为五种地形。而高中地理根据成因划分"地表形态"，如河流地貌等。景观指相对固定在地表的实体要素，有自然和人文景观。本模块主要涉及自然景观。

若条件允许则到野外观察，若条件不够成熟，则运用视频或图像。不论什么途径，都要形成地貌判别的依据：形态、物质组成及分布位置等，学会描述方法，并根据信息推断成因，由一类地貌判断方法迁移到其他地貌，不必在一节课上面面俱到。

※**教材分析**※

本部分内容主要是帮助学生认识地貌，学会描述地貌特点，理论知识应用于实践，在综合判断地貌类型的基础上，提升地理实践力。

※**学情分析**※

学生具备一定的地理基础，在本节课之前学生已经学习了地球的宇宙环境、圈层结构、演化过程，已经初步形成宇宙观，学会简单的天文观测方法，由天及地,注意方法的迁移。同时运用视频、图像资源,引发学生关注,加强引导探究,让学生掌握分析问题的方法和培养野外观察能力。

※核心素养培养目标※

1. 借助《航拍中国》的视频,说出喀斯特地貌、河流地貌、风沙地貌、海岸地貌,形成区域认知。(区域认知)

2. 通过观察喀斯特地貌、河流地貌、风沙地貌、海岸地貌图片,学会地貌的描述方法。(综合思维)

3. 通过喀斯特地貌、河流地貌、风沙地貌、海岸地貌的形成过程,说明地貌的简单成因。(综合思维)

4. 借助人类在不同地貌上开展的生产和生活,明确尊重自然规律的重要性。(地理实践力、人地协调观)

※教学重难点※

1. 教学重点

不同类型地貌的形态描述与物质组成判断。

2. 教学难点

不同类型地貌的描述方法及成因分析。

※教学方法※

问题式教学法、读图分析法、对比分析法、自学指导法、案例分析法。

※教学课时※

1课时。

教学过程设计

※课前预习※

一、喀斯特地貌

1. 地表喀斯特地貌主要有_____、_____、_____等。

2. 地下喀斯特地貌以_____为主。

二、河流地貌

1. 山区河流的河谷形态:_____形。平原地区河流的河谷形态:_____形。

2. 平原地区,河谷两岸一般发育_____地貌。河流入海或入湖处,多发育_____地貌。

三、风沙地貌

1. 干旱地区在风力作用下常形成_____、_____、_____等地貌。

2. 雅丹地貌由不规则的_____和_____相间构成。

四、海岸地貌

1. 海岸岩石在海浪等的侵蚀作用下，逐渐形成_____、_____、_____、_____、_____等地貌。

2. 常见的海岸堆积地貌有_____、_____等。

※课堂教学※

一、航拍中国，感悟山河

◇课堂导入◇

同学们，我们知道中国幅员辽阔，这是水平角度，而从空中看中国全貌，更见它的宏大完整，山川河流的真面目都赫然眼前，再也不用埋怨只缘身在此山中了，而这些美好的河山又与优美的诗词紧密相连。苏轼的"横看成岭侧成峰，远近高低各不同"形象地写出了移步换形、千姿百态的庐山风景；而李白的"孤帆远影碧空尽，唯见长江天际流"更是把自己依依惜别的深情托付给了长江水。

[播放视频]

航拍长江、庐山的视频。

[设计意图]

借助视频，展示地貌，引导观察，发现地貌，感悟山河，品味诗词。

[承转]

我们知道地球上有巍巍的高峰、炎炎的火山、茫茫的沙漠、深深的峡谷，那么，这些美丽的地貌怎么区分，如何形成的呢？今天，我们跟着《航拍中国》的脚步一起去了解一番。

二、游记视频，猜想地貌

古人有读万卷书的精神，又有行万里路的勇气，徐霞客就是其中之一。他的游记描述了中国某一地区的美丽地貌。当今科技飞速发展，各种飞机及拍摄工具也运用其中，再也不用脚步去丈量长度，还可从更高的角度去看风景，同时资料也更方便留存。现在让我们走进贵州。

［播放视频］

《航拍中国》：贵州兴义万峰林。

◇问题探究1◇

结合《徐霞客游记》的描述及视频，说说这种地貌类型的名称、所在地区以及对生产和生活产生的影响。

［教师指导］

学生借助视频在教师的引导下归纳出喀斯特地貌的定义。

◇问题探究2◇

以上我们所看到的是喀斯特地貌，喀斯特地貌只有这些吗？观看喀斯特地貌要注意什么呢？借助教材图4.2、图4.4展开分析。

［学生讨论］

在观察喀斯特地貌时我们要把握两个顺序，从地上到地下及地上、地下喀斯特地貌形成的先后顺序。看教材图4.2，要注意每一阶段的名称。看教材图4.4，地上景观很美丽，地下也别有洞天，地下有溶洞、石钟乳、石笋、石柱等景观。

◇追问◇

(1) 大家观察很仔细，这说明观察的顺序还要注意什么呢？

由宏观到微观。

(2) 喀斯特地貌景观形态各异，都在石灰岩地区，受流水作用形成，流水作用形式相同吗？

流水侵蚀和堆积两种。

◇活动◇

完成教材"活动"：分析世界最大单口径球面射电望远镜选址贵州平塘的原因（材料略）。

［设计意图］

运用图片，认识地貌，描述过程，注意顺序。

三、源远流长，河流地貌

地表流水主要来自大气降水，由于大气降水在地球上分布较普遍，所以流水作用形成的地貌在陆地表面几乎到处都有。

1. 运用峡谷与冲积扇，明晰侵蚀、堆积的差异。

◇问题探究3◇

如果我们把视线转移到闽江上游的源头，我们会看见以下地貌，这又是什么呢？

［学生讨论］

说明地貌类型及判断依据。

◇追问◇

上面左图的河流地貌有什么特点？形成原因是什么？水流主要向哪个方向作用？

［学生讨论］

谷地两壁险峻陡峭，谷底几乎全部被河流占据。谷地狭窄，深度大于宽度，很像字母"V"，称为"V"形河谷，又称为峡谷。说明流水的侵蚀作用很强，并且是向下侵蚀。

◇追问◇

根据上面右图水流方向推测物质的堆积情况。

［学生讨论］

地势有一定起伏，水由高往低流。水流流出谷口时，其携带物质便铺散沉积下来。离谷口近的位置颗粒物较大，远处颗粒物小。

［总结］

刚才同学们从地貌形态与物质分布状况对地貌类型作出了判断。

[课外拓展]

学生自行设计冲积扇演示实验。

[设计意图]

不同流水地貌的辨析,明确侵蚀与堆积两种外力作用的区别。

2. 分组探究。

◇问题探究 4◇

用下图解释"三十年河东,三十年河西"这句话。

[设计意图]

借助蛇曲地貌的演变,了解河流地貌与生活的联系。

3. 通过三角洲案例,知道侵蚀、堆积的关联。

◇问题探究 5◇

我们现在把视线往河流入海口移动,会发现以下地貌,这又是什么呢?

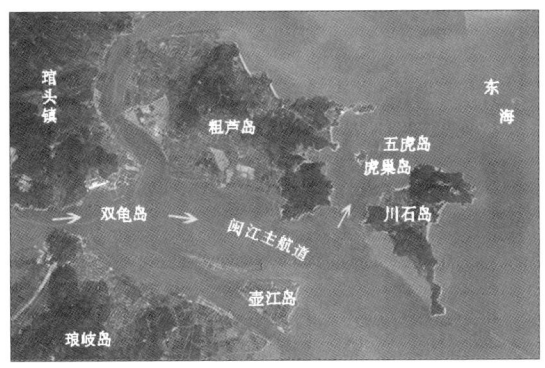

[学生讨论]

上图这种地貌很像冲积扇。因为它的顶部指向河流上游,外缘面向大海,但不是扇形,而是三角形。

◇ 案例分析 ◇

黄河三角洲的发育。

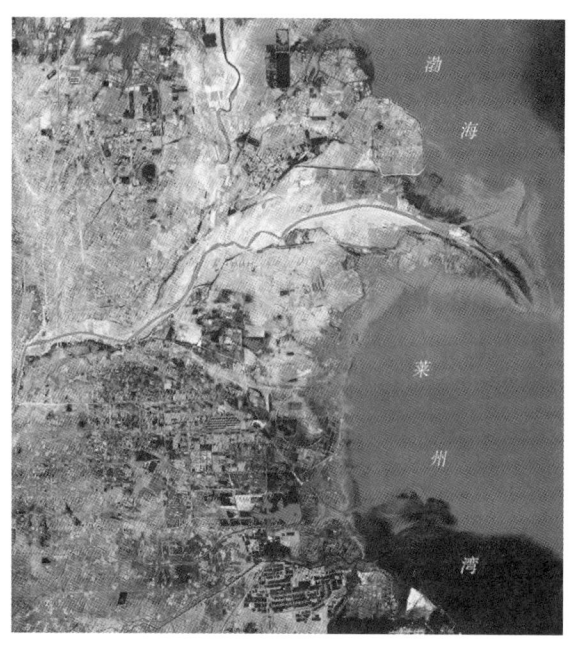

黄河是一条多沙的河流，中上游每年输出泥沙 16 亿吨，经河口入海的约有 12 亿吨。而黄河在利津入海口的潮流作用很弱，河口潮流的落差通常只有 0.8—1.0 米。由于潮流弱、搬运能力差，黄河入海的泥沙约有 40% 在河口附近淤积，河口两侧的堆积体以每年 2—3 千米的速度向海洋延伸，黄河三角洲也以很快的速度向海洋扩展。

[教师小结]

黄河三角洲成因有河流携带泥沙多，入海口处易沉积，加上海水顶托的作用。

◇ 追问 ◇

三角洲的形成主要是流水的堆积作用。其实大家仔细观察还会发现三角洲有分叉，这又是什么原因呢？

[学生讨论]

三角洲有分叉，应该不是堆积，而是流水侵蚀。

[总结]

因此我们既要明确侵蚀、堆积的区别，也要注意它们并非截然分开的，存在一定的辩证关系。

[设计意图]

借助案例，理解侵蚀、堆积的关联。

四、风沙地貌，一般特殊

流水作用很普遍，但在一些干旱地区，如西北地区，常出现风沙地貌。让我们跟随《航拍中国》的脚步走进新疆。

[播放视频]

新疆魔鬼城的视频。

◇问题探究 6◇

展示风蚀柱、风蚀蘑菇、雅丹地貌图片。学生描述它们的形态，观察物质组成，并分析成因。

小明一家骑着骆驼在塔里木盆地游玩，导游提醒大家要注意沙丘危险，而在准噶尔盆地却没有这种情况，这是为什么呢？

[播放视频]

塔里木盆地和准噶尔盆地沙丘的视频。

[学生讨论]

通过观察与讨论,明确两个盆地沙丘类型的区别。

◇追问◇

为什么塔里木盆地的沙丘常处于运动状态,而准噶尔盆地的沙丘常处于静止状态?

[回放视频]

学生认真观看塔里木盆地地表植被的状况。

◇追问◇

风常从沙丘的哪一坡吹来?如果要让塔里木盆地的沙丘由流动变为静止,或减少它的流动性,植被应该种在沙丘的缓坡还是陡坡呢?

[学生讨论]

应种在陡坡,即背风坡。因为沙漠地区气候干旱,缓坡即迎风坡,风力大,水分易蒸发,植被不易成活。

◇活动◇

完成教材"活动":认识雅鲁藏布江中游河谷的风沙地貌(图文略)。

[设计意图]

运用视频及图片,辨别风力侵蚀与堆积地貌,同时通过分组探究,明确沙丘的特殊分布区。

五、海岸地貌,迁移应用

[播放视频]

中国台湾地区的黄金海岸的视频。

[展示材料]

作为台湾新北市野柳地质公园的明星景点,"女王头"因自然风化正在走向消失的说法,已不是一天两天。景区管理处"抢救'女王头'大作战"也一直在进行,不过,目前传来的最新消息并不乐观,技术团队以"纳米涂料补强岩石技术"9个月来在其他岩石实验,却出现片状剥落、岩表白化的现象,技术瓶颈让"女王头""冻龄"增加不确定因素。

也就是说,如果自然风化条件不变,野柳"女王头"预估5—10年就会断

颈，但是，7 级以上强震或 17 级以上强台风来袭，恐怕瞬间断裂。

事实上，台湾"濒危景点"除了"女王头"，还有不少。

◇问题探究 7◇

"女王头"如何形成？为什么会断颈？

［学生讨论］

受到海浪长期的侵蚀，还有自然风化，才形成"女王头"。随着海浪的侵蚀及地壳的抬升，颈部越来越长，也越来越细，终有一天，颈部无法支撑头部的重量而断裂。

◇追问◇

"女王头"周边海滩的形成与"女王头"成因一样吗？

［学生讨论］

不一样。这是两种不同的海水作用形式。海滩主要是海水堆积，按沉积物颗粒的大小又可分为砾滩、沙滩、泥滩。而"女王头"等海蚀地貌主要是岩石受到海水侵蚀。

［设计意图］

地貌描述与成因分析，重在方法，迁移应用，举一反三。

六、自主探究

◇自主探究◇

教材"自学窗"：寻找隐藏在红柳沙包中的环境变化信息（图文略）。

［设计意图］

拓展延伸，加强联系，学会分析，提升能力。

◇课堂小结◇

地球表面千姿百态，地貌类型众多，大家可由这四种地貌拓展到其他地貌，如山地地貌（褶皱山、断块山、火山等），要学会从它的形态、物质组成及位置去判断，并对其成因作出简单分析，这样才能形成对常见地貌的认识。

◇板书设计◇

◇设计感悟◇

在教学设计中，充分遵循问题式教学的设计理念，将更多的课堂时间还给学生，并借助各种资源设置问题并引导学生去探究，培养他们的问题意识，提升思维能力，进而培育核心素养。

※课后达标检测※

下图为某河流河谷中呈现的景观,图中河岸堆积的圆滑石块称为河卵石,可用作建筑材料。据此回答1—2题。

1. 对图中河卵石形态特征影响最突出的外力作用是(　　)

    A. 球状风化　　　　　　　B. 流水侵蚀

    C. 流水搬运　　　　　　　D. 流水沉积

2. 大量的河卵石常出现在(　　)

    A. 河口三角洲　　　　　　B. 河漫滩平原

    C. "V"型谷谷底及两侧　　D. 冲积扇边缘

中国山水画家多师法自然,其作品往往具有明显的地域特征。下图为我国四幅山水画作品。读图回答3—4题。

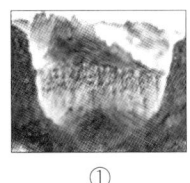  

　①　　　　　　②　　　　　　③　　　　　　④

3. 四幅画中描绘江南丘陵景观的是(　　)

    A. ①　　　B. ②　　　C. ③　　　D. ④

4. 画③中描绘的地貌类型形成原因是(　　)

    A. 冰川作用、风力作用　　B. 流水作用、冰川作用

    C. 风力作用、流水作用　　D. 生物作用、流水作用

5. 钱币被称为"国家名片",人民币则是中国的名片。读下图,其中与流水溶蚀作用密切相关的是(　　)

甲　　　　　　　　　　　乙

丙　　　　　　　　　　　丁

A. 甲图景观　　B. 乙图景观　　C. 丙图景观　　D. 丁图景观

1998年，原国土资源部在广西壮族自治区石灰岩广布的百色地区乐业县进行土地资源调查时，发现了一种世界罕见的地质奇观——乐业天坑（下面左图）。读下图，回答6—7题。

　　　　　　　　①　　　　②　　　　③　　　　④

6. 上面左图所示地貌形态与右图中的哪一种地貌形态成因相同？（　　）

　　A. ④　　　　B. ③　　　　C. ②　　　　D. ①

7. 形成左图所示地貌的地质作用与下列地貌形成的地质作用相同的是（　　）

　　A. 北美五大湖　　　　　　B. 湄公河三角洲
　　C. 渭河平原　　　　　　　D. 桂林山水

8. 读下面四幅地表景观图，回答下列问题。

　　A　　　　　　B　　　　　　C　　　　　　D

(1) 由流水侵蚀作用形成的地形是_____图和_____图。

(2) A图所示景观在我国主要分布在_____（地形区），其典型的地表特征是_____。

(3) B图所示景观为_____，主要由_____作用形成，该景观在我国主要分布在_____地区。

(4) C图所示景观为冰斗、角峰，主要由_____作用形成。

(5) D图所示地貌发育典型的山区特点是（ ）

  A. 风蚀现象显著

  B. 岩石类型是花岗石

  C. 土层较薄，土壤贫瘠

  D. 地表水丰富，地下水贫乏

【参考答案】

1. B 2. C 3. D 4. C 5. C 6. B 7. D

8. (1) A D

(2) 黄土高原 沟谷发育（千沟万壑，支离破碎）

(3) 风蚀蘑菇 风力侵蚀 西北内陆

(4) 冰川侵蚀

(5) C

第二节　地貌的观察

教学内容分析

※课标要求※

1.4　通过野外观察或运用视频、图像，识别3—4种地貌，描述其景观的主要特点。

※课标解读※

地貌的观察内容有两个要点：通过野外观察或运用视频、图像，识别3—4

种地貌；描述所识别的地貌，说明这些地貌景观的主要特点。

地貌的观察和描述是有尺度的，宏观尺度可以是一个地形区，如东南丘陵，微观尺度往往是一个景点、一处景观，如河漫滩。宏观尺度的地貌很难被观察，微观尺度的地貌是考察的主要对象，但是又存在"过于具体"的问题。"3—4种地貌"应该是个体的、具体的，可以因生活地区不同而定，可以选择本地区常见的地貌、典型的地貌，体现地貌的生活性和生产性，这样可以使教学更灵活，更富有创造性。

本节突出了对地理实践力素养的要求。以学生的野外或户外地貌景观的观察和初步理解等实践活动为核心内容，要求学生会在野外对当地的地貌进行识别、描述。若无法外出，可利用观看视频、地貌模型和景观图等达到教学目标。

※**教材分析**※

本节课是《地理 必修 第一册》第四章第二节的内容，承接第一节地貌类型，如河流地貌、喀斯特地貌、风沙地貌、海岸地貌等，学生对各种地貌有一定了解，已经具备一些理论知识。本节课要求学生根据上节课学过的对地貌类型判读方法运用到实践中，观察并描述看到的地貌，并进行判读，提高学生的地理实践力，并分析地貌与生产和生活的联系，渗透区域认知，培养学生的综合思维，树立人地协调发展观。

"识别地貌形态"这部分内容作为新课标中改变最大的部分，可以体现课程改革的新理念，即重在识别不同地貌的方法，而不是过去的一味追求成因与逻辑，这是旧课标中关注比较少的地理实践能力，操作起来有一定难度。

另外，本部分知识作为自然地理学习中的重点与难点，原因有三：第一，关于地理学的研究对象——地球表面，因复杂多样的地貌而塑造了这个世界的丰富多彩。地貌的复杂性是内外力共同作用的结果，时空尺度大，作用过程复杂，识别起来需要形象与抽象的结合，因此难度大。第二，识别复杂的地貌及其演变，可以帮助学生动态认识变化的世界，建立可持续发展的观念，这个认识过程需要很强的逻辑性及时空联系性。第三，本节课选取河流地貌作为探究描述地貌形态方法的案例，是因为河流地貌是地球上最普遍、最常见的地貌形态，对人类的生产和生活影响最大，被人为改变的也更多，在自然界中识别起来具有很大难度。因此本节课不仅重要，而且学习难度较大。

※**学情分析**※

这节课是在常见地貌学习的基础上完成的，大部分学生都亲眼见过河流地貌，只是没用课本所学知识近距离地考察过河流地貌的特征。另一方面，地貌景观千姿百态，诞生的环境、驱动的能量和作用的物质纷繁复杂，学生容易产生倦怠情绪，影响学习效果。因此，需要设置能够激发学生兴趣的情境，引发学生思考、探究，调动学习积极性，才能收到良好的教学效果。

※**核心素养培养目标**※

本节课对应的课程标准要求为："1.4 通过野外观察或运用视频、图像，识别3—4种地貌，描述其景观的主要特点。"基于课程标准和学情，本节课的核心素养培养目标总体设置如下。

1. 通过对霍童溪河流地貌的描述与识别，归纳描述地貌类型的方法，能够掌握识别并描述其他地貌类型的方法。(地理实践力、区域认知)

2. 通过对不同河流地貌的观察、描述、分析和记录的过程，培养学生地理空间要素演变推理和地理问题综合分析的思维能力。(地理实践力、综合思维、区域认知)

3. 以谷歌地球为载体，结合图片及文字资料，分析不同河流地貌对人类生产和生活的影响。(人地协调观、地理实践力、综合思维)

※**教学重难点**※

1. 教学重点

野外观察或运用视频、图像等资料，识别3—4种常见地貌。

2. 教学难点

描述所识别的地貌，说明这些地貌景观的主要特点。

※**教学方法**※

问题式教学法。

※**教学课时**※

1课时。

教学过程设计

※课前预习※

一、地貌观察的顺序

1. 地貌按规模大小分类

(1) 大规模的地貌类型：高原、_____、盆地、丘陵、_____。

(2) 小规模的地貌类型：山岭、河谷、山丘、洼地等。

(3) 微规模的地貌：山峰、_____、_____等。

2. 地貌观察的顺序

(1) 位置：选择视野比较_____的地方。

(2) 原则：按照_____、从面到点的顺序。

(3) 顺序：先观察_____的地貌，如山地、平原等；再观察和描述次一级地貌，如_____、_____等；最后描述_____、_____等更小的地貌特征。

(4) 辅助观察：利用地形图、遥感影像等。

二、地貌观察的内容

1. 地貌观察的内容

(1) _____和_____是地貌观察的重要内容。

(2) 无论是单一地貌还是区域地貌，还要观察_____和_____。例如，我国西南山区地面起伏较大，地形较为破碎。

2. 高度：包括_____和_____。

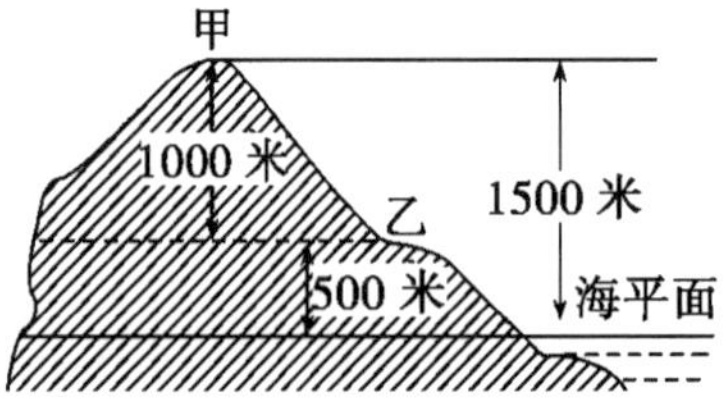

(1) _____可以通过查找地图或借助仪器获得，是划分_____、_____等地貌的主要依据。绝对高度是指地面某点高出海平面的垂直距离，即海拔。例如，上图中甲点绝对高度为 1500 米，乙点绝对高度为 500 米。

(2) _____能够反映地面的_____，指某个地点高出另一地点的垂直距离，即两个地点的绝对高度（海拔）之差。例如，上图中甲、乙两点的相对高度为 1000 米。

思考：上图中甲、乙两地之间的相对高度是多少？图示区域内最大的相对高度约为多少？

3. 坡

地表的各种形态都是由坡和近似水平的面组成。坡的形态多种多样，主要观察_____和_____。

（1）坡度。

①坡度是划分坡的重要标准，坡度大小一般用坡度角或者_____来表示。

②坡度对生产和生活影响巨大。例如，影响农业耕作以及交通建设等。

（2）坡向。

观察坡向时应重点关注_____和_____、_____和_____。不同的坡向，光照、降水等条件存在差异，进而影响植物的生长。

4. 综合观察地貌

高度和坡度的组合，能够反映地貌的形态特征。例如，相对高度大、坡度大的地貌，一般比较_____；相对高度小、坡度小的地貌，一般比较_____。

※课堂教学※

◇课堂导入◇

本节课要模拟一次野外的地貌考察，以宁德市的母亲河霍童溪为例，来一次身临其境的研学之旅。

[设计意图]

以当地霍童溪的研学旅行来设置情境，能够产生强烈代入感，激发学习兴趣。

◇考察安排◇

考察内容：霍童溪沿岸的河流地貌。

考察目标：识别 3—4 种常见地貌；描述所识别的地貌，说明这些地貌景观的主要特点。

任务分组：

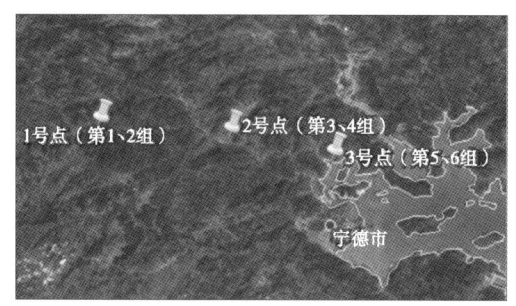

1号考察点：第1、2小组　　2号考察点：第3、4小组　　3号考察点：第5、6小组

[设计意图]

（1）在情境中设立本节课的教学目标，并进行任务分工，明确学生学习目标。

（2）通过地标文件进行任务分工，学生双击地标即可到达考察点，提高课堂效率。

◇问题探究1◇

走近霍童溪——探索河流地貌

霍童溪从上游到下游共设置了4个考察点，第4号考察点是教师考察示范点，学生在课前参照教师示范利用谷歌地球工具进行地貌观察。

地貌观察记录表

地貌观察记录表范本

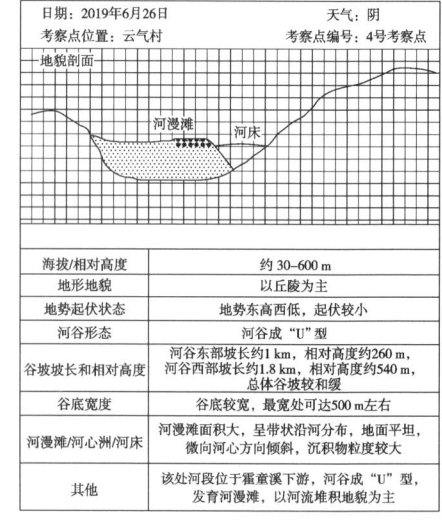

课堂活动任务：

(1) 学生将考察结果与组内成员交流讨论，完善考察记录表。

(2) 每个考察点挑选一名学生上台汇报，其他学生进行补充。

[学生交流、汇报]

略

[教师归纳总结]

地貌观察项目	1号考察点（中游）	2—4号考察点（下游）
海拔/相对高度	210—800 m	0—500 m
地形地貌	以山地、丘陵为主，地势起伏较大	以丘陵为主，地势起伏较小
河谷形态	"V"型	槽型
谷坡坡长和相对高度	坡长较短，相对高度大，谷坡较陡	坡长较长，相对高度较小，谷坡较缓
谷底	较窄，几乎被河床占据	宽阔，发育河漫滩

[设计意图]

(1) 教师先示范，学生先知识建构再探究，通过实践活动感受和体验知识的发生、发展过程，在探究、讨论、质疑中培养创新实践能力，提高地理科学素养。

(2) 地貌观察的顺序从宏观到微观，从整体到局部，学生在探究过程中，直接运用谷歌地球缩放功能就可实现不同空间尺度的地貌观察，增强空间感知能力，培养学生的区域认知。

(3) 观察微观地貌，如河漫滩时，除了观察河漫滩形状，还可以用谷歌地球对河漫滩面积进行测量，同时还可使用街景模式，身临其境地观察地貌，实现直观化和可视化，调动学生的积极性。

(4) 根据学生汇报由其他小组同学进行纠错与补充，然后教师再对学生的汇报进行点评、归纳、纠错和总结，让学生在活跃的课堂氛围中，对地理学习产生兴趣，能够积极主动地开展探究活动，从中培养学生分工合作的能力。通过自主学习与成果分享，让学生在讲解的过程中加深对知识的理解，明确对知识点理解有误的地方，加强师生间、生生间的合作与交流。

◇问题探究2◇

霍童溪入海口——探寻河口三角洲

三都澳：霍童溪入海口三都澳是典型的山地基岩海湾，周边均为高峻的构造侵蚀中低山和丘陵所环抱，地貌复杂，反差大。该湾地貌总的特点是：山丘迫近海边，山高海深，岸崖陡峭，基岩侵蚀岸滩多，港湾深邃，狭窄的港道多，海岸曲折，岬湾相间，岛礁众多，海蚀地貌发育。

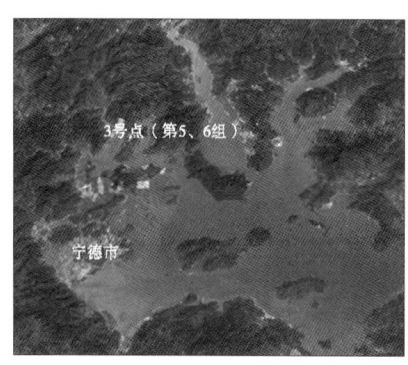

三都澳　　　　　　　　　　　　黄河三角洲

结合文字材料及谷歌地球，对比黄河三角洲，讨论探究：霍童溪入海口没有形成明显三角洲的原因。

[学生交流、汇报]

略

[教师归纳总结]

霍童溪入海口未发育明显三角洲的原因可能有：

①河流流速较快；

②河流含沙量和输沙量较少；

③入海口处为基岩海岸，海岸线曲折，水下坡度较陡。

[设计意图]

(1) 谷歌地球展现给学生一个立体的、三维的空间图像，使学生对地图上的地理信息能够产生更直观的感受，利于发挥学生的认识主体作用，进一步加深对河流三角洲的了解和印象，进而锻炼综合思维能力。

(2) 从黄河三角洲的成因入手，学生在已有知识的基础上，通过谷歌地球对比两地地貌、地势起伏等信息，培养其重要的地理综合思维能力、区域认知能力及自主分析能力。

◇问题探究3◇

不同河段地形对生产和生活的影响

河流上游地势起伏大,以侵蚀地貌为主,河流下游地势起伏相对较小,以堆积地貌为主,河流沿岸这种不同的地形地貌对人类生产和生活产生不同的影响。同学们分组再一次对河流沿岸进行考察,重点关注土地利用方式的变化,将考察结果记录到下表。

考察内容	1号考察点(上、中游)	2—4号考察点(下游)
地形对生产和生活的影响		

[学生交流、汇报]

略

[教师归纳总结]

考察内容	1号考察点(上、中游)	2—4号考察点(下游)
地形对生产和生活的影响	落差大,一般在河流交汇处修建有水库;山区交通线沿河谷延伸	地形平坦,为重要的聚落及农业用地

[设计意图]

(1) 深化理解不同地貌对人类生产和生活的影响。地貌考察的一个重要目的是服务于生产和生活。学生从不同角度观察并分析地形的影响,拓宽学生知识面,让学生学习对生活有用的地理知识,学习对终身发展有用的地理,联系生活实际,体现地理实践力。

(2) 利用谷歌地球进行实践,增强了学生对区域发展的直观认识,培养学生树立人地协调观,提升情感·态度·价值观,从而使地理核心素养得以升华。

(3) 谷歌地球的直观演示也提升了乡土案例教学的优势。学生在这节课中从全新角度重新认识了美丽家乡,增强了对家乡的热爱之情。

◇板书设计◇

宏观大地貌 { 海拔/相对高度; 地形地貌; 地势起伏状况

微观次级地貌 { 河谷形态
谷坡坡长和相对高度
谷底宽度
河漫滩/河心洲/河床
其他

◇设计感悟◇

本节课以谷歌地球为载体,实现以学生自主学习为核心的发现式教学。"自主学习"不是由教师直接告诉学生应如何去解决面临的问题,而是由教师向学生提供解决该问题的有关线索,由学生在创设的情境和来自生活的观察中去发现原理,解决问题,寻求论证。

※课后达标检测※

观察地貌时,应选择最佳的观察地点,按照一定次序观察地貌。下图为延安宝塔及附近景观图。据此回答1—2题。

1. 图示最佳的观察地点是(　　)
   A. 延河大桥　　　　　　　　B. 延安宝塔
   C. 延安宾馆　　　　　　　　D. 延河游船

2. 在最佳地点向四周望去,视野内主要的地貌为(　　)
   A. 河流地貌　　　　　　　　B. 风沙地貌
   C. 黄土地貌　　　　　　　　D. 冰川地貌

下图为某一观测者观察山体坍塌的情形图及所在地等高线地形图。据此回答 3—4 题。

3. 以观测者所处地形判断，其位置应最接近左下方等高线图中的（   ）
   A. 甲   B. 乙   C. 丙   D. 丁
4. 图示地貌景观最可能位于我国的地形区是（   ）
   A. 黄土高原   B. 云贵高原   C. 江南丘陵   D. 横断山区

某校学生到北京市房山区某地进行地理野外实践活动，下图 a 是该地区局部等高线地形图，b 是学生拍摄的甲地附近地貌景观图，c 是甲地附近某山洞剖面素描图。据此回答 5—7 题。

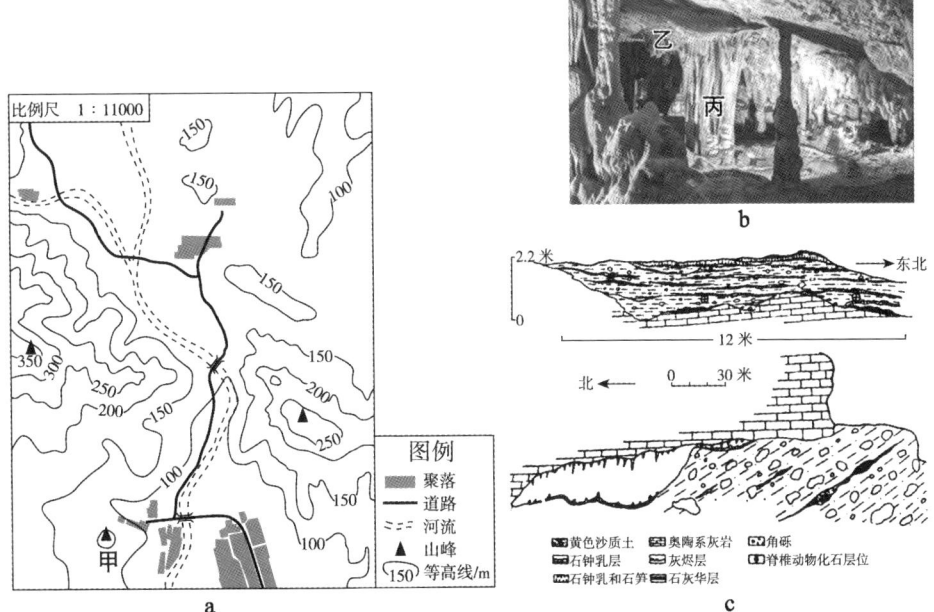

5. 图 a 所示地区（   ）

A. 暴雨时可能引发泥石流　　　　B. 河流只参与陆地内循环

C. 最大相对高度是 400 米　　　　D. 聚落均位于山前冲积扇

6. 下列学生对图 b 景观的描述，正确的有（　　）

①与风力作用有关　②与流水作用有关　③乙处形似下垂的帘幕　④丙处像风沙堆积的竹笋

A. ①②　　　　B. ①③　　　　C. ②③　　　　D. ③④

7. 图 c 是我们观察地貌常用的专题地图，由图可直接看出该地（　　）

A. 形成年代　　B. 物质组成　　C. 地貌成因　　D. 气候特点

8. 地理实践：观察家乡的地貌。

（1）收集家乡所在地区的地形图、影像、考察报告等相关资料，了解家乡地貌。

（2）开展实地考察，在考察路线上，选择合适的观察点，进行地貌观察并记录，观察过程中可以拍照或画素描图。

（3）整理地貌观察记录，撰写地貌观察报告。

（4）交流和展示观察结果。

【参考答案】

1. B　2. C　3. C　4. A　5. A　6. C　7. B

8. 略

问题研究　如何提升我国西南喀斯特峰丛山地的经济发展水平

教学内容分析

※**课标要求**※

2.6　以某生态脆弱区为例，说明该类地区存在的环境与发展问题，以及综合治理措施。（注：本课标要求为选择性必修 2 的要求）

※**课标解读**※

1. 主要概念："生态脆弱区（带）"从成因上具有多样性和复杂性，在表现方式上具有相对性和动态性，地理特征上既可以是过渡带，也可以是地带性或非地带性的区域分布。一般分布在地表植被覆盖率低、动物物种少的不同生态系统的过渡带，它是受人类影响较大的地区。

2. 课标解读：中国地理环境复杂多样，人口和经济发展的压力大，生态脆弱区（带）广泛分布，如黄土高原生态脆弱带、青藏高原生态脆弱带、西南喀斯特生态脆弱带和北方农牧交错生态脆弱带等。这类地区如何发展是非常重要的问题，据此，将此列为学习的内容。

生态脆弱区（带）的成因是自然生态系统的地理条件比较特殊，且比较脆弱。例如，西南喀斯特地区，独特的岩性和丰富的降水在很大程度上决定了本区的生态环境的脆弱性。由于喀斯特地区岩石以石灰岩为主，石灰岩遭受水的溶蚀作用，形成了独特的喀斯特峰丛；石灰岩易受水溶蚀的特性，也导致了该地区土壤的形成比较困难，致使该地区耕地面积狭小分散，土层浅薄，土壤贫瘠。陡峻的地势、贫瘠的土壤、强烈的流水作用，容易产生严重的水土流失，甚至会出现岩石裸露的石漠化现象。

这类区域发展面临的主要问题是生态系统的资源功能、环境功能弱化或丧失，进而影响到本区域，乃至其他关联区域的人类生存条件。针对不同的生态环境脆弱地区，要有不同的治理措施。主要有法律措施、行政措施、经济措施和宣传措施。

※**教材分析**※

依据《普通高中地理课程标准（2017年版）》，高中地理课程结构分为必修、选择性必修和选修三类。必修课程包括两个模块，即地理1、地理2。本部分内容属于问题研究，安排在第四章地貌的学习内容之后，旨在培养学生探究自然地理环境中的地貌要素与人类经济活动的关系，思考生态环境脆弱区（带）的自然背景，探寻生态环境脆弱区提升经济发展水平的可行途径。

※**学情分析**※

学生虽然具有一定的自学能力和分析问题、解决问题的能力，但在经历初三一年地理学习的空窗期后，进入高中地理的学习，学生在地理的知识储备上存在一定不足，在地理问题的思考上也需要教师的引导。本节课内容更是需要学生自主学习、查阅收集资料，进而发现问题、思考问题、解决问题。课堂内容以学生自主探究学习为主，教学上采用问题情境化的形式去设置，让学生去了解、解决现实的地理问题，感受生活化的地理。

※核心素养培养目标※

基于课程标准和学情，结合本节课的具体内容，本节课的核心素养培养目标设置如下。

1. 以西南喀斯特地区作为问题情境背景，学会分析区域自然地理环境的方法，自然地理环境包括气候、地形、土壤、水文、植被等要素，学生需要逐个分析各个要素，对我国西南喀斯特地区进行区域认知，并能够用精准的语言描述西南喀斯特地区的典型自然环境特征，以及能够解释该区域的自然现象的形成过程。(区域认知)

2. 根据收集到的资料对现象进行分析，对可能的影响和结果进行归纳、演绎、推理，体验地理事物和现象的形成过程，从中获取地理规律、培养综合思维。对自然地理环境中的气候、地形、土壤、水文、植被等要素进行综合，得到本区域的主要自然地理特征，并能综合分析各要素之间的相互影响、相互制约和相互作用。(综合思维)

3. 通过喀斯特地区自然地理环境对当地生产和生活的影响、人类活动对喀斯特地区自然地理环境的影响以及带来的一系列问题的分析，探究在不同的区域经济发展阶段对地理环境的影响程度不同、自然地理环境的不同承载能力对区域经济发展的影响。从而领悟到自然地理环境与人类活动之间的关系，懂得尊重自然规律的重要性，并能正确处理区域发展与自然地理环境保护之间的动态关系。(人地协调观)

4. 通过学生收集资料，了解区域自然地理环境，讨论、交流、解决现实的环境与人类活动关系的问题，让学生分析现实世界的一些自然现象、过程及其对人类活动的影响，并针对人类活动过程中出现的问题提出解决措施。(地理实践力)

※教学重难点※

1. 教学重点

我国西南喀斯特峰丛山地的自然地理特征以及与人类经济发展之间的关系。

2. 教学难点

如何采取恰当的措施提升西南喀斯特峰丛山地的经济发展水平。

※**教学方法**※

问题式教学法、案例探究法。

※**教学课时**※

1课时。

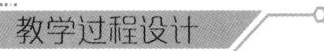

※**课前预习**※

1. 收集关于我国西南喀斯特地区的景观图（突出展示地形、植被、土壤、水文、农业、交通、聚落等地理要素）。

2. 访问相关气象网站，收集我国西南喀斯特地区某局部区域的气候资料，并绘制成气温曲线和降水柱状图。

3. 思考我国西南喀斯特地区经济落后的原因，并为该地的精准扶贫提出可行性建议。

※**课堂教学**※

◇**课堂导入**◇

人类经济活动与地貌形态有着密切的关系。不同的地貌类型区，会有不同的经济活动，也会有不同的经济发展水平。有些地貌复杂的生态环境脆弱区，经济发展水平低。消除贫困，改善民生，逐步实现共同富裕是社会主义的本质要求。在我国西南喀斯特峰丛山地生态环境脆弱区，人地矛盾尖锐，经济发展水平较低。如何在保护生态环境的前提下，提升我国西南喀斯特峰丛山地的经济发展水平？

[展示图片]

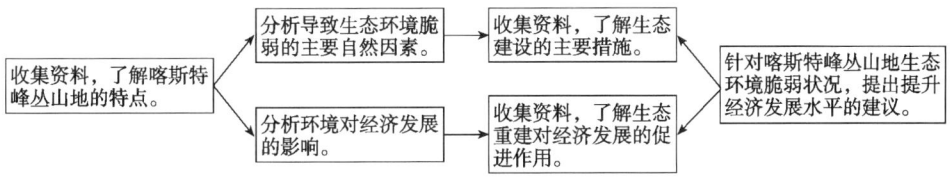

课题探究的基本思路

师：对于这一课题的探究，建议采用以上思路进行。

[展示图片]

我国西南喀斯特峰丛山地

◇活动◇

请同学们与同桌交流自己收集的关于西南喀斯特峰丛山地的资料，并总结西南喀斯特峰丛山地的自然地理特征和经济发展水平。

（提示：从气候、地形、土壤、水文、植被等方面总结自然地理特征；从农业、交通、聚落等方面总结经济发展水平）

[学生讨论]

学生讨论、交流，并上台展示自己收集的资料，发表自己的见解。

[教师总结]

我国西南喀斯特峰丛山地属亚热带季风气候区，降水丰富；峰丛相连成片，山峰环绕着狭小的洼地；山峰坡度陡峻，土层浅薄。聚落散落在狭小的洼地；居住在洼地中的人们对外交通极其不便；雨涝晴旱，不利于农业生产；经济发展水平较低。

◇问题探究1◇

为什么喀斯特峰丛山地会出现石漠化现象？请用流程图展示说明。

[展示图片]

喀斯特峰丛山地石漠化

［学生讨论］

学生讨论、交流，并绘制流程图。

［展示图片］

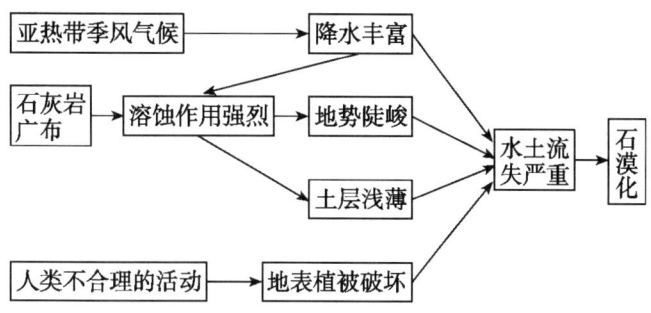

喀斯特峰丛山地石漠化原因

◇追问◇

喀斯特峰丛山地为什么会雨涝晴旱？

［学生讨论］

略（结合收集的气象资料，从降水、地形、喀斯特地貌特征方面思考）

［教师总结］

西南喀斯特地区属亚热带季风气候，降水丰富；该地区峰丛广布，地势陡峻，汇水速度快；降雨时，大量雨水快速汇聚到河流或低洼地区，易形成洪涝。喀斯特地区由于流水溶蚀作用强烈，岩石裂隙发育，地表水不易保存；晴天时，蒸发强烈，地表水缺乏，易形成洪涝。

◇问题探究2◇

分析喀斯特峰丛山地立体生态农业结构与地貌的关系。

［展示图片］

教材"图4.25 喀斯特峰丛山地立体生态农业模式"（图略）。

［学生讨论］

学生讨论、交流，并发表意见。

［教师总结］

西南喀斯特地区峰丛广布，地势陡峻，适合布局山地立体生态农业。山顶布局水源林，陡坡布局水土保持林，缓坡布局经济林，洼地布局粮食作物。

◇追问◇

喀斯特峰丛山地立体农业有哪些优点？

［学生讨论］

学生讨论、交流，并发表意见。

［教师总结］

喀斯特峰丛山地立体农业模式充分利用了地貌特征，做到了因地制宜。既考虑了生态与农业经济的发展，又做到了保持水土和涵养水源。有利于提高农民收入水平，促进当地经济与生态和谐发展。

◇追问◇

为什么要在有些地区实行异地生态移民？

［学生讨论］

学生讨论、交流，并发表意见。

［教师总结］

喀斯特峰丛山地地区，生态环境恶劣，不适宜人类的开发；且这些地区居民分散，生存条件恶劣，不便于他们生活水平的提高。实行异地生态移民，有利于生态脆弱区生态环境的恢复与保护，也有利于居民生活水平的提升。

◇课堂小结◇

这节课我们掌握了研究区域环境与区域经济发展关系的一般方法，懂得了自然地理环境对人类经济活动的深刻影响，探究了人类经济活动与自然地理环境和谐发展的方法。

◇课外拓展◇

收集资料，借鉴较为成功的经验，就"如何提升我国西南喀斯特峰丛山地的经济发展水平"这一问题，提出更多的合理化建议。

◇板书设计◇

问题研究：如何提升我国西南喀斯特峰丛山地的经济发展水平

一、我国喀斯特地区的自然地理环境与人文环境

1. 自然地理环境

亚热带季风气候区，降水丰富；峰丛广布，洼地狭小；山峰坡度陡峻，土层浅薄。

2. 人文环境

聚落散落在狭小的洼地；对外交通极其不便；雨涝晴旱，不利于农业生产；经济发展水平较低。

二、喀斯特地区石漠化的形成过程

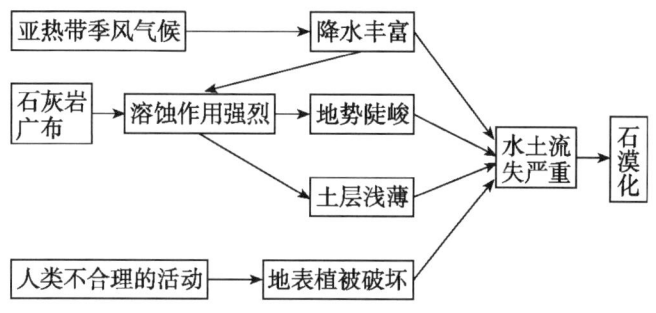

三、喀斯特地区山地生态农业模式

山顶布局水源林，陡坡布局水土保持林，缓坡布局经济林，洼地布局粮食作物。

※课后达标检测※

下图为我国西部地区主要生态功能保护区分布示意图。读图回答1—2题。

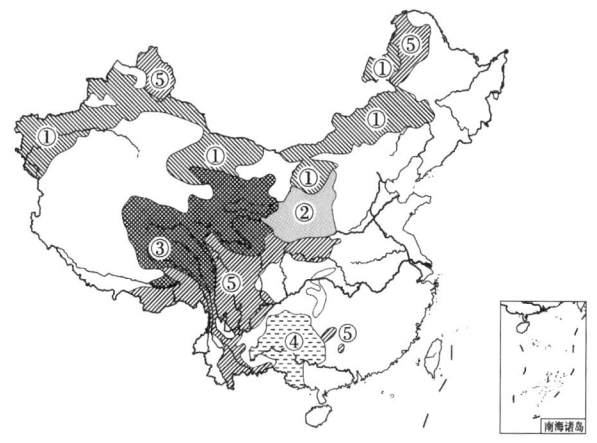

1. 图中①—⑤分别是（　　）
   A. 草原荒漠化防治区、水土保持区、江河水源涵养区、石漠化防治区、森林生态功能区

B. 水土保持区、草原荒漠化防治区、江河水源涵养区、森林生态功能区、石漠化防治区

C. 江河水源涵养区、水土保持区、草原荒漠化防治区、森林生态功能区、石漠化防治区

D. 石漠化防治区、水土保持区、草原荒漠化防治区、江河水源涵养区、森林生态功能区

2. 图中④功能保护区内生态问题的自然原因，叙述错误的是（　　）

A. 碳酸盐岩易淋溶，成土缓慢

B. 山高坡陡，地表崎岖

C. 年降水量丰富，暴雨频繁

D. 多冻雨灾害天气，侵蚀地表

我国荒漠化地区广布，如黄土高原水土流失、云贵高原石漠化、南方丘陵地区红漠化。据此回答3—5题

3. 云贵高原和黄土高原荒漠化的共同原因是（　　）

①石灰岩广布，土层发育浅薄　②植被遭破坏　③土层疏松、直立性较强　④降水强度大，多暴雨

A. ①②③　　　B. ②④　　　C. ①③　　　D. ②③

4. 江西省中南部山区"红色荒漠"形成的自然原因主要是（　　）

A. 风化作用　　B. 风蚀作用　　C. 水蚀作用　　D. 沉积作用

5. 江西省中南部山区"红色荒漠"形成的人为原因主要是（　　）

A. 滥伐森林　　B. 过度放牧　　C. 开山取石　　D. 环境污染

6. 下图示意我国黔西南某地区景观，该地区石漠化问题严重。读图回答下列问题。

(1) 说出形成该地区石漠化的自然原因。

(2) 为治理该地区生态环境问题，请提出合理的措施。

【参考答案】

1. A 2. D 3. B 4. C 5. A

6.（1）该地区属亚热带季风气候，降水丰沛而且集中；地形以山地高原为主，地势陡峻；人类不合理的经济活动，导致植被遭破坏，地表裸露；从而形成严重的水土流失，石头裸露，形成石漠化。

（2）建设薪炭林，多方面解决农村生活能源来源；减少对植被的破坏，提高植被覆盖率；积极发展山地生态立体农业，提高农民收入；实行封山造林、退耕还林，实施生态移民等措施。

第五章 植被与土壤

第一节 植被

教学内容分析

※**课标要求**※

1.10 通过野外观察或运用视频、图像,识别主要植被,说明其与自然环境的关系。

※**课标解读**※

通过不同的途径了解和识别主要的植被,并能分析植被与自然环境的关系。

※**教材分析**※

该节主要的内容是识别主要植被,并理解植被与自然环境的关系。这部分内容把高中地理1所学习的主要自然地理要素有机联系在一起,既对地理1中前几章的自然地理环境做了很好的总结,即自然地理环境是由大气圈(气候)、水圈(河流水文状况)、岩石圈(地形与土壤状况)、生物圈(自然带状况)的圈层构成的,是地球表层各种自然要素、人文要素有机组合而成的复杂系统,又为高一学生下学期地理2(人文地理)的学习奠定基础,某个区域的人文地理环境与人文地理活动是以自然地理环境为基础的。地理环境作为一个整体,是由自然地理环境和人文地理环境组成的,自然地理环境是区域开发的基础,本节涉及内容是联系自然地理与人文地理的纽带,起到了承上启下的作用。

※**学情分析**※

本节课内容综合性很强,对多数学生来说,理解容易但用语言描述难,因此需联系已有知识进行综合分析、整体理解。

※核心素养培养目标※

1. 通过掌握植被类型区域分布的一般规律，提高区域认知素养。（区域认知）

2. 掌握一定的科学研究方法（如归纳演绎法），根据收集到的资料对现象进行分析，对可能的影响和结果进行归纳演绎推理。体验地理事物和现象的形成过程，从中获取地理规律、培养综合思维。探寻植被类型与自然地理环境的关系。（综合思维）

3. 通过掌握植被类型的分布规律，以及应用植被类型与自然环境的关系，建立因地制宜的思想观念。（人地协调观）

4. 通过小组合作探究，让学生深入大自然中及收集相关的资料，提升地理实践力，并有利于学生更加直观地了解植被类型及深刻地理解其与自然环境的关系。（地理实践力）

※教学重难点※

1. 教学重点

识别主要植被类型并理解其与自然环境的关系。

2. 教学难点

植被类型与自然环境的关系。

※教学方法※

案例问题探究法。

※教学课时※

1课时。

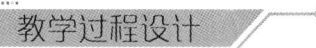

※课前预习※

课前各班分小组自主探究源于高中地理课程的研究性学习小（微）课题：分组观察身边主要的植被或通过查阅相关视频及图像等资料，识别主要的植被并分析其与自然环境的关系。

一、植被及分类

1. 植被的概念：指_____某一地区所覆盖的_____。

2. 植被的分类

(1) 可按_____划分，如天山植被、中国植被。

(2) 还可依_____划分，如森林植被、_____、_____、_____、_____、沼泽等。

二、植被类型及与自然地理环境的关系

分组（由小组长负责）观察身边主要的植被或通过查阅相关视频及图像等资料，识别主要的植被并分析其与自然环境的关系。

第一组：热带雨林；第二组：热带草原；第三组：荒漠；第四组：常绿硬叶林；第五组：温带落叶阔叶林；第六组：亚寒带针叶林。

以下区域张贴相应植被类型的景观图（或者准备相应的视频）。（可用电子稿）

此类植被类型的主要特征：_____。

与自然地理环境的关系：_____。

※课堂教学※

◇课堂导入◇

物竞天择，适者生存。2017年8月中旬，智利北部的沙漠地区出现罕见的丰沛降雨。之后，奇迹出现了，曾经不毛的沙漠，遍地野花绽放，俨然成为花的海洋。这片平常几乎看不到植物的"死亡之地"，为什么短时间内变成花的海洋？其他沙漠中会出现类似的现象吗？今天通过学习植被这一节内容，我们就会知道答案。

◇问题情境1◇

乞力马扎罗山

乞力马扎罗山位于赤道与南纬3°之间,是非洲最高的山脉,有"非洲屋脊"之称,主峰基博峰海拔5895米,是非洲最高点。它的山顶终年布满冰雪,近年来冰川消融现象非常严重。乞力马扎罗山地区生长、栖息着热、温、寒三带的野生动植物。乞力马扎罗国家公园被列入《世界文化与自然遗产保护名录》。

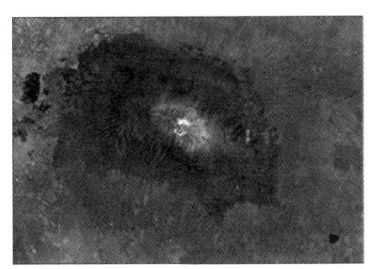 

乞力马扎罗山卫星影像(左)及景观(右)

◇问题探究1◇

分析左图山顶周边色彩多变化的原因。

[学生讨论、交流]

略

[教师引导归纳]

地表物质构成的差异、植被类型的差异。

◇追问◇

什么是植被?植被可以怎样分类?

[学生讨论、交流]

略

[教师引导归纳]

地球上任何植物都不是单独存在的，在一定环境空间内生长的同一种植物的个体集群，称为植物种群；生活在一定区域内的所有植物种群，则称为植物群落。陆地表面分布着各种类型的植物群落，如森林、灌丛、草原和荒漠等。覆盖地表某一区域的植物及其群落，称为植被。植被分为自然植被和人工植被。

[设计意图]

通过对乞力马扎罗山遥感影像的观察，让学生感知地表物质构成的差异。由此引入植被类型的概念及分类。

◇问题情境2◇

展示热带雨林的景观图及文字介绍（其余见教材）。

分布：热带雨林是地球上一种常见于赤道附近热带地区的森林生态系统，主要分布于东南亚、澳大利亚北部、南美洲亚马孙河流域、非洲刚果河流域、中美洲和众多太平洋岛屿。是在温暖多雨的热带自然形成的，富有厚茎藤本、木质和草质附生植物的常绿森林生物群落。

结构特征：（1）树木种类特别丰富；（2）树木非常茂密，树干高大挺拔，一般具有常绿的中型或大型羽叶；（3）大乔木具板状根，或具气生根及支柱根；（4）垂直方向层次多而分层明显；（5）下层植物常具有滴水叶尖及花叶现象；（6）常见有老茎生花现象的乔木；（7）附生和寄生植物发达，有叶面附生植物；（8）藤本植物发达，多为木质藤本，常为扁茎，并见有绞杀植物。

◇问题探究2◇

列表归纳总结：

类型	分布	气候环境	植被特征	代表树种
热带雨林				
常绿阔叶林				
落叶阔叶林				
亚寒带针叶林				
热带草原				
温带草原				
荒漠				

[学生归纳总结]

略

[教师引导归纳]

类型	分布	气候环境	植被特征	代表树种
热带雨林	热带雨林气候和热带季风气候区	终年高温多雨	森林呈深绿，树种丰富，垂直结构复杂，有藤本植物、附生植物，常见茎花和板根现象	椰子树、三叶橡胶树、可可树、金鸡纳树、见血封喉
常绿阔叶林	亚热带季风气候和亚热带湿润气候区	夏季炎热多雨，冬季温和且无明显干季	森林常绿，乔木多革质叶片，大部分植物花期集中在春末夏初。与热带雨林相比，垂直结构较简单，少板根和茎花现象	樟树、橄榄树
落叶阔叶林	温带季风气候和温带海洋性气候区	夏季炎热或温暖，生长季节达4—6个月；冬季寒冷并延续3—4个月，且降水适宜	乔木叶片宽阔，春季发芽，秋冬落叶	银杏树、桃树、梧桐

第二部分　问题式教学设计与案例

续表

类型	分布	气候环境	植被特征	代表树种
亚寒带针叶林	亚欧大陆和北美大陆亚寒带地区	夏季短促、温和，冬季漫长寒冷	植被以松、杉为主，叶片为针叶状，以抗旱抗寒	云杉、冷杉、落叶松
热带草原	热带雨林带南北两侧	全年高温，分干湿两季	湿季降水多，草原葱绿；干季4—6个月，降水少，草类枯黄。有的散生着乔木或灌木	草本植被、猴面包树
温带草原	亚欧大陆和北美大陆内部	夏季温暖；冬季漫长，寒冷干燥	草原夏绿冬枯，植被高度较热带草原低，也会见到一些矮小的灌木	草本植被为主
荒漠	热带至温带	气候干旱地区	以旱生灌木为主，具有忍耐长期干旱的形态和结构，也有些非旱生的短命植物	仙人掌

[设计意图]

通过阅读和列表归纳有利于加强学生自主学习的意识，提升其阅读和归纳能力，同时通过对比加强学生对不同植被的了解和辨别。

◇问题情境3.1◇

展示世界及中国植被类型分布图（图略）。

※问题探究3.1※

读世界植被类型分布图和中国植被类型分布图，完成下列各题。

(1) 亚欧大陆东岸由赤道到北极陆地植被类型是如何变化的？请依次写出：_____、_____、_____、_____、_____、_____等，为什么？

(2) 从南美洲西岸的赤道到南极陆地植被类型是如何变化的？请依次写出：_____、_____、_____、_____、_____、_____等，为什么？

(3) 中国东部地区由南向北陆地自然植被是如何变化的？请依次写出：_____、_____、_____、_____等，为什么？

(4) 从中国的北京向西一直到同纬度附近的塔里木盆地陆地自然植被是如何变化的？请依次写出：_____、_____、_____等，为什么？

(5) 通过上述问题，可以得出世界陆地植被有何分布规律？

［学生讨论、交流］

略

［教师引导归纳］

自然地理环境的差异会导致植被类型的差异。在水平方向上，由赤道到两极，主要由于热量条件的差异，导致了植被类型的差异，植被类型呈现东西方向延伸，南北方向更替的规律。由沿海到内陆，主要由于水分条件的差异，导致了植被类型由沿海到内陆呈现了由森林到草原到荒漠的变化，植被类型呈现南北方向延伸、东西方向更替。在水平方向上，由于自然地理环境的差异导致了植被类型的差异。那么在垂直方向上植被类型有没有差异呢？

◇问题情境 3.2◇

展示珠穆朗玛峰山麓到山顶植被类型分布图。

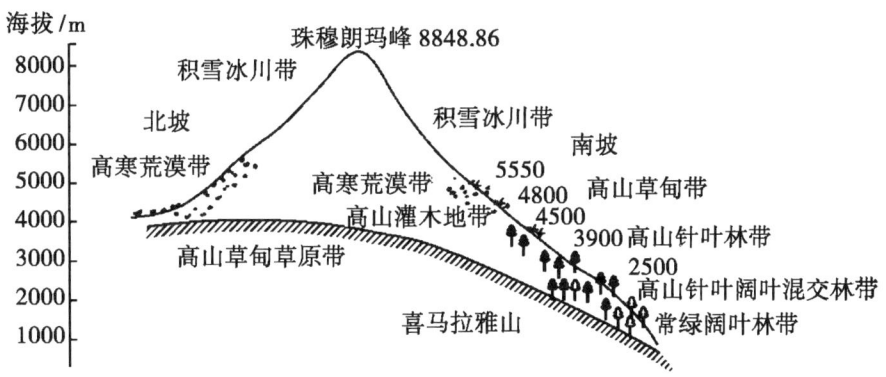

◇问题探究 3.2◇

(1) 喜马拉雅山脉南坡由山麓到山顶植被类型是如何变化的？请依次写出：_____、_____、_____、_____、_____、_____等，为什么？

(2) 通过分析可以得出山地植被分布有何规律？

［学生讨论、交流］

略

◇教师引导归纳◇

从山麓到山顶,由于水热条件的变化,导致了植被类型的差异。植被类型呈现水平方向延伸,垂直方向更替的规律。

[设计意图]

通过上述两组分布图观察及分析,让学生了解自然植被的分布规律,同时也能让学生更好地理解导致植被类型宏观差异的主导因素主要有热量和水分。

◇问题情境 4.1◇

我国的祁连山地长有"阴阳脸"(如下图),即一侧山坡林木葱郁("阴脸"),另一侧山坡草地青翠("阳脸")。

◇问题探究 4.1◇

结合上述材料,试着分析产生"阴阳脸"的原因。

◇问题情境 4.2◇

下图为龙岩市红尖山(海拔 1440 米左右)秋冬季景观图。

◇问题探究 4.2◇

对比上图中 A、B 两区域，发现植被有何差异？试分析原因。

◇问题情境 4.3◇

下图为塔里木河河畔的胡杨林景观图。

◇问题探究 4.3◇

上图中在干旱沙漠地区的河畔长出了郁郁葱葱的胡杨林，请分析原因。

[学生讨论、交流]

略

[教师引导归纳]

祁连山区总体气候较为干旱，地表较为缺水，山体的阳坡光热较充足导致蒸发较强，加剧了地表的干燥程度，所以地表以草类植被为主；而阴坡地表的水分条件较好，以森林为主。龙岩的红尖山地处亚热带湿润区，图中 A 地位于山体的陡坡上，水土流失较明显，土层较薄瘠，主要以灌木草类植被为主；而 B 地位于山体的沟谷当中，水土条件较好，以森林植被为主。干旱沙漠地区的河畔由于有较丰富的水源（土壤水分较充足）所以长出了森林。由此可见，影响植被类型的因素除了气候还有地形、土壤、水源等因素。可以说自然植被类型和特征是对当地自然地理环境（气候、地形、水源、土壤）特征长期适应的结果，自然植被的类型和特征也就反映了当地的自然地理环境特征（例如：苔藓能反映阴湿环境，铁芒萁能反映酸性土壤环境，碱蓬能反映碱性土壤环境），同时植被对当地的自然环境也有影响，两者之间相互作用、相互影响。

[设计意图]

通过小尺度地表植被类型的差异分析，让学生能够更好地理解地表植被类型和特征的差异的影响因素不但有大尺度的气候因素，还有比较微观的地形、水源和土壤等因素。

◇问题情境 5◇

根据教材 85－86 页红树林的材料（材料略），结合红树林所处地区环境，讨论红树林如何适应环境。

◇问题探究 5◇

(1) 针对红树林植物的特点，分析说明其适应的环境条件。

(2) 说明红树林对所在海岸地区生态环境的意义。

［学生讨论、交流］

略

［教师引导归纳］

(1) 对环境的适应性：可以从发达的根系、"胎生"和"半胎生"、叶片的适应性三方面介绍红树林对沿海滩涂多水、缺氧、松软且含盐量高的土壤自然环境适应性表现。

(2) 生态意义：①红树林是生物的理想家园。由于红树林具有热带、亚热带河口地区湿地生态系统的典型特征以及特殊的咸淡水交叠的生态环境，为众多的鱼、虾、蟹、水禽和候鸟提供了栖息和觅食的场所。因此，红树林有着丰富的生物资源和物种多样性。红树林是候鸟的重要中转站和越冬地。据统计，每年在深圳湾红树林湿地停歇和觅食的冬候鸟及过境鸟约有 10 万只，超过 190 种。②天然的海岸防护林。红树植物的根系十分发达，盘根错节屹立于滩涂之中。红树林对海浪和潮汐的冲击有着很强的适应能力，可以护堤固滩、防风浪冲击、保护农田、降低盐害侵袭，对保护海岸起着重要的作用，为内陆的天然屏障，有"海岸卫士"之称。③净化海水。红树林可净化海水，吸收污染物，降低海水富营养化程度，防止赤潮发生。④促淤造陆。红树林在海滩上形成了一道樊篱，发达的支柱根加速了淤泥的沉积作用。随着红树群落向外缘发展，陆地面积也逐渐扩大。

◇追问◇

植被还有哪些生态环境功能？（植被对自然地理环境还有哪些影响？）

［学生讨论、交流］

略

[教师引导归纳]

植被经过长期作用能使区域地理环境朝着一定方向改变。森林植被具有调节气候、净化空气、涵养水源、保护生物多样性、保持水土和抵御风沙等作用。森林植被的破坏会引起局地气候的显著变化，使降水减少、空气干燥、气温年较差增大和水土流失加剧，甚至导致区域的沙漠化。草原也具有保持水土和防风固沙的作用。过度放牧会引起草场退化，植被覆盖度减小，最终导致局地沙漠化。植树造林、退耕还林（草）、退牧还草对改善区域生态环境起着重要作用。

[设计意图]

通过教材活动题的分析和拓展。进一步明确自然地理环境与植被之间相互影响、相互作用的关系。

◇课堂小结◇

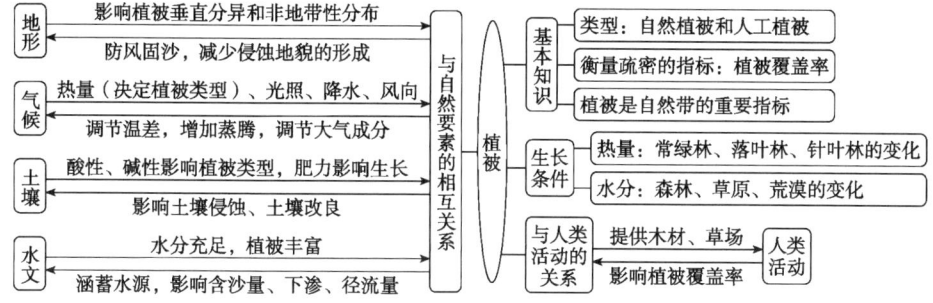

◇设计感悟◇

本节课的教学设计紧扣课程标准的要求，在教学过程中充分体现了学生学习的主体性。通过课前预习部分，让学生自主完成课标要求的识记部分。通过课堂问题探究部分，让学生通过观察、对比，发现问题，并分析问题，高效地解决本节课的重难点。教师在教学的过程中以引导为主，并注重归纳总结，有利于提高课堂效率。由于本节课的内容的拓展性很强，涉及的知识体系也较为综合，在教学设计中如何更高效地进行整合，还有待进一步完善。

※课后达标检测※

下图是我国著名林木景观示意图，读图回答1—2题。

甲．大漠胡杨　　　乙．兴安林海　　　丙．海南椰树　　　丁．黄山迎客松

1. 下列有关图中各景观所在地区自然环境的叙述，正确的是（　　）

    A．甲——冬冷夏热，光照充足　　B．乙——雪域高原，冻土广布

    C．丙——土壤肥沃，黑土广布　　D．丁——风力侵蚀，千沟万壑

2. 下列有关图中各地林木主要特征及成因的叙述，正确的是（　　）

    A．甲根系发达——常年太阳辐射强

    B．乙叶呈针状——常年降水丰富

    C．丙四季常青——常年温度较高

    D．丁生长旺盛——常年高温多雨

下图为某种植被类型在我国的主要分布图（数字为面积占全国比例）。读图回答3—5题。

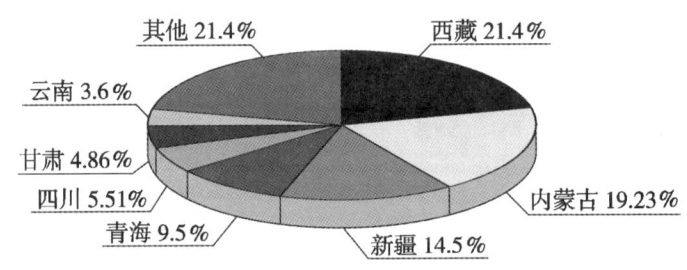

3. 该植被类型最可能是（　　）

    A．草地　　　B．落叶林　　　C．荒漠　　　D．阔叶林

4. 该植被的类型和产量取决于（　　）

    A．气温高低　　　　　　B．降水多少

    C．地表形态　　　　　　D．人类活动

在低山地区，植物的分布并不完全一样，最显著的差异表现在阴阳坡的不同。某地理实习小组，对我国北方某低山区（年降水量490毫米，海拔500米）进行了植被生长与分布状况的实地调查，结果如下表。据此回答5—6题。

	覆盖度	茂盛度	植物种类	代表植物高度
甲坡	30%	中	荆条、野瑞香、黄栌、胡枝子、白艾草	荆条0.6米 黄栌0.5米
乙坡	70%	强盛	荆条、黄栌、蚂蚱腿子、小叶苦栎、野瑞香、柔毛绣线菊、胡枝子、羊胡子草、柴胡、山丹、铁杆蒿、卷柏地衣	荆条2米 黄栌1.5米

5. 据提供的信息可断定，甲坡为（ ）

  A. 针叶树种为主的阴坡　　　B. 阔叶树种为主的阳坡

  C. 草本植物为主的阴坡　　　D. 灌木植物为主的阳坡

6. 乙坡植被优于甲坡，主因归结于（ ）

  A. 热量适宜　　　　　　　　B. 植物种类优势

  C. 土壤肥沃　　　　　　　　D. 水分条件较好

7. 地理环境特征既有整体性，又有差异性；自然景观的分布既有地带性，也有非地带性。下图是非洲自然带分布简图和非洲三地气温、降水量图，读图回答下列问题。

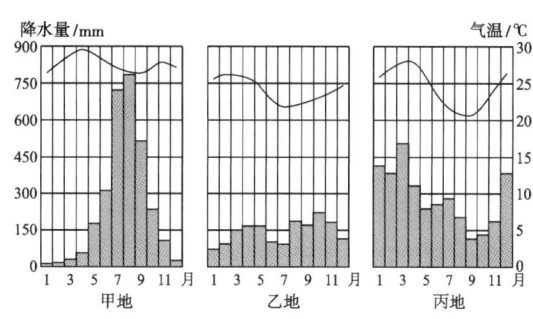

（1）从气候、地形、水文、植被要素的相互联系，说明乙地地理环境的整体性特征。

（2）甲、乙两地虽然气候类型相同，但两地的植被景观却略有差异。从两地全年降水分配差异的角度分析造成这种差异的原因。

（3）丙地虽然远离赤道，但自然带类型却与甲、乙两地相同，简析其原因。

8. 下图甲为非洲某区域图，乙为乞力马扎罗山地的垂直自然带图。乞力马扎罗山的森林带主要分布在海拔1700—3000米的高度范围，在森林带以下和以上分别为热带草原带和高山草甸带，分别分析这两地没有分布森林的原因。

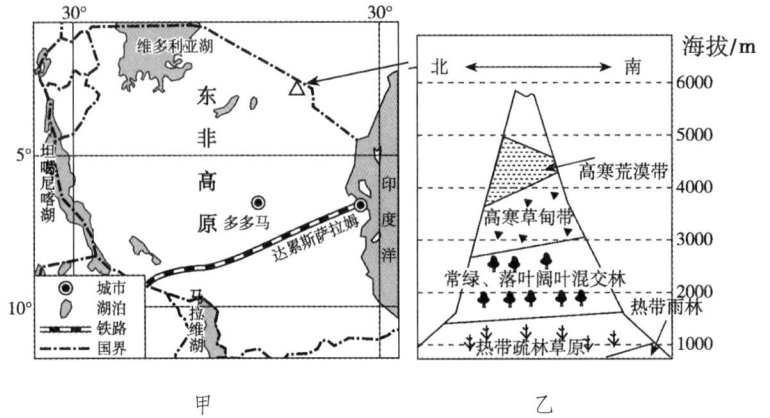

甲　　　　　　　　　　　乙

【参考答案】

1. A 2. C 3. A 4. B 5. D 6. D

7.（1）该地属于热带雨林气候，终年高温多雨，位于刚果盆地，地势低平，这种气候和地形条件，造就了流量丰富的刚果河水系；湿热气候又为热带雨林植被的发育提供了良好的条件，从而形成了该地的地理环境整体性特征。

（2）甲地降水年内分配差异较大，7、8、9月多，12、1、2月少；而乙地全年降水均匀，因此造成两地植被景观的差异。

（3）该地处于迎风坡，终年受东南信风带来的海洋水汽影响；沿岸有马达加斯加暖流常年流经，因此丙地自然带类型与甲、乙两地的相同。

8. 森林带以上海拔高，气温低，不适合森林的生长。森林带以下海拔低，水汽不易抬升，降水较少，气温高，蒸发旺盛，水分条件较差，不适宜森林生长。

第二节　土壤

教学内容分析

※课标要求※

1.9　通过野外观察或运用土壤标本，说明土壤的主要形成因素。

※课标解读※

本条要求突出了地理实践力的培养。观察土壤的场所包括野外观察和室内土壤样本的观察。

野外观察可与其他自然环境的野外考察结合起来，要求学生在尽可能多的地方采集不同的土样，也可以让家在农村的学生去采集土样，并拍摄采集地的照片或视频。室内观察主要指课堂上学生观察土壤样本、相关的图片和视频。

土壤剖面可以表示土壤的外部特征，包括土壤的若干层次、颜色、质地等，这也是观察的主要内容。挖土壤剖面工作量大，可以去野外施工地找现成的，或利用土壤剖面图片观察。

土壤形成因素包括母质、生物、气候、地形、时间、人类活动等，可以结合学生观察到的具体土壤学习，同时要结合观察地的地质、气候、植被、地形等地理背景，分析、推测土壤是怎样形成的。

为了让学生更深刻地认识土壤的形成因素，要补充一些具体区域的土壤分布及特征与地理环境的关系的案例，创设情境让学生分析，培养学生的区域认知与综合思维素养。

※教材分析※

本节内容教材介绍了土壤的组成、如何观察土壤、土壤的形成因素、土壤的功能和养护。

土壤是组成自然地理环境的要素之一，土壤的形成是各个自然要素及人类活动相互作用的结果，认识土壤的形成因素是本节课的重点，理解和分析不同区域土壤性质的差异是本节课的难点。

※学情分析※

学生初中学习的有关气候、地形、土壤知识以及高中《地理 必修 第一册》前面章节学习的有关岩石圈、生物等知识为学习本节课内容提供了一定的知识储备。

学生中有一部分是家在农村的，可以让他们在节假日去野外采集土样，拍摄相关视频和照片。

※核心素养培养目标※

1. 学生室内观察土壤样本和土壤剖面图片、视频，学会观察土壤，认识土

壤的组成。(地理实践力)

2. 结合观察土壤样本及取样点的地理环境，分析、推测土壤中的有机质、成土母质与植被、基岩的关系。(综合思维、地理实践力)

3. 通过认识海南岛土壤的分布，理解气候、地形对土壤分布的影响。(区域认知、综合思维)

4. 分析我国西南云贵高原石漠化现象，认识人类活动对土壤的影响，认识土壤的功能。(人地协调观、综合思维)

5. 根据黄淮海平原的气候特征理解当地土壤盐分的季节变化规律，同时为盐碱地改良提建议。(综合思维、地理实践力)

※**教学重难点**※

1. 教学重点

(1) 通过观察土壤剖面，结合观察地的地质、气候、生物、地形等地理要素，分析、推测土壤的成因。

(2) 认识土壤的功能和土壤养护的方法。

2. 教学难点

(1) 学生学会观察土壤标本和土壤剖面。

(2) 理解黄淮海平原盐碱地的水盐运动规律和盐碱地的综合治理方法。

※**教学方法**※

问题式教学法、启发式教学法、观察法。

※**教学课时**※

2课时。

教学过程设计

※**课前预习**（第1课时）※

一、布置学生课前阅读教材，完成预习案

1. 土壤通常指_____表层具有一定_____，能够生长植物的疏松表层，由_____、_____、_____和空气四种物质组成。

2. 野外对土壤的观察，一般从_____、_____、_____等方面进行。

3. 自然土壤剖面从上到下一般为有机层、_____、淋溶层、_____、_____、母岩层。

4. 土壤是环境各要素综合作用的产物。土壤的主要形成因素包括_____、_____、_____、地貌、时间、人类活动等。

二、课前准备

1. 学生：塑料薄膜手套、牙签。

2. 教师：土壤标本，红壤和水稻土土样，红壤剖面照片、视频。

※课堂教学（第1课时）※

◇问题探究1◇

学生分组观察土壤标本以及师生在当地采集的红壤样本和水稻土样本，观看实地拍摄的红壤剖面视频和照片。

土壤标本

红壤剖面

[观察要求]

（1）观察不同土壤标本的颜色。

（2）用牙签从红壤和水稻土样本中选出大小不同的颗粒物，比较红壤和水稻土颗粒物的差别；用手捏红壤和水稻土样本，感觉土壤质地的差异。

（3）观察红壤剖面照片和视频。

[学生观察思考，分组讨论，小组代表回答]

略

［教师归纳总结］

（1）不同的土壤颜色不一样，有些土壤就是用颜色来命名的，如红壤、紫色土、黑土等。

（2）红壤颗粒物更小，黏粒更多，容易黏手；水稻土所含砂粒、粉砂、黏粒比例适中，捏起来较疏松、颗粒较粗。

（3）红壤剖面最上部有一些枯草落叶部分分解的有机碎屑层，叫有机层；往下有薄薄的一层颜色呈灰黑色的土层，叫腐殖质层；再往下有厚厚的一层红色土壤为淋溶层和淀积层（这两层从照片上观察区别不大）；继续往下有岩石风化碎屑，为母质层；最下部为坚硬的母岩层。

［设计意图］

让学生学会从土壤颜色、土壤质地和土壤剖面构造观察土壤，培养学生的观察能力。

◇问题探究2◇

学生观看教师实地拍摄的红壤剖面视频和照片，思考以下问题。

（1）红壤剖面表层是什么颜色？从上到下的颜色有何变化？推测颜色变化的原因。

（2）红壤剖面从上到下组成物质颗粒大小有何变化？推测其原因。

（3）据观察推测该地红壤与成土母质的关系。

［学生观察思考，分组讨论，小组代表回答］

略

［教师归纳总结］

（1）土壤剖面中的表层土壤带有黑色，而向下黑色迅速变为红棕色。原因：土壤带有黑色是因为含有机质，有机质是由于枯草、落叶、根部腐烂变成的，而枯草、落叶在地表，根部主要在土壤表层，因此土壤表层的有机质多，颜色更黑。

（2）土壤剖面的组成物质上部较细，往下部则混合着砂砾、岩砾，颗粒变粗，最下部则为坚硬的岩石。原因：土壤中的矿物质颗粒物是出露地表或接近地表的岩石（观察地的基岩为花岗岩）风化形成的，越接近地表风化越快，岩石的风化物颗粒更小，而埋在深处的岩石的风化慢，风化形成的颗粒更大。

（3）综上所述，观察地的基岩（花岗岩）的风化物——成土母质是形成土

壤的基础。

[设计意图]

让学生认识土壤的形成与生物、成土母质的关系。培养学生的观察能力、地理推理能力。

◇问题探究3◇

学生阅读下列材料，回答下列问题。

材料一　生物对土壤形成的作用（生物循环）示意图（见教材图5.19，图略）。

材料二　生物对母质的改造作用，一是有机质的积累过程。植物吸收养分，合成有机质，在母质中不断积累。有机质在微生物作用下转化为腐殖质，它能释放土壤母质所没有的氮素养分，并促使"一盘散沙"的土壤颗粒发生团聚，改善母质性状，形成土壤肥力。二是养分元素的富集过程。矿物质分解释放的元素很容易被淋失，而植物根系能有选择地吸收营养元素，储存在生物体内，并随生物残体的分解又释放到土壤表层。这种生物循环不断进行，其他元素逐渐淋失，而养分元素则在土壤表层富集起来。

材料三　在土壤中，蚯蚓在将腐殖质混合于其他物质中起着非常重要的作用。当蚯蚓在土壤中挖掘、吃土时，它们将腐殖质带到表土层下部。蚯蚓排出它们所吃的土壤，蚯蚓排泄的土壤具有植物生长所需要的丰富的物质，如氮。

许多穴居哺乳动物如老鼠、鼹鼠等破开坚硬而致密的土壤，并混合腐殖质。这些动物的排泄物也增加了土壤的氮，死亡时增加了土壤中的有机物质。

蚯蚓和穴居动物也有助于土壤的通气，将空气混入土壤，增加了植物根部需要的氧。

(1) 说明土壤腐殖质的形成过程中生物的作用。

(2) 说明土壤养分元素富集过程中生物的作用。

(3) 说明动物如何影响土壤的形成和养分元素。

[学生观察思考，分组讨论，小组代表回答]

略

[教师归纳总结]

(1) 植物吸收养分合成有机质，植物提供的落叶、死亡的根等在微生物的分解作用下转化为土壤中的腐殖质。

（2）矿物质分解释放的元素很容易被淋失，而植物根系能有选择地吸收营养元素，储存在生物体内，并随生物残体的分解又释放到土壤表层。这种生物循环不断进行，其他元素逐渐淋失，而养分元素则在土壤表层富集起来。

（3）蚯蚓和穴居动物能够将腐殖质混合于其他物质中，它们的排泄物增加了土壤中的氮；这些动物也有助于土壤的通气，将空气混入土壤，增加了植物根部需要的氧。

[设计意图]

让学生认识生物对土壤腐殖质形成过程、土壤养分元素富集过程的作用，培养学生的综合思维。

◇问题探究 4◇

学生阅读材料，回答下列问题。

材料一 砖红壤发育在热带雨林或季雨林环境下；燥红土是在热带干热地区稀树草原环境下形成的；赤红壤又称为砖红壤性红壤，发育在南亚热带常绿阔叶林环境下，具有红壤与砖红壤的过渡性质；黄壤发育于亚热带常绿阔叶林环境下，与红壤属同一纬度带，但黄壤分布在多云雾、水分条件较好的地区。

材料二 下面两幅图分别为海南岛土壤类型分布图和海南岛地形及年降水量分布图。

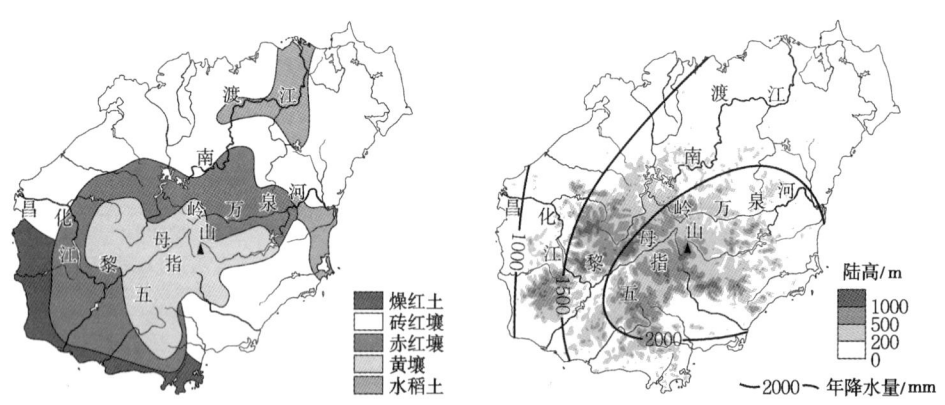

（1）据图归纳海南岛土壤类型的空间分布特点。

（2）燥红土分布在海南岛西南部的主要原因是什么？

（3）议一议，海南岛地处热带，属热带季风气候，为什么发育有亚热带的土壤？

[学生观察思考，分组讨论，小组代表回答]

略

[教师归纳总结]

（1）（因为海南岛水平地带性气候为热带气候）地带性土壤为砖红壤，因海南岛地势中间高四周低，土壤分布以中南部山地为中心向四周递变。

（2）燥红土是在热带干热地区稀树草原环境下形成的，海南岛西南部位于山地的背风坡，降水较其他地区少。

（3）海南岛地处热带，中部为山地，热量条件类似于亚热带。

[设计意图]

让学生认识气候、地形对土壤形成的作用，培养学生的综合思维。

◇课堂小结◇

本节课我们认识了土壤的组成，学习了从颜色、质地、剖面构造等方面观察土壤，探究了成土母质、生物、地形、气候等影响土壤形成的因素。

※课前预习（第2课时）※

布置学生课前阅读教材，完成预习案

1. 土壤发育的时间越长，土壤层越_____，土层分化越_____。

2. 土壤为植物生长提供了_____的条件，从而使地球表面因着生绿色植物而生机盎然，促使地理环境以至地球面貌发生了根本的改变。有了绿色植物，动物才有了_____来源，而土壤本身也是许多动物和微生物_____的场所和_____来源。

3. 土壤具有重要的_____、_____功能。土壤水是陆地水体的一部分。大气降水的一部分储存在土壤中，既有效减少_____，又可以持续提供植物所需的水分。正因为如此，农作物可以抵御适度的旱情。

4. 即使是优良的土壤，人们也会注重种养结合，以保持土壤持续提供高效_____的能力。这方面常用的方法有休耕、_____、_____、广施农家肥等。

※课堂教学（第2课时）※

◇**课堂导入**◇

上节课我们学习了成土母质、生物、地形、气候等因素对土壤形成的影响，这节课我们继续探讨地貌、时间、人类活动等因素对土壤形成的影响，并且还要了解土壤的功能与养护。

◇**问题探究1**◇

阅读教材第91页的"土壤的主要形成因素"气候部分的内容，讨论：有人认为，热带地区的土壤比温带和寒带地区的要深厚，土壤有机质含量也要丰富。这种说法有道理吗？说明你的判断理由。

[学生分组讨论，小组代表回答]

略

[教师归纳总结]

岩石风化的强度和速度与温度、降水量呈正相关，因此，湿热地区的土壤形成速度比干冷地区快得多。冷湿环境有利于土壤有机质积累，而干旱、高温地区土壤有机质积累少。

[设计意图]

认识气候因素对土壤的发育程度、土壤有机质及土壤养分的影响。

◇**问题探究2**◇

阅读我国西南云贵高原石漠化的有关材料，回答下列问题。

材料一 石漠化，亦称石质荒漠化，是指因水土流失而导致地表土壤损失，基岩裸露，土地丧失农业利用价值和生态环境退化的现象。我国西南云贵高原石灰岩广布，由于大面积的陡坡开荒等人类不合理的活动造成自然植被大量减少，造成地表裸露，加上喀斯特石质山区土层薄，基岩出露，暴雨冲刷力强，大量的水土流失后岩石逐渐凸现裸露，从而呈现出石漠化现象。石漠化山地岩石裸露率高，土壤少，贮水能力低，岩层漏水性强，水旱灾害频发。石漠化造成云贵高原山穷、水枯、林衰、土瘦，给西南地区人们的生存亮起了红灯，制约了西南地区的发展。

材料二 下图是云贵高原石漠化景观图。

(1) 为什么石漠化造成云贵高原山穷、水枯、林衰、土瘦?
(2) 从云贵高原石漠化的危害可以看出土壤有哪些功能?
(3) 云贵高原石漠化这一生态问题给我们人类利用土壤什么启示?

[学生思考,分组讨论,小组代表回答]
略

[教师归纳总结]

(1) 云贵高原的石漠化造成当地土层变薄甚至缺失,土壤肥力下降,基岩裸露,自然植被难以生长,土地丧失农业利用价值,土壤蓄水、保水能力下降,易出现旱涝灾害,整个生态环境恶化。

(2) 土壤为植物生长提供了扎根立足的条件,有蓄水、保水功能,是人类发展农业的物质基础。

(3) 开发利用土壤资源要因地制宜,要合理利用和保护,要保持土壤功能的可持续性。

[设计意图]

认识人类活动对土壤的影响,让学生认识土壤为植物生长提供了扎根立足的条件,有蓄水、保水功能,是人类发展农业的物质基础,人类在利用土壤的同时要养护土壤,培养学生的人地协调观。

◇问题探究3◇

阅读教材"案例":我国黄淮海平原盐碱地的综合治理,结合以下材料,回答下列问题。

材料一　下图是土壤盐碱化示意图。

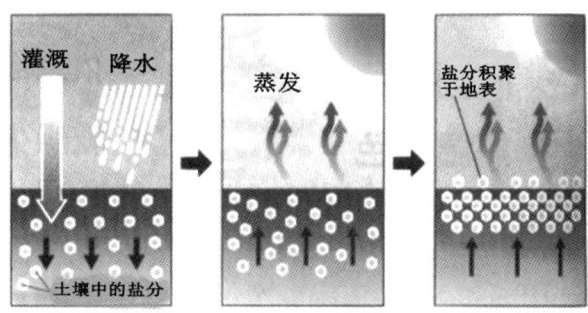

材料二　下图是黄淮海平原（温带季风气候）的气温、降水统计图。

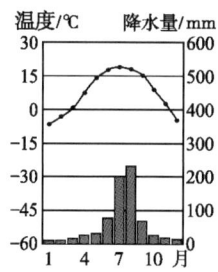

（1）为什么山东禹城北丘洼具有春秋返盐、夏季淋盐、冬季盐分相对稳定的特征？

（2）山东禹城北丘洼的盐碱地综合治理的有效措施有哪些？

[学生思考，分组讨论，小组代表回答]

略

[教师归纳总结]

（1）当地为温带季风气候，春秋两季降水少，气温较高，蒸发旺盛，盐分随水沿土壤孔隙上升到地表，水分蒸发后，大量盐分在土壤表层积累。夏季为雨季，表层土壤的盐分被雨水淋洗，盐分较低。冬季降水少，盐分不易被淋洗，但气温低、蒸发弱，因此土壤表层的盐分稳定。

（2）对北丘洼的盐碱地综合治理的关键是调节和控制水盐运动，有效措施有：①引淡水灌溉，降低作物土壤根区含盐量；②抽取井中盐水，补充井里的淡水；③选择适当覆盖物，抑制蒸发返盐；④营造防护林带，果、椿、棉间作等。

[设计意图]

理解黄淮海平原水盐运动规律,认识如何对盐碱地进行改良。

◇课堂小结◇

土壤是地理环境的重要组成要素之一,它处于岩石圈、水圈、大气圈和生物圈相互紧密接触的地带。土壤的形成是由成土母质、生物、气候、地形、时间等因素共同作用的结果。土壤是人类种植农作物的物质基础,合理利用和保护土壤对人类的生存和发展至关重要。

◇拓展延伸◇

阅读教材"自学窗":地方病与土壤,思考以下问题。

(1)地方病的产生与土壤的关系。

(2)如何防治地方病?

◇板书设计◇

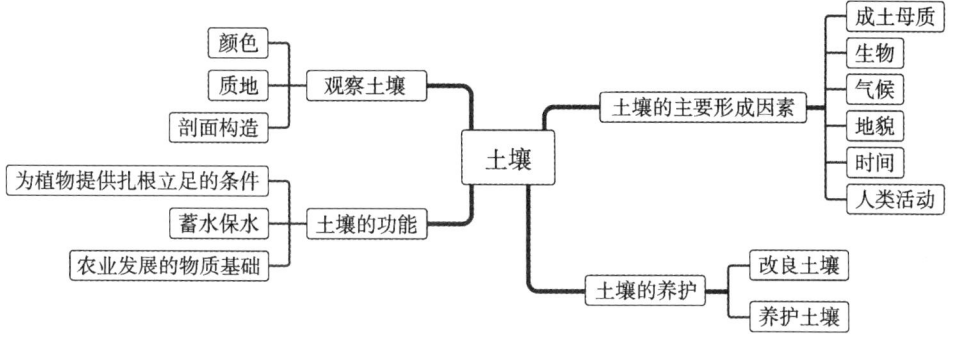

◇设计感悟◇

本节内容的设计着重引导学生通过观察土壤,认识土壤的颜色、质地、剖面结构,理解土壤的成因,同时通过创设情境,设计问题,让学生逐步认识成土母质、生物、气候、地貌、时间、人类活动等因素对土壤形成的影响,让学生认识土壤的功能与养护的措施。学生在观察、问题发现和问题解决过程中学习了新的知识,地理实践力、综合思维、人地协调观等地理核心素养得到了培养。

※课后达标检测※

下图是各种成土因素作用示意图。读图回答1—2题。

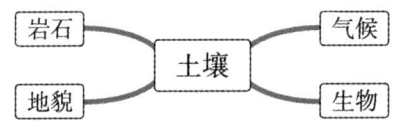

1. 下列叙述正确的是（　　）

    A. 岩石主要影响土壤的土层厚度、水热条件

    B. 气候主要影响土壤的水热状况、理化性质

    C. 生物主要影响土壤的发育程度、矿物养分

    D. 地貌主要影响土壤的质地特征、肥力特征

2. 土壤中的许多化学元素离开原来的位置，并改变原来的存在形式，在土壤上层富集，这是（　　）

    A. 岩石的作用　　B. 气候的作用　　C. 生物的作用　　D. 地形的作用

王教授在日记中写道："早晨出门，天昏暗，强劲的东风刺骨寒冷，气温在－40 ℃以下。这个季节，在我的家乡江南丘陵，乡亲们大概正忙着收割早稻呢。"据此回答3—4题。

3. 王教授家乡的自然土壤是（　　）

    A. 灰化土　　　B. 棕壤　　　C. 红壤　　　D. 砖红壤

4. 在王教授家乡的气候环境下发育而成的自然土壤应该具有的特征是（　　）

    A. 有机质含量高　　　　B. 多为黑褐色

    C. 多呈碱性　　　　　　D. 多呈酸性

5. 下图是甲、乙两地生态系统的养分循环示意图。甲地与乙地的土壤相比较（　　）

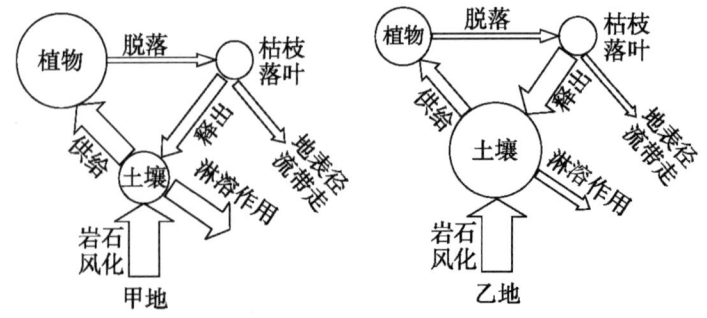

圆圈大小反映养分储量的多少，箭头精细表示物流量的大小

A. 甲、乙两地的土壤养分来源相同

B. 甲、乙两地的土壤有机质含量相同

C. 甲地的土壤比乙地肥沃

D. 甲、乙两地的土壤矿物质含量相同

研究土壤水分的空间分布特征对农业生产、植被恢复和土地的合理利用等具有重要的指导意义。下图为黄土高原某沟壑区不同坡度和坡向的土壤水分含量剖面分布图。据此回答 6—7 题。

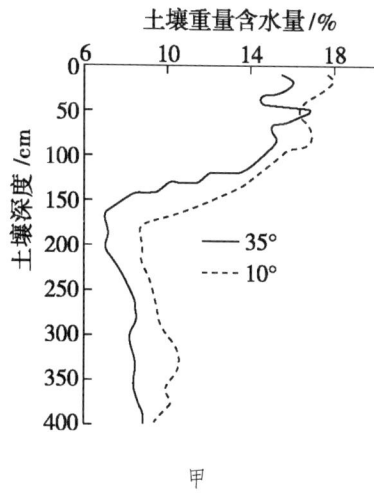
甲

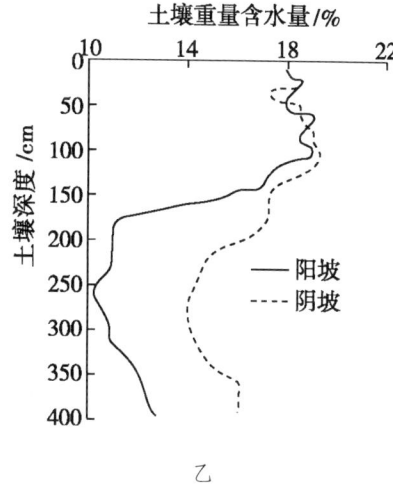
乙

6. 图甲表明，随着坡度的增加（   ）

   A. 土壤剖面相同深度含水量增加

   B. 土壤总的储水能力提高十分显著

   C. 地表径流下渗补给的能力降低

   D. 降水后形成地表径流减少明显

7. 从土壤水分条件看，黄土高原沟壑区植被生长条件较好的是（   ）

   A. 阳坡　缓坡

   B. 阳坡　陡坡

   C. 阴坡　陡坡

   D. 阴坡　缓坡

8. 读下图,回答下列问题。

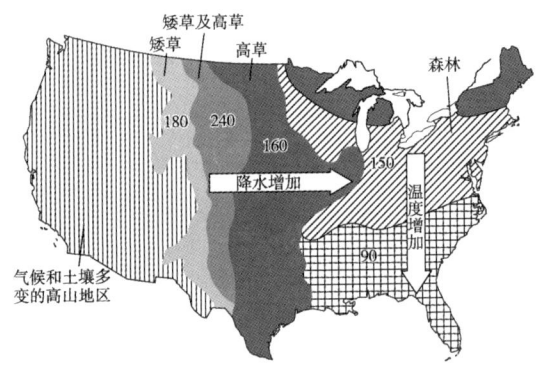

美国本土土壤有机质含量与气候和植物的关系

[图中数字单位:每4047平方米101.6厘米土层中有机质的质量(吨)]

(1) 此图说明了土壤中有机质含量与_____和_____两种因素的关系。

(2) 在中部的大平原上,由西向东,随着_____的增加,草类生长旺盛,土壤有机质含量不断_____。

(3) 在降水更多的东部地区,植被演变为_____,由于这种植被能提供的枝叶少于草类,土壤中的有机质明显_____。

(4) 由于东部地区由北向南温度增加,尽管生长季节变长,生物生产量增加,但土壤中有机质含量仍有所下降,试分析原因。

【参考答案】

1. B 2. C 3. C 4. D 5. A 6. C 7. D

8.(1)气温 降水

(2)降水量 提高

(3)森林 减少

(4)温度升高后有机质分解加快,有机质淋失。

问题研究　如何让城市不再"看海"

教学内容分析

※**课标要求**※

1.9　通过野外观察或运用土壤标本，说明土壤的主要形成因素。

※**课标解读**※

本问题研究的内容要求运用水循环的原理，结合土壤与人类生产和生活的关系，分析城市内涝原因。在水循环和土壤这两个章节知识的基础上，通过城市内涝这个实践案例的分析，可以加强学生对相关知识的运用和延展，能够提高学生运用地理要素相互作用的原理进行分析的综合思维素养，以及能够逐步形成运用考察、实验、调查等方式进行科学探究的意识和能力。

※**教材分析**※

本节课是人教版高中《地理　必修　第一册》第五章的问题研究，是课外的延伸思考，也是学生自主探究的一次很好机会。本节课内容方面，主要通过介绍我国城市内涝问题，引出城市洪水和土壤功能缺失的关系，接着借鉴国际案例"雨水花园"和国内案例"海绵城市"，让学生自主探究我国城市洪水问题的解决途径。通过收集资料和实地调研，小组成员之间合作探究，培养学生的资料收集、分析、整理能力与小组合作能力，培养学生的探究精神。

※**学情分析**※

"如何让城市不再'看海'"是本节课的问题探究，其学习方式对于已经接触过前几章问题探究的学生而言，已经不再陌生，但是本节课的问题探究结合了国际和国内的前沿案例，对于部分没有相关概念的学生来说具有一定难度。因此在进行教学过程和教学方法的设计时，应该让学生进行充分的课前准备，并且多用时事新闻案例，结合图片和视频资料引导学生进行深入思考，在此基础上用小组讨论学习的方式进行最后的归纳和总结。

※核心素养培养目标※

基于课程标准和学情,本节课的核心素养培养目标预设如下。

1. 能够正确认识洪水问题的严重性,知道自然因素中的土壤是人类城市生活中必不可少的元素之一。同时能够理解人类活动如何影响自然环境,在今后改造自然的同时,也要尊重自然规律。(人地协调观)

2. 要求学生知道调研小区的所在区域特点,并且能够知道不同地区城市洪水频发的原因差异。(区域认知)

3. 要求学生在分析城市洪水问题的时候,能够全面归纳形成该现象的地理要素。其次,能够从地方综合的角度,分析该区域城市洪水问题的成因,知道自然环境和社会经济是相辅相成的。(综合思维)

4. 通过实地调研,要求学生能够自主合作探究,进行数据记录,分析成因,做出初步判断。学生通过自主学习以及讨论交流,归纳、总结城市洪水问题解决途径,培养学生的自主思考以及动手能力。(地理实践力)

※教学重难点※

1. 教学重点

通过资料,分析城市洪水问题产生的原因。

2. 教学难点

了解我国城市洪水问题的解决途径,并且学习城市洪水与土壤缺失的关系。

※教学方法※

讲授法、设问导学法。

※教学课时※

1课时。

教学过程设计

※课前预习※

1. 全班学生分成4个小组。

2. 各小组成员在充分预习教材的基础上,组织学生开展城市内住宅小区中的不同地面材质在雨天时下渗排水速率对比等方面实践调查,并拍摄好照片和做好相关数据记录,利用书籍、网络收集关于海绵城市、雨水花园等相关资料。

3. 各小组对收集到的资料进行分析、整理和总结，制作调研成果展示报告。

※**课堂教学**※

◇**课堂导入**◇

借助多媒体放映近年来各地由于暴雨导致的城市道路洪水相关新闻视频（最好有当地新闻近况），引导学生进行思考。

◇**问题情境1**◇

2016年9月15日，受强降雨影响，福建福州市区再度发生洪涝。中新网记者上午9时在福州市五四路商务区观察到，积水虽逐渐退去但仍有40厘米高，不少汽车都"泡"在水中。福建省气象专家提醒称，注意防范强降水可能引发的城乡积涝、山洪、泥石流和山体滑坡等次生灾害，继续防范沿海和陆上大风的不利影响。

◇**问题探究1**◇

城市为什么会发生洪水？和水循环有什么联系？

[学生讨论、交流]

让学生结合自身经历，发表对于目前城市内涝问题的看法。

[教师引导归纳]

自然原因：城市的"雨岛效应"（城市温度高，上升气流多，雨水多）造成城区的年降雨量大；城市地形平坦，地势较低，容易蓄水积洪。

人为原因：城市地表材质问题，导致下渗减小；城市排水设施不够完善，排水能力有限等。

[设计意图]

城市内涝问题是现今城市热点问题之一，教师通过新闻资料的展示，将之引出来更能让学生清楚明白其问题的严重性，学生在发表对城市内涝的看法后，教师也可以了解学生的课外知识储备，对本节内容的教学有较大帮助。

◇问题情境2◇

教师带领学生进一步深入探索城市洪水的原因。根据课前的学生分组准备，让四个小组借助多媒体展示各自收集整理的调研结果，从而了解城市洪水在不同材质地面的排洪情况。教师点评各组学生的调研分析结果，从而引出城市洪水和土壤功能缺失的内在关系。

◇问题探究2◇

探究城市洪水和土壤功能缺失的内在关系。

[学生讨论、交流]

不同小组成员使用多媒体进行汇报，其余小组成员根据其汇报内容进行思考，记录汇报内容，提出相关问题。

[教师引导归纳]

(1) 土壤能够截留降水，削减洪峰，降低洪灾风险。

(2) 土壤可以将城市雨水进行截留收集，增加城市生态水的补给量，改善城市局部小气候，减缓地面沉降。

[设计意图]

下渗和径流这两个环节对于城市洪水有着重要影响，其中城市地面材质是关键因素。通过课前准备，让学生进行实地调研，培养学生自主探究能力，培养小组合作的团队意识，以小组的实地调研成果来进行分组汇报，增强学生课堂参与度，并且教师的总结反馈对学生起到很好的引导作用，过程性评价在教学过程中扮演着重要的角色。

◇问题情境 3◇

海绵城市，是新一代城市雨洪管理概念，是指城市在适应环境变化和应对雨水带来的自然灾害等方面具有良好的"弹性"，也可称之为"水弹性城市"。国际通用术语为"低影响开发雨水系统构建"。下雨时吸水、蓄水、渗水、净水，需要时将蓄存的水"释放"并加以利用。

"花园城市"的模式图是一个由核心、六条放射线和几个圈层组合的放射状同心圆结构，每个圈层由中心向外分别是：绿地、市政设施、商业服务区、居住区和外围绿化带，然后在一定的距离内配置工业区。

◇问题探究 3◇

花园城市和海绵城市的原理和作用是什么？

［学生讨论、交流］

学生阅读教材 97－98 页的内容，并完成知识拓展后的相关问题，和小组同学讨论，最后和教师一起探索总结。

［教师引导归纳］

(1) 花园城市和海绵城市的原理。

(2) 花园城市和海绵城市的作用。

［设计意图］

雨水花园和海绵城市是本节内容的重要案例，因此采用学生自主学习以及小组讨论、教师引导、总结的方式，这样的学习方法有利于锻炼学生的思考能力，运用知识拓展中的思考题也能较好提升学生的问题解答能力。

◇问题情境 4◇

福州城市内部住宅小区众多，在很多旧式小区中，小区内部下垫面的材质多为水泥或者不渗水瓷砖，降水量大的时候容易发生积水问题，造成居民出行不便。随着福州城市化进程的加快，很多新型城市管理概念不断引入，福州新建的小区开始改变下垫面材质，并且很多住宅区作为海绵试点片区，一个个海绵措施也在这里加快实施。

◇问题探究 4◇

住宅小区分别存在哪些排水设计问题？和城市"看海"问题有什么联系？

［学生讨论、交流］

学生分组讨论，提出相关解决方案。不同组成员之间可以提出相关建议。

[教师引导归纳]

结合花园城市和海绵城市的利弊,让学生分组讨论各自实地调研的住宅小区分别存在哪些排水设计问题,教师从小范围做引子,最后让学生思考扩大至城市"看海"问题的解决途径。

[设计意图]

由小及大,让学生学会从身边生活案例入手,由小及大,启发学生探索我国城市内涝问题的解决途径。

◇课堂小结◇

本节课通过城市内涝问题引出雨水花园和海绵城市重要案例,并且让学生就各自实地调研的住宅小区分别存在的排水设计问题,来思考城市"看海"问题的解决途径。

◇课外拓展◇

以小组为单位,提交一份解决城市内涝问题的建议书。利用这份建议书,让学生可以及时反馈课堂知识的吸收度,以小组为单位进行准备与展示,利于培养学生的团队合作意识和互帮互助精神。

◇板书设计◇

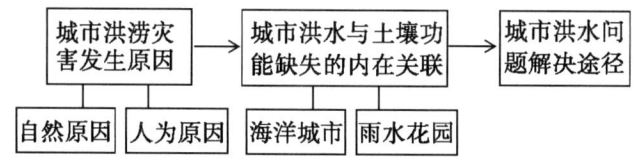

◇设计感悟◇

传统的地理课堂,教师只是单向地向学生传输教材中的知识,学生只能被动地学习和接受。通过问题探究的形式,开展学生自主学习活动,在师生互动交流的过程中,学生会对地理知识掌握得更加牢固和深刻,教师也会对学生的学习情况了解得更加透彻。因此,作为高中地理教师,我们要积极转变传统的教学理念,使学生在与我们的不断交流中,对地理知识结构加以完善,对所学地理知识加深理解,以此获得满意的学习效果,提高地理课堂教学的有效性。

※课后达标检测※

近几十年来,随着社会经济的发展,洪涝灾害损失的主要部分已经转移到城市，洪涝的特点也发生了很大变化。中国现有668座城市，其中639座有防洪任务，占96%。下图是水循环示意图。据此回答1—2题。

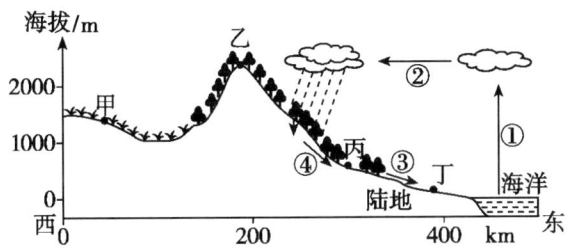

1. 城市建设对水循环环节的改变为（　　）

   A. 增加了④环节　　　　　　B. 减少了①环节
   C. 增加了③环节　　　　　　D. 减少了②环节

2. 城市多发洪涝灾害的原因为（　　）

①许多城市沿江、滨湖、滨海或依山傍水

②有的城市位于平原低地，经常受到洪涝的威胁

③与农村相比，城市的人口和资产高度集中，灾害损失要大得多

④城市防灾意识差

   A. ②③④　　B. ①②③　　C. ①③④　　D. ①③

3. 下图是长江流域1949年以来发生洪涝的次数图。影响长江流域发生洪涝次数最多区域与最少区域差异的主要因素是（　　）

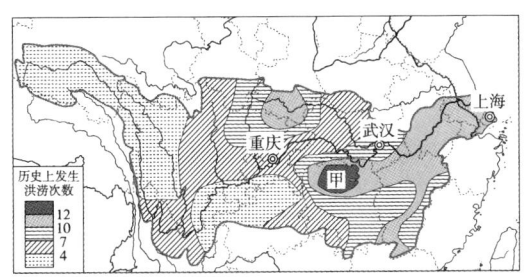

   A. 地形、地势差异　　　　　B. 距海远近不同
   C. 人口、城市多少　　　　　D. 经济发展水平

生态城市是现代城市建设的新潮流，它以环境为中心，注重可持续发展，强调资源的高效低耗和生态优先等原则。首届中国国际生态城市论坛主题为

"生态城市与绿色复苏"。据此回答4—5题。

4. 生态城市中心区面积最大的功能区最有可能是（ ）
   A. 绿地   B. 工业区   C. 交通区   D. 住宅区

5. 城市"绿色复苏"对城市产生的影响正确的是（ ）
   A. 不透水面积增加，城市洪涝增加
   B. 地表水下渗量增加，城市洪涝减轻
   C. 城市热岛效应增强，降水量增加
   D. 建筑物高度增加，城市大气污染加重

6. 新加坡国土面积约724平方千米，地形单一，平均海拔不足15米，最长的河流不足16千米。20世纪60年代，新加坡经济高速发展，城市化进程加快，洪涝灾害频发。为此，从1970年开始，新加坡大规模地将天然河流系统（如加冷河）修建成混凝土河道和排水渠系统。但随着时代发展，混凝土河道已不能满足社会基础设施功能的需求。2006年，新加坡推出"活跃、美丽和干净的水计划"，将加冷河修复为蜿蜒的天然河流和美丽的滨水环境。下图示意新加坡地理位置及加冷河修复前后景观。

(1) 分析20世纪60年代新加坡洪涝灾害频发的原因。
(2) 说明将加冷河修建为混凝土河道对防御洪涝灾害的作用。

【参考答案】

1. C 2. B 3. A 4. A 5. B

6. (1) 新加坡位于热带雨林气候区，降雨丰富；地势低平，排水不畅；新加坡城市化进程加快，土地硬面化面积扩大，雨水下渗量减少，汇水速度快，地表径流量大，洪涝灾害频发。

(2) 将弯曲的天然河道改造为笔直的河道，混凝土河道对流水阻碍小，提高水流速度；拓展河道宽度，加大泄洪量，有效防御洪涝灾害。

第六章 自然灾害

第一节 气象灾害

教学内容分析

※**课标要求**※

1.11 运用资料，说明常见自然灾害的成因，了解避灾、防灾的措施。

※**课标解读**※

主要概念："自然灾害"是指发生在地球表层系统中，能造成人们生命和财产损失的自然事件。自然灾害的种类很多，教学过程中应重点考虑所在地区常见的自然灾害，以便学生结合实际生活，加深理解。当然，也要适当照顾我国范围内影响较大的自然灾害，拓展学生的视野。

根据学情及难易情况，适当讲授自然灾害发生的机制。自然灾害的形成和强度与人类活动有重要联系。根据成因，不仅可以引导学生了解避灾、防灾的措施，还可以为学生提供批判性思维训练的内容。将自然灾害成因的学习设计成开放式、探究式的学习，引导学生从实际出发，辩证地思考自然灾害的形成和对人类社会的影响。

可以说，人类社会的历史，就是同自然灾害斗争的历史。因此，"避灾、防灾的措施"是教学重点。教学中，应让学生理解，面对自然灾害，政府应该做什么，个人应该采取什么应急措施。教师应有意识地让学生结合现实思考、分析、讨论应该采取何种措施。

※**教材分析**※

依据《普通高中地理课程标准（2017 年版）》，高中地理课程结构分为必修、选择性必修和选修三类。必修课程包括两个模块，即地理1、地理2。本节内容是人教版高中《地理 必修 第一册》的最后一章，是对前面所学地理知识的综合应用。要继续培养学生运用地图、资料分析地理问题的能力以及概括总结的能力，并且需要学生联系实际，了解当地常发性的气象灾害的危害外，还要求对自然灾害的形成原因、发生机制和规律有所了解并学会分析，以便采取相应的预防措施，更好地防灾、减灾，培养防灾自救意识。

※学情分析※

学生虽然具有一定的自学能力和分析问题、解决问题的能力，但学生在气候部分的知识储备上存在一定不足，在气象灾害的教学中需要补充相关的情境材料，并且在思考地理问题的系统性、综合性上还需要教师的引导。本节课在活动环节上是采用问题情境化的形式去设置，让学生利用已有的生活经验和知识储备感受生活化的地理，去发现和解决现实的地理问题。

※核心素养培养目标※

基于课程标准和学情，结合本节课的具体内容，本节课的核心素养培养目标设置如下。

1. 以中国气象灾害多发地区作为问题情境背景，学会分析区域自然地理环境的方法。能够结合当地的地理环境要素，对我国气象灾害多发地区进行区域认知，并能够用语言描述或解释该区域气象灾害的特点、危害。(区域认知)

2. 根据收集到的资料对现象进行分析，结合区域自然背景和人类活动，对可能的影响和结果进行综合归纳、演绎推理，了解并理解地理事物和现象的形成过程，从中获取地理规律，培养综合思维。应在认识自然的基础上探讨人类利用自然、改造自然，趋利避害，扬长避短的实际行动；提醒人们由于人类不合理的生产和生活方式，也会导致或加剧气象灾害的产生。(综合思维)

3. 通过气象灾害的成灾原因及其可能带来的危害等一系列问题的分析，领悟到对于多数气象灾害，我们无法阻止其发生，但合理的人类活动和有效的防灾减灾手段，可以减轻甚至避免自然灾害的影响。我们要懂得尊重自然规律的重要性。(人地协调观)

4. 通过创设的问题情境，结合生活经验，让学生分析、归纳常见气象灾害的成因及其对人类活动的影响，并提出相应的防灾自救措施。(地理实践力)

※教学重难点※

1. 教学重点

常见气象灾害，如洪涝、干旱、台风、寒潮等成灾的原因、危害，及其防御和避灾措施。

2. 教学难点

常见气象灾害，如洪涝、干旱、台风、寒潮等成灾的原因，人类活动对自然灾害灾情的影响。

※教学方法※

问题式教学法、案例探究法。

※教学课时※

2课时。

教学过程设计

※课前预习※

一、自然灾害

人类所处的自然环境有时会发生_____，并对人类的_____和_____构成危害，形成自然灾害。

二、洪涝灾害

1. 因连续性降水或短时强降水导致_____，或_____低洼土地，造成人员伤亡和财产损失的一种灾害。

2. 洪涝灾害的分布主要受_____和_____的影响。

3. 洪涝灾害的危害巨大：_____。

4. 人口_____，经济发展水平_____，洪涝灾害造成的损失越大。

三、干旱灾害

1. 干旱：因长时间无降水或降水_____造成的_____、_____的现象。

2. 干旱灾害：当干旱持续时间较长，影响人类的_____和_____。

3. 干旱灾害的危害：_____。

4. 我国旱灾发生的范围广泛，旱灾多发区有_____、_____、_____、_____。

四、台风灾害

1. 台风是在热带或副热带洋面上形成并强烈发展的_____，_____最大风力12级以上。

2. 我国台风主要分布在_____，多发季节为_____。

3. 台风常伴随_____、_____、_____等现象，并带来严重的自然灾害。

4. 一个发展成熟的台风由_____、_____、_____三部分组成。

五、寒潮灾害

1. 寒潮：因强冷空气迅速入侵造成某地大范围的_____，气温_____内下降8℃及以上，且使得该日_____下降到4℃及以下，并伴有_____、_____、_____等现象的天气过程。

2. 寒潮主要影响范围是_____，势力强大的寒潮甚至可影响至_____。

3. 寒潮主要发生季节是_____。

※课堂教学（第1课时）※

◇课堂导入◇

自然环境是我们赖以生存的空间，是人类社会发展的基础。但自然环境有时会发生异常变化，并对人类的生命和财产安全构成危害，我们将这种现象称之为自然灾害。

◇问题情境1◇

2018年，我国自然灾害以洪涝、台风灾害为主，干旱、风雹、地震、地质、低温冷冻、雪灾、森林火灾等灾害也有不同程度发生。各种自然灾害共造成全国1.3亿人次受灾，589人死亡，46人失踪，524.5万人次紧急转移安置；9.7万间房屋倒塌，23.1万间严重损坏，120.8万间一般损坏；农作物受灾面积20814.3千公顷，其中绝收2585千公顷；直接经济损失2644.6亿元。

◇问题探究1◇

读材料，归概念。

根据你的生活经验，结合问题情境的材料，说一说自然灾害的形成要具备什么条件，常见的自然灾害有哪些。

[学生讨论、交流]

略

[教师引导归纳]

自然灾害的形成要具备两个条件，一是自然环境发生异常变化，二是对生命和财产构成危害。常见的自然灾害有气象灾害（洪涝、干旱、台风、寒潮等）、地质灾害（地震、滑坡、泥石流等）、水文灾害（洪涝、风暴潮等）、生物灾害（病害、虫害等）。

[设计意图]

问题设置较为简单，主要培养学生从材料中获取、分析与整理地理信息的能力，培养学生的语言组织和表达能力。

◇问题情境 2◇

"我知道我在游泳，可是我真的在街上。""我能想到最浪漫的事，就是和你一起在城市看海，看那些各显神通、八仙过海的人。"今天我们先开启"城市看海"模式。

播放 2016 年湖北暴雨洪涝的视频，结合教材图片及文字材料。

◇问题探究 2◇

读材料，辨概念，说危害。

辨识洪与涝的关系，说出洪涝灾害的危害。

[学生讨论、交流]

略

[教师引导归纳]

洪水是特大地表径流不能被江河、湖库容纳，水位上涨而泛滥的现象。水涝是洼地积水不能及时排出的现象。洪与涝虽不相同，但往往同时发生，有时难以区别，所以常统称为洪涝。当洪涝造成财产损失和人员伤亡时，就形成了洪涝灾害。

洪涝灾害的危害：①洪水可冲毁房屋、道路和桥梁，造成供水、供电、交通、能源供应等中断，破坏基础设施；②淹没农田、村镇和工厂，造成工业、农业的财产损失；③造成城乡商业活动中止，生活秩序紊乱；④导致人畜伤亡；⑤引起传染病的传播；⑥人口越密集、经济水平越高，损失越大。

[设计意图]

通过图片的展示,增加学生的直观感受,同时激发学生学习的兴趣。

◇问题情境 3◇

根据洪涝的概念,关键条件是水位上涨或积水引起的泛滥。我们可以在室内设置实验模型(如下图),探究引起洪涝灾害的原因。

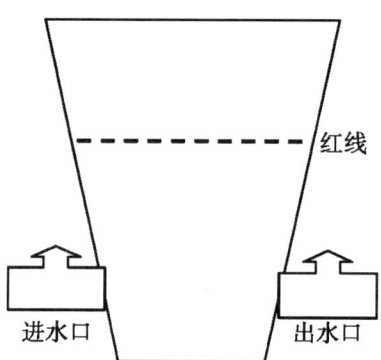

◇问题探究 3◇

据概念,议成因,建体系。

分组讨论如何使上图中水缸内水位上涨并达到红线。[注意引导学生分几种情况进行讨论。(1)不改变水缸的状态:①进水量不等于出水量;②进水量等于出水量。(2)不改变进、出水量;(3)实验的局限性:现实中要综合考虑流域内各要素,不能只着眼于单一河段。]

[学生讨论、交流]

略

[教师引导归纳]

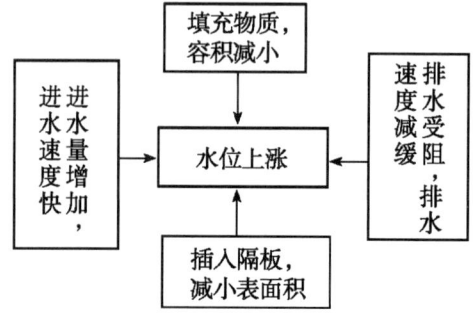

[设计意图]

通过实验培养学生实践能力的同时,得出影响因素。

◇问题情境4◇

湖北属亚热带季风性湿润气候区,具有雨量充沛,夏季高温、降水集中,冬季稍凉湿润的特点。地处长江中游,河流湖泊众多,历史上洪水灾害频发,损失严重。新中国成立前见诸文献记载的湖北历史上的洪灾,起自公元前903年,迄于1949年,前后共2852年。在此期间,湖北共发生范围和量级大小不同的水灾共计633次,平均每4.5年发生一次。新中国成立后的1949—1998年,共49年,发生重大洪涝灾害9次,平均5.4年一次。

展示长江流域图(图略)。

◇问题探究4◇

析材料,验成因,得分布。

推测湖北洪涝灾害多发的原因,并以此归纳洪涝灾害多发区的地理特征。

[学生讨论、交流]

略

[教师引导归纳]

从湖北自然环境要素和人类活动的特征入手,分析各要素与洪涝灾害发生的关系。由此我们可知,洪涝灾害多发生在降水丰富且集中(如季风区、温带海洋性气候区)、地势平坦低洼的地区。人类不恰当的行为(如破坏植被、围湖造田、路面硬化等)会加剧、放大灾害的后果。

自然原因	流域状况	气象因素	降水、冰雪融化造成水位上升	
		河道堵塞	冰凌、滑坡、泥石流堵塞河道	
		堤坝溃决	各种因素造成堤坝溃决	
		地面坡度	地面坡度大	汇水速度加快,有利于洪水形成
		土壤含水率	土壤含水率高	
		植被覆盖率	植被覆盖率低	
	水系状况	支流	支流多,尤其是扇形水系	排水速度减慢,容易形成洪水
		河道	河道弯曲	
		河谷	纵向坡度小	
		入海口	入海口狭窄	

续表

人为原因	破坏流域内植被	导致流域内汇水速度加快,加剧水土流失和河道淤积,使河流水位升高,河床坡度减小	一定程度上抬高洪水水位
	围湖造田	使湖泊对洪水调节能力减弱	
	建筑物占据河道	降低了河道排水的速度	
	占用分洪区	给洪水的分流带来困难	

[设计意图]

借助现实案例,让学生学会用地理环境整体性原理来分析问题,解释身边发生的地理事件,培养学生的综合思维。

◇问题情境5◇

综上所述,我们位于季风区的河流中下游地区,洪涝灾害的发生频率较大,针对洪涝灾害我们可以做哪些工作?

◇问题探究5◇

论防治,谈自救,传精神。

(1) 对洪涝灾害的防御措施。

(2) 我们在洪涝灾害中的自救。

(3) 向抗洪、保卫人民的英雄致敬。

[学生讨论、交流]

略

[教师引导归纳]

(1)

项目		内容
监测和预报		利用气象卫星对洪水进行监测并及时预报,对于防御洪水,减轻洪灾的损失有巨大作用
防洪措施	工程措施	①兴建水库,退耕还湖,提高对洪水的调蓄能力;②修筑堤坝,防止洪水漫溢;③疏浚河道,加快泄洪速度;④开辟分洪区,开挖分洪道,降低洪水水位

续表

项目	内容
非工程措施	①增强人们对灾害问题的认识,提高防灾减灾意识;②严格控制乱砍滥伐,逐步提高森林覆盖率,减少水土流失;③建立统一的减灾防灾管理体制,将减灾防灾纳入国家和地方政府的发展计划;④建立统一的防洪抢险指挥管理系统,拟定居民的应急撤离计划,设置防洪保险基金和加强洪泛区土地管理;⑤加强灾前水利建设与减灾科研投入,变被动救灾为主动防灾和抗灾等

(2)

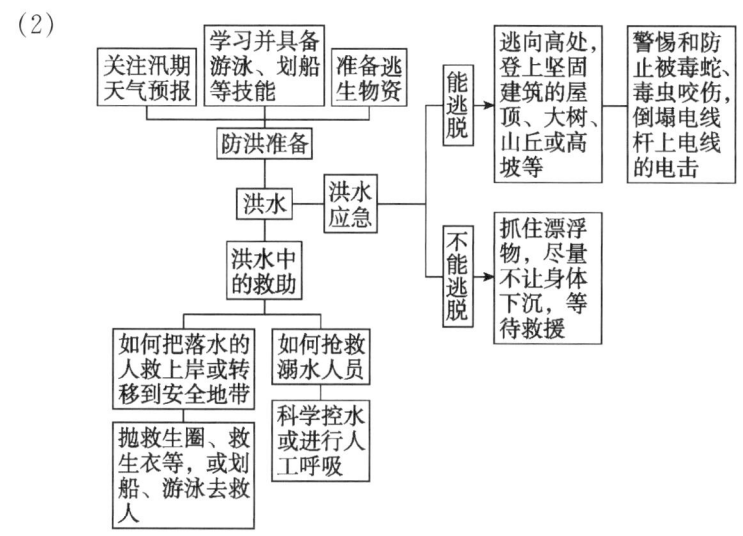

(3)

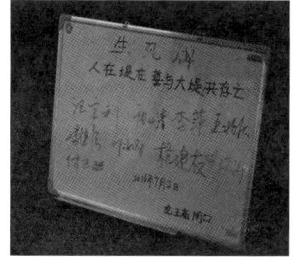

[设计意图]

不仅要让学生学习有用的地理,更要在情感上得到提升,稳定繁荣的社会发展是因为有一群在背后默默奉献的英雄。

[承转]

在一定时间范围内,来水超出了区域的容储能力,易造成区域的洪涝灾害。

相反，一定时间范围内，水的供应量无法满足区域的需求量，就会造成区域的干旱灾害。

◇问题情境 6◇

请同学们认真阅读教材表 6.1。我国是个旱涝灾害多发的国家。

◇问题探究 6◇

细观察，分异同，深剖析。

(1) 将表中 2011 年我国"十大自然灾害"涉及的地区在中国地图中标出来。

(2) 表中洪涝灾害和干旱灾害的发生时空有什么异同？

(3) 我国干旱、半干旱区为何不是严重旱灾区？

(4) 为什么东部季风区是旱灾频发区？

[学生讨论、交流]

略

[教师引导归纳]

展示中国旱灾频次分布图和中国洪涝分区图（图略）。

通过同学们对表中旱涝灾害涉及区域的定位，并在此基础上对相关问题的讨论，我们可以得到以下这些结论。

我国的旱灾频次高，涉及范围广；东部多于西部，四个多发中心：华北、华南、江淮、西南；旱灾和涝灾在时间上交替，在空间上交错出现；旱灾持续时间较洪涝灾害长。

这里大家是不是有了疑问？我国干旱、半干旱区为何不是严重旱灾区？反而是相对湿润的东部季风区是旱灾频发区。

我国干旱、半干旱地区虽然雨水不多，年年干旱或"十年九旱"，但由于环境的整体性特征使各要素具有耐旱性，且人口稀疏，经济落后，因此并不是旱灾最严重的地区。东部季风区因为季风不稳定，降水季节变化和年际变化大，加上是我国重要的工农业生产区，人口稠密，城市密集，对降水的需求量和保证率要求很高。所以降水的不稳定性极易造成旱灾。

总的来说，干旱是旱灾的诱发因子，干旱只有对人类造成了损害，才称旱灾。旱灾的严重程度与人口、经济的发达程度有关，人口越密集，经济越发达，同样程度的干旱造成的旱灾越严重。

[设计意图]

体现地理学科的学科特点,会读图、读懂图。培养学生通过分析、对比地图材料,提炼出有用信息的能力。

[过渡]

旱灾给我们的生产和生活都带来不便和损失,对我们的生态环境造成巨大的损害,它所衍生的次生灾害也不可忽视。所以,我们应该分析它发生的原因,有针对性地采取预防措施来减小甚至避免损失伤害。

◇问题情境 7◇

 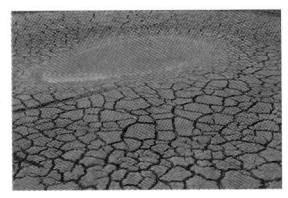 

我国华北地区(北京市、天津市、山西省、河北省、内蒙古自治区中部)主要为温带季风气候。夏季高温多雨,冬季寒冷干燥。年平均气温在 8—13 ℃ 左右。年降水量在 400—1000 mm 左右。内蒙古自治区降水量少于 400 mm,为半干旱区域。

华北地区人口密集,集中了 1.68 亿的人口。这里既是我国政治、文化交流的中心,又是一个资源丰富、经济高速发展的地区,长期以来依靠资源消耗增加产值的企业成为华北地区经济的主导。同时,华北地区也是我国重要的农业基地,农业经济发展很快。

展示华北地区示意图、华北地区降水量分布图、北京市气温和降水量图(图略)。

◇问题探究 7◇

识危害,探成因,提对策。

(1) 联系生活,举例说明干旱灾害带来的危害。

(2) 以华北地区春旱为例,分析干旱灾害的成因。

(3) 针对干旱灾害产生的原因分析防灾减灾的措施。

[学生讨论、交流]

略

[教师引导归纳]

通过讨论，我们知道干旱灾害发生的根本原因是一定时间范围内，水资源的供应量不能满足社会生产和生活的需要，并对地理环境产生不良的影响。

干旱灾害产生的原因分为自然原因和人为原因两个方面。

①自然原因。

气候：降水量与蒸发量的关系。

地质地貌：坡度大，流速快，或流域面积小，地表径流留存少；喀斯特地貌，下渗量大，地表水资源缺乏。

植被：植被稀少，涵养水源能力差。

②人为原因。

工农业生产、城市建设和人口增长造成需水量大；旱灾发生时间与作物生长季节吻合，水土资源组合差，农业种植结构不合理；水利工程供水能力差；不合理利用水资源。

我们在应对干旱灾害时，大致从三个方面采取对策。

①预防：建立灾害监测系统，加强监测和预报；加强公众防灾减灾的知识教育，树立节水意识；完善旱灾保险制度；完善减灾规划和防灾法律，制定救灾应急预案。

②开源：修筑水库；合理抽取地下水；跨流域调水；营造防护林，改善局部气候，涵养水源；人工增雨；海水淡化。

③节流：利用秸秆、地膜覆盖等措施进行保墒；加强水的循环利用，提高水的重复利用率；防治水污染；节约用水；发展节水农业和技术（灌溉育种）；调整农业结构和作物构成，培育耐旱作物品种。

[设计意图]

呈现材料，引导学生知识迁移并学以致用，能够在给定的复杂地理事象上，综合学习的各影响要素系统分析其对某地理事象的影响，用较规范的地理语言给出合理的结论，并能够举一反三。

◇ 课堂小结 ◇

人类活动与大气环境是息息相关、密不可分的。人类合理的行为可以极大地减少灾害造成的损失。随着科技的进步与发展，人们希望且也能够做到成功地防御气象灾害，将灾害所造成的损失减为最少。

◇板书设计◇

一、自然灾害

二、洪涝灾害

1. 概念

2. 洪涝灾害的成因

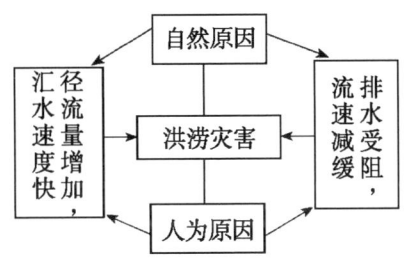

3. 洪涝灾害的分布

4. 洪涝灾害的危害

5. 洪涝灾害的防灾与自救

三、干旱灾害

1. 概念（干旱与旱灾的区别）

2. 旱灾的成因

3. 旱灾的分布

4. 旱灾的危害

5. 旱灾的防治措施

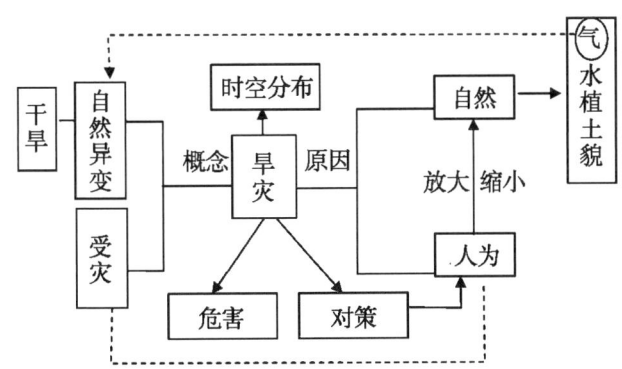

◇设计感悟◇

气象灾害是全球各类自然灾害中最严重的灾害，在学习了前面气候资源之后，本节课将气候灾害列为专题讲述，便于学生更加全面地、客观地认识气候资源。

本节对应的课标是"运用资料，说明常见自然灾害的成因，了解避灾、防灾的措施"，根据此课标结合教材上2016年湖北的洪涝灾害作为案例素材，与学生一起探讨洪涝灾害发生的主要原因及危害，并要求学生根据小实验，通过小组合作推导洪涝产生的自然原因和人为原因，这样的设计对学生的综合思维要求比较高，更好地落实了地理核心素养的培养。最后，教师根据板书与学生一起归纳洪涝产生的原因，并通过学习洪涝灾害的方法指导学生今后学习其他灾害的一般方法。

因时间限制，将旱灾部分留作课外拓展（根据上课实际情况，灵活调整）。由教材第102页的"活动"入手，设置问题，按照洪涝灾害的学习方法，由学生自主完成。

※**课后达标检测**（第1课时）※

下图是某年6—9月长江某水文站观测到的水位、流量变化趋势示意图。读图回答1—2题。

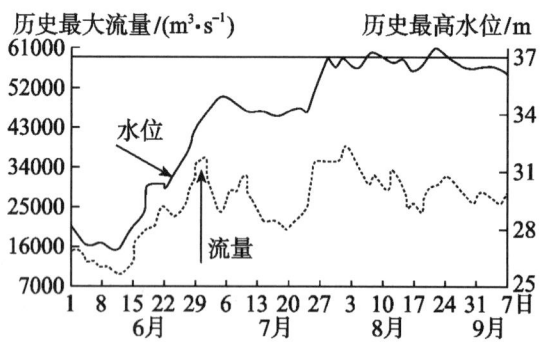

1. 据图可知，该年6—9月洪水灾害产生的原因是（　　）

　　A. 降水总量多，流量大　　　　B. 降水强度大，流量大

　　C. 河床淤积，容水量减少　　　D. 植被增加，阻碍水流

2. 从图上信息看，治理长江水患最根本的措施是（　　）

A. 植树造林，保持水土　　　B. 大力兴建水利工程
C. 中游河段裁弯取直　　　　D. 增加湖泊的蓄洪能力

2010年3、4月间，我国西南数省遭遇大旱，而新疆维吾尔自治区阿勒泰部分地区却在准备防洪。据此回答3—4题。

3. 西南地区发生旱灾的主要原因有（　　）

①属于湿润地区，农业用水量过大　②降水较常年同期偏少　③属于干旱地区，水资源不足　④气温较常年同期偏高，蒸发量大

A. ①②　　　　　　　　　　B. ③④
C. ②④　　　　　　　　　　D. ①③④

4. 阿勒泰部分地区洪水的形成原因及应对措施有（　　）

①暴雨引发洪水，建立预警系统　②雨季降水形成洪水，修建水库　③积雪融化引发洪水，疏浚河道　④来自上游的洪水，修堤筑坝

A. ③④　　　　　　　　　　B. ①②
C. ②③　　　　　　　　　　D. ①③

下图是我国某种自然灾害分布略图。读图回答5—6题。

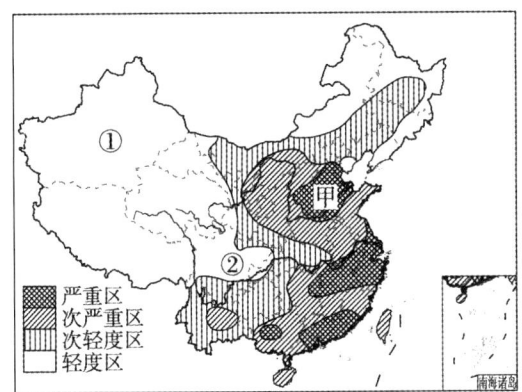

5. 由图中次轻度区范围分析得知，该自然灾害是（　　）

A. 寒潮　　　　　　　　　　B. 干旱
C. 泥石流　　　　　　　　　D. 台风

6. 能快速有效地减轻上述自然灾害的措施是（　　）

A. 建设水利工程　　　　　　B. 营造海防林
C. 改进耕作制度　　　　　　D. 改进灌溉方法

7. 涝渍灾害是我国主要自然灾害之一。下图是我国涝渍灾害主要分布地区示意图。读图回答下列问题。

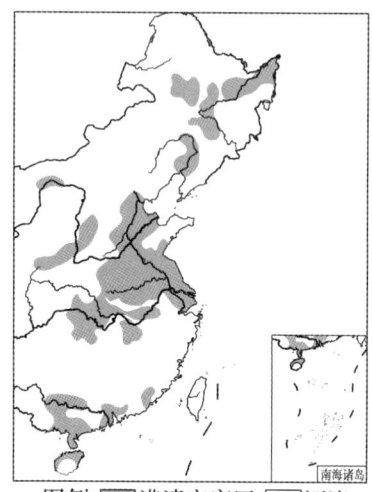

图例 ▓涝渍灾害区 ⌒河流

(1) 说明图示涝渍灾害空间分布形成的原因。
(2) 如何有效预防涝渍灾害?

【参考答案】

1. C 2. A 3. C 4. A 5. B 6. A

7. (1) 主要位于平原地区，地势低洼；受季风气候影响，暴雨集中；人口稠密，经济较发达，受灾较重。
(2) 加强监测、预报、预警；建立完善的排涝系统。

※课堂教学（第 2 课时）※

◇课堂导入◇

我国自然灾害的类型多样。气象灾害除了上节课学习的洪涝灾害和干旱灾害外，我们再来学习两种。

◇问题情境 1◇

由 2018 年 9 月台风"山竹"第一现场视频引入。看来，面朝大海，不只有春暖花开，还有台风和暴雨。

◇问题探究1◇

根据视频，结合生活经验，说明台风的天气特征，并列举台风天气的影响。

[学生讨论、交流]

略

[教师引导归纳]

台风登陆时，会带来狂风、暴雨、风暴潮。损坏地面建筑物和通信设施；淹没农田；毁坏水利工程等。

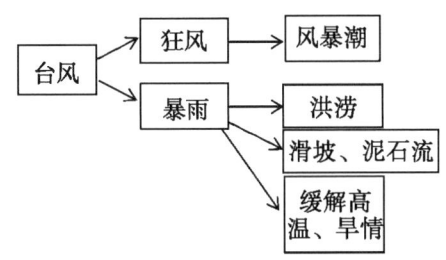

[设计意图]

由视频导出本课，同时视频结合生活经验更能调动学生的兴奋点，切身体会地理就在身边。

◇问题情境2◇

我们对台风有太多的好奇。这个让我们又爱又恨的台风从哪里来的？它是怎么形成的？它的中心为什么有一个眼？它为什么能带来狂风暴雨？

[展示图片]

台风卫星影像图（教材图6.5a）、台风"山竹"路径图和侵入中国的台风路径图。（图略）

◇问题探究2◇

结合台风"山竹"路径图和侵入中国的台风路径图，回答以下问题。

(1) 台风的发源地在哪里？

(2) 台风发源地与台风天气特征有什么关系？推测台风多发的时间规律。

(3) 台风登陆后的势力有什么变化？推测我国受台风势力影响强弱的空间变化。

[学生讨论、交流]

略

[教师引导归纳]

台风多发源于海面温度超过26 ℃的热带或副热带海洋上。由于近洋面气温高，大量空气膨胀上升，使近洋面气压降低，外围空气源源不断地补充流入上升区。受地转偏向力的影响，流入的空气旋转起来。而上升空气膨胀变冷，其中的水汽冷却凝结形成水滴时，要放出热量，又促使低层空气不断上升。这样近洋面气压下降得更低，空气旋转得更加猛烈，最后形成了台风。

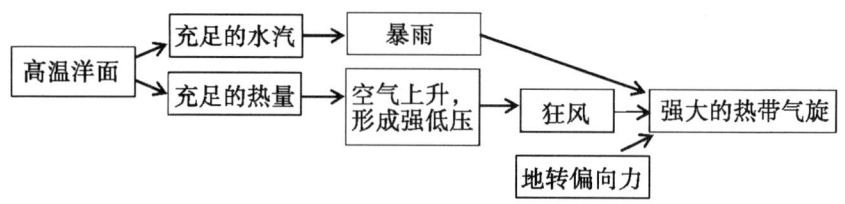

[展示文本]

台风（飓风）是形成于热带或副热带海洋上的强大的热带气旋。西北太平洋上热带气旋中心附近最大风力在12级或以上的称为台风；东北太平洋和大西洋上热带气旋中心附近最大风力在12级或以上的称为飓风。根据底层中心附近最大平均风速，可以将热带气旋划分成热带风暴、强热带风暴、台风、强台风、超强台风五个等级：热带风暴是指底层中心附近最大平均风速17.2—24.4米/秒，即风力达到8—9级的热带气旋；强热带风暴是指底层中心附近最大平均风速24.5—32.6米/秒，即风力10—11级的热带气旋；台风是指底层中心附近最大平均风速32.7—41.4米/秒，即风力达到12—13级的热带气旋；强台风是指底层中心附近最大平均风速41.5—50.9米/秒，即风力达到14—15级的热带气旋；超强台风是底层中心附近最大平均风速≥51.0米/秒，即风力达到16级或以上的热带气旋。

[教师引导归纳]

当热带气旋的强度不断增加，中心附近风力达12级以上，才能称之为台风。台风的发生需要大量的水汽和热量，所以台风的多发季节应该是水温较高的夏秋季节。台风登陆后强度和势力受到削弱，因此台风对我国沿海的影响大于内陆，对南方的影响大于北方。

◇思考◇

我们再接着走近一些，看看台风的内部结构是如何的？

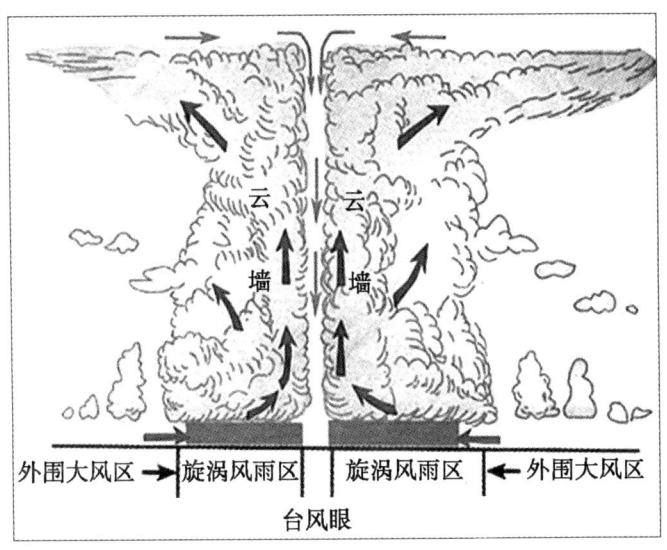

台风结构

结合台风结构图,完成表格(以下表格内容供参考),并推测台风登陆前后的天气变化。

台风结构	外围大风区	旋涡风雨区	台风眼区
位置	台风的外围部分	台风的主要部分,破坏力最大	台风的中心部分
气流和天气	大风区临近时,云逐渐增多加厚,气压下降,湿度增加,温度升高,风力加强	在靠近台风眼区附近有强烈的上升气流,形成宽达数十千米,厚八九千米的垂直云墙,产生狂风暴雨	台风眼区盛行下沉气流,天气晴朗而平静

[设计意图]

在图表、文字等多方材料的基础上,将前后的问题相联结,由上一个问题的答案去支撑下一个问题的解决,使学生产生链条式的知识联系,也使学以致用的学习观不断深化。最后通过表格式的归纳,帮助学生梳理知识体系,力争使之内化。

◇问题情境3◇

西北太平洋是全球台风发生频率最高、强度最大的海域。全世界每年大概要发生80个台风,一半以上在北太平洋,而西北太平洋又占了多数。我国正好位于西北太平洋的西北方向，是世界上受台风影响最大的国家之一。掌握了台风的规律，再借用现代地理信息技术，可以对台风进行准确的判断和预报，提前做好防台抗台工作。(可播放关于台风的天气预报)

◇问题探究 3◇

我们在台风天气中可以做些什么来减轻灾情？

［学生讨论、交流］

略

［教师引导归纳］

随着科技、防灾意识的增强，我们的抗灾能力提高，可以减小灾害的不良后果。

［设计意图］

加深"科技改变生活"的直观感受，也进一步理解人类活动对受灾情轻重的影响。

［过渡］

熬过了夏秋的台风，接下来我们来感受一下称霸冬半年的北风。

◇问题情境 4◇

在凛冽的冬季风中，我们逐渐换上了温暖的被子。我们来看看"冻得发黑之全国换被子"地图。看看在这项全国"运动"中，有什么规律可循。

［展示图片］

"冻得发黑之全国换被子"地图（图略）。

◇问题探究 4◇

(1) 全国"双被齐上阵"范围的变化趋势，以及推动其变化的动力是什么？

(2) 冷空气（冬季风）主要来自哪里？

［学生讨论、交流］

略

［教师引导归纳］

冬半年，北方大陆和冰雪洋面纬度高，温度低，空气不断收缩下沉，形成一个势力强大、深厚宽广的冷高压气团。当这个冷性高压势力增强到一定程度时，冷空气就会像决了堤的海潮一样，一泻千里，汹涌澎湃地向中国袭来。由于我国位于高压东南方向，因此盛行西北季风，强大西北季风总体上自北向南扩大势力范围。

[设计意图]

图片的导入是为了激发探究的兴趣，而问题的设置不仅能培养学生对比分析的能力，也为寒潮的相关教学做铺垫。

[承转]

不是所有的冷空气都能被称为寒潮。

◇问题情境 5◇

中国气象局规定，由强冷空气迅速入侵造成大范围的剧烈降温，凡是气温在 24 小时内下降 8 ℃及以上，且在这一天内，最低气温又在 4 ℃及以下的，称为"寒潮"。因此，寒潮来临前，当地天气越暖，寒潮强度越大。

寒潮所经之处，气温骤降，并伴有大风、雨雪、冻害等现象，有时还带来暴风雪、沙尘暴等恶劣天气。

展示教材图 6.9（图略）。

◇问题探究 5◇

结合问题情境的图文材料，回答以下问题。

(1) 推测寒潮多发的时间。

(2) 分析寒潮势力影响的空间分布特点及其原因。（引导学生注意纬度、地形的影响）

(3) 说明寒潮的危害和预防措施。

[学生讨论、交流]

略

[教师引导归纳]

(1) 寒潮多发生在中高纬地区的深秋到初春季节。

(2) 据图可见，影响我国的寒潮的三条路径，包括偏西路径、偏北路径、东北路径。我国大部分地区受寒潮影响，青藏高原、云贵高原、四川盆地、海南岛、台湾岛等地区因纬度、地形等因素，受寒潮影响小。整体上，南方比北方受寒潮影响频率低、范围小。

(3) 由寒潮引发的大风、霜冻、雪灾等灾害对农业、交通、电力、航海以及人体健康都有很大的影响。加强天气预报，提前发布准确的寒潮消息或警报，做好防风、防冻、防雪工作。

[设计意图]

结合初中的中国地理知识和地图,训练地图信息的提取能力和知识的综合能力,规范答题语言。

◇板书设计◇

四、台风

1. 概念(注意源地与台风形成之间的关系)

2. 台风的时空变化

3. 台风的结构与天气特征

4. 台风的危害与预防措施

五、寒潮

1. 概念

2. 寒潮的形成

3. 寒潮的时空分布

4. 寒潮的危害与预防措施

◇设计感悟◇

气象灾害是全球各类自然灾害中最严重的灾害,在学习了前面气候资源之后,本节课将气候灾害列为专题讲述,便于学生更加全面、客观地认识气候资源,使学生了解人类活动与大气环境是息息相关、密不可分的。中学地理是一门应用性比较强的学科,在教学中学生的积极参与、分析和解决实际问题尤为重要。

台风与寒潮是由不同的天气系统造成,在时空分布和天气特征上有较大的区别。利用学生的生活经验和相关材料(尤其是图片)设置问题,层层递进。通过小组合作探讨,形成相应的知识链条,培养地理核心素养。

※课后达标检测(第2课时)※

中央气象台 2017 年 11 月 17 日 6 时发布寒潮蓝色预警,受较强冷空气影响,内蒙古中东部、东北大部、华北北部、山东半岛等地的部分地区降温幅度有 10—12 ℃,局部可达 14 ℃。据此回答 1—2 题。

1. 我国受寒潮影响较小的地区是(   )

A. 黄土高原、华北平原、四川盆地

B. 青藏高原、塔里木盆地、内蒙古高原

C. 山东、台湾、海南

D. 青藏高原、云贵高原、四川盆地

2. 对于华北南部地区来说，寒潮对农作物的危害主要发生在（　　）

A. 冬半年　　　　　　B. 春末夏初

C. 秋季　　　　　　　D. 秋末冬初

3. 下图为影响我国的某台风海面风力分布示意图。该台风（　　）

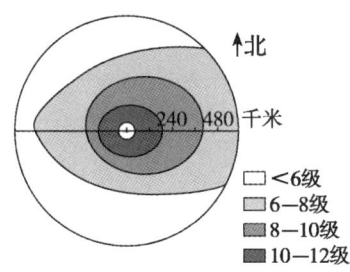

A. 夏季生成于我国黄海海面

B. 小于6级风的范围降水最强

C. 气压值最低处风速最大

D. 西北侧的风向为偏北风

热带气旋是形成于热带、副热带海面上的气旋性环流。下图是某年3月9日至3月21日某热带气旋移动路径示意图。据此回答4—5题。

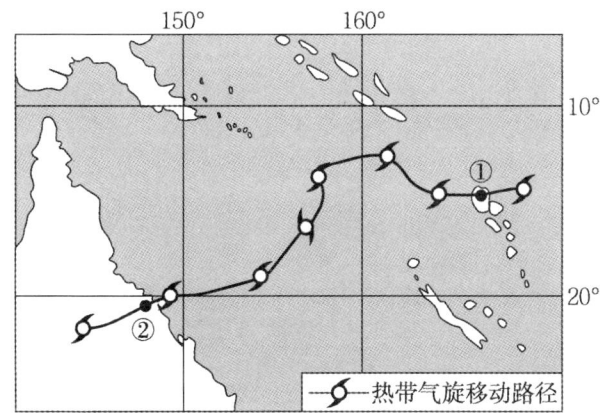

4. 当该热带气旋位于①东侧时，①地的风向是（   ）

    A. 东南风　　　　　　　　B. 东北风

    C. 西北风　　　　　　　　D. 西南风

5. 如果该天气系统强烈发展到中心附近风力达 12 级以上后，其中心控制②地时，则②地的大气垂直运动和天气状况分别为（   ）

    A. 空气上升、阴雨　　　　B. 空气上升、晴朗

    C. 空气下沉、晴朗　　　　D. 空气下沉、阴雨

6. 下图为登陆我国南部沿海地区的某台风路径示意图。读图回答下列问题。

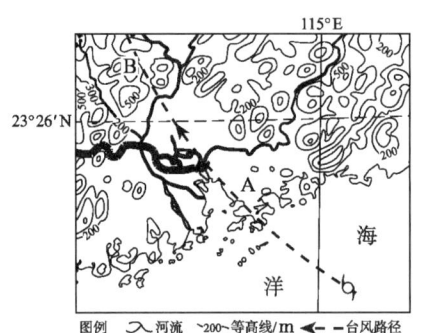

(1) 台风过境 A 地前后，该地气压和风速有何变化？

(2) 该台风在 A、B 两地引发的主要次生灾害有何不同？说明 B 地预防这些次生灾害的工程措施。

7. 右图为 1969—2008 年山西省长治市寒潮发生总次数等值线图。读图回答问题。

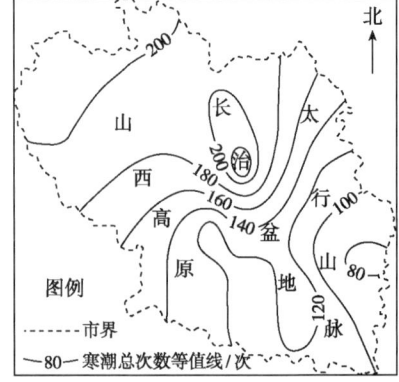

(1) 指出该区域寒潮发生总次数的空间分布特征，并说明该特征形成的主要影响因素。

(2) 当地菜农在寒潮来之前，常采用浇水的方法来防御寒潮对蔬菜的冻害，其中的原理是什么？

【参考答案】

1. D　2. D　3. D　4. D　5. C

6.（1）气压先降低后升高；风速先增大后减小。

（2）A地：风暴潮；B地：滑坡、崩塌、泥石流。 措施：护坡固坡、植树种草。

7.（1）从西边向东南递减；盆地多于东西两侧的山地和高原（最高值出现在盆地北部地区，最低值出现在太行山以东地区）。

（2）水的热容量大，可减小地表温度的下降速度和变化幅度，减轻冻害。

第二节　地质灾害

教学内容分析

※课标要求※

1.11　运用资料，说明自然灾害的成因，了解避灾、防灾的措施。

※课标解读※

本条课标不要求学生系统地学习自然灾害，重点是帮助学生理解自然灾害与人类活动的关系。自然灾害的种类很多，如地质地貌灾害中的地震、泥石流、滑坡，气象灾害中的台风、寒潮、干旱、洪涝，生物灾害中的虫灾、鼠灾等。教师可以重点考虑所在地区常见的自然灾害进行讲授，以便学生结合实际生活，加深理解。自然也要适当照顾我国范围内影响较大的自然灾害，拓展学生的视野。

※教材分析※

地质灾害的种类很多，例如地震、构造断裂、火山喷发、滑坡、泥石流等。从课时容量考虑，我们选择讲述地震、滑坡和泥石流三种地质灾害。教材对这三种灾害的表述方法基本相同：一讲成灾原因；二讲灾害本身的一些基本知识，如"地震"一段介绍了震级；三讲危害，这是教材的重点内容。教材中虽然没有总结地质灾害的基本特点，但是通过对每种灾害的讲述可以归纳出来，即地质灾害具有分布广泛、危害大、伤亡多、突发性强等基本特点。特别需要说明的是，滑坡和泥石流虽然诱发的原因不同，但主导因素都是斜坡重力作用，分布的地区也基本相同，为了减少重复，教材把这两者放在一起讲述。

本节是人教版高中《地理　必修　第一册》最后一部分内容。其特点之一，注重知识的实用性及其与人们生产和生活关系的密切程度；特点之二，从有利于学生认识地理环境的角度出发，注重阐明地理过程及地理基本原理和基本规律。这与全书以阐明地理环境和人地关系为主线相吻合。

※学情分析※

本节课的主要教学任务一是让学生了解地震、滑坡和泥石流灾害的成因、分布、危害及防御措施。任务二是学会分析地质灾害多发区的自然环境特点，通过复习板块运动内容，利用地形、气候的基础知识搭建知识平台，为学习本节内容做铺垫。任务二对学生的综合分析能力要求较高，学生实际能力与教学要求之间存在差距，需要以一个具体的地区为例，引导学生总结出分析此类问题的方法。

※核心素养培养目标※

1. 结合图文材料，分析区域内发生的地质灾害类型、造成的危害及防御措施，并分析地质灾害发生的原因。(综合思维)

2. 结合区域图文材料和地理特征，分析区域内地质灾害的类型及形成原因。(区域认知)

3. 了解当地发生的一些地质灾害，会分析其发生的原因、造成的主要危害及应对措施。(地理实践力)

4. 分析地质灾害的发生规律，做好地质灾害的监测、预防，保护人民的生命财产安全。(人地协调观)

※教学重难点※

1. 教学重点

主要地质灾害的形成、危害及防灾减灾措施。

2. 教学难点

地质灾害的产生及关联性。

※教学方法※

情境教学法、合作探究法、信息媒体辅助法等。

※教学课时※

1课时。

教学过程设计

※课前预习※

[知识梳理]

一、地震

1. 基本概念

(1) 地震：当积累起来的地应力超过_____所能承受的限度时，岩层便会突然发生_____或_____，使长期积聚起来的能量急剧地释放出来，并以_____的形式向四周传播，使地面发生震动。

(2) 震级：地震_____大小的指标。一次地震只有一个震级，震级越高，释放的_____越大。

(3) 烈度：地震_____的指标。烈度越大，_____越严重。烈度主要受到_____、震源_____、震中距、地质构造、_____等因素的影响。一次地震有_____个烈度。

2. 分布

世界：_____地震带、地中海—_____地震带。

中国：台湾、_____、新疆、青海、云南、四川等。

3. 危害

(1) 对生产：破坏管道、道路、通信等_____设施。

(2) 对生活：破坏房屋建筑，危害生命、身体健康和_____健康。

(3) 对环境：破坏_____环境和生态系统。

二、滑坡和泥石流

地质灾害	发生规律	分布	对人类活动的影响
滑坡			
泥石流			

[课前研学]

教师带学生进行研学实践。如带领学生参观科技馆，进行地震体验、滑坡和泥石流体验，学生现场感受地震、滑坡和泥石流灾害。

[设计意图]

通过体验，创设学习情境，激发探究地理问题的兴趣。

※课堂教学※

◇课堂导入◇

教师让各小组代表上台分享研学的感受，特别是谈谈经历地质灾害的感想。学生上台展示小组研学成果。

[设计意图]

通过小组展示，可以展示学生的逻辑思维过程。

◇问题展示◇

教师让台下学生向汇报成果的小组代表提问，就自己关心或研学实践中思考的问题向台上展示的同学提问。

[设计意图]

通过提问环节，培养学生的质疑能力。

◇学习新课◇

教师将班级学生分成四个学习小组：地震研究小组、滑坡研究小组、泥石流研究小组、地质灾害防御研究小组。学生通过学习小组的共同学习来掌握地质灾害的知识。

◇学生活动◇

学生模拟实验演示地震的发生。

◇教师活动◇

教师认真倾听地震研究小组的展示，指导、纠正学生在地震模拟实验中出现的错误。

◇问题探究1◇

(1) 一次地震中有几个震级？烈度有几个？

(2) 利用所学知识解释地震产生的原因。

[学生观看视频，讨论、交流]

学生通过观看地震视频，学习地震的概念，讨论、交流教师提出的问题。

［教师引导归纳］

地震的构造要素分析，地震的度量、震级、烈度及影响因素，世界地震的分布。两大地震带：环太平洋地震带、地中海—喜马拉雅地震带。地震的分布大体上与山脉的分布相吻合，大陆东部地震活动比西部弱。地震的危害。

［展示关联］

地应力──→岩层倾斜或弯曲──→地应力超限──→岩层断裂或错位──→能量急剧释放──→地震波传播──→地面震动

［展示图片］

展示教材"图 6.11　地震构造示意"（图略）。

［设计意图］

让学生对地震产生感性认识。结合材料分析影响烈度的因素，培养学生提取、应用信息的能力；会用板块构造学说解释地震带的分布，培养学生调用已有信息的能力；让学生说出地震的危害，培养学生总结概括的能力。

◇学生活动◇

滑坡研究小组上台展示研究成果并解答同学的疑问。

◇教师活动◇

教师认真倾听滑坡研究小组的展示，点评小组成果。

◇问题情境1◇

2014 年 5 月 2 日，阿富汗东北部山区发生山体滑坡，掩埋了山下村庄约 300 户人家，造成 2000 多人死亡。

◇**问题探究 2**◇

根据问题情境的材料，思考滑坡产生的条件有哪些，滑坡会带来哪些危害。

[学生讨论、交流]

略

[教师引导归纳]

滑坡发生的条件：地面有疏松物质的堆积，被水浸湿后发生软化；地下水丰富和坡面有积水的地方，特别是连续性降雨后，有大量雨水下渗时，容易发生滑坡；风化作用、地震在不同程度上影响滑坡的发育；从地质构造上看，断层面、岩层面是天然的软弱面，更加容易形成滑坡；人类活动如在斜坡上进行蓄水灌溉、破坏坡面植被，都可能诱发滑坡。

滑坡的危害：破坏或掩埋农田、道路和建筑物，堵塞河道，可能造成重大人员伤亡。

[设计意图]

让学生结合滑坡的概念理解滑坡产生的条件，培养学生分析问题的能力。

◇**问题情境 2**◇

如下图，某段高速公路（G）经过单面山（顺向山）地区。为防止滚石、滑坡等灾害，对施工立面H进行了加固，还在L坡面上打入"岩锚"，以固定表层岩层。2010年春，该单面山的上部山体大规模滑落，导致公路被毁。

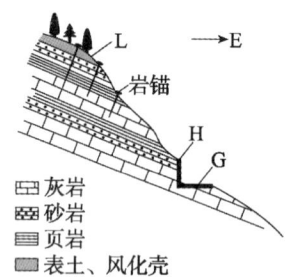

◇**问题探究 3**◇

分析这次地质灾害发生的原因。

[学生讨论、交流]

略

[教师引导归纳]

顺向岩层因公路施工失去稳定性。"岩锚"加固使得单面山上部岩层形成整体。

深处地层松软使得该单面山上部山体滑落，对公路产生巨大推力，导致该公路被毁。

[设计意图]

让学生结合示意图和滑坡产生的条件分析滑坡严重区产生的原因。

◇学生活动◇

泥石流研究小组展示研究成果并解答同学的问题。

◇教师活动◇

教师认真倾听泥石流研究小组的展示，点评学生的思维过程。

◇问题探究4◇

分析泥石流产生的条件。

[学生观看视频，讨论、交流]

学生通过观看泥石流相关视频，学习泥石流的概念，讨论、交流教师提出的问题。

[展示图片]

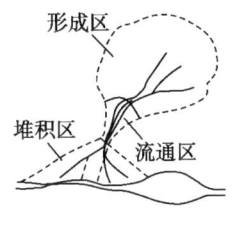

泥石流结构

[教师引导归纳]

泥石流产生的条件：地形地貌——陡峻，便于集水、集物的地形地貌；地质构造——褶皱、断层相当发育，地震烈度大的地区；物质条件——丰富的疏松物质；水流条件——短时间内有大量水源；植被条件——稀疏；人为因素——山区不合理的经济建设活动。

[设计意图]

让学生结合视频、图片说出泥石流地貌结构，根据泥石流的概念分析泥石流产生的条件，培养学生分析问题、解决问题的能力。

◇问题情境3◇

2016年9月17日，我国云南元谋发生特大泥石流灾害，造成成昆铁路中断，泥石流摧毁聚落，破坏森林、农田、道路，淤塞江河，造成重大人员伤亡。

◇问题探究 5◇

分析此次特大泥石流的原因。

◇问题情境 4◇

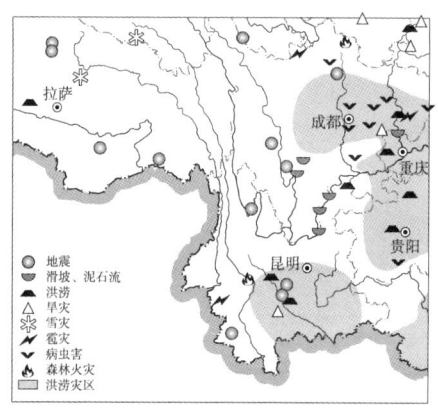

我国自然灾害局部分布

◇问题探究 6◇

为什么我国川滇地区地震、滑坡、泥石流多发?

[学生讨论、交流]

略

[教师引导归纳]

①四川、云南处于我国著名的南北地震带和青藏高原边缘地震带上,构造运动活跃,地震较多;②该区域地处我国地势第一级阶梯和第二级阶梯的边缘,地形以山地为主;③亚热带季风气候,降水充沛且集中于夏季;④人类不合理的经济活动破坏植被和地表结构。

[设计意图]

让学生学会分析我国川滇地区地震、滑坡、泥石流多发的原因,培养学生的知识迁移与合作探究能力。

◇问题情境 5◇

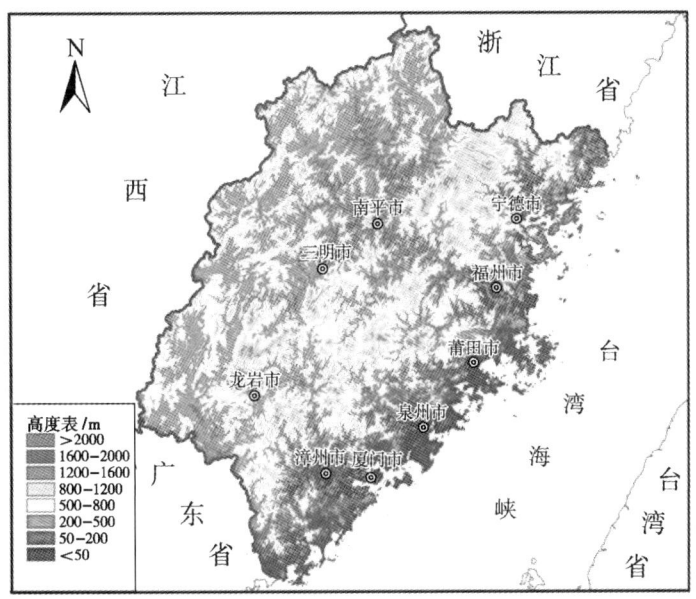

福建省地形

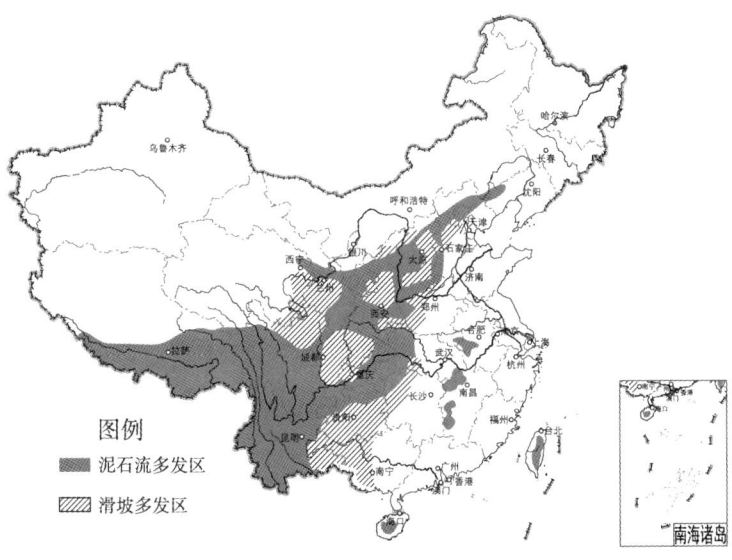

我国滑坡和泥石流多发区分布

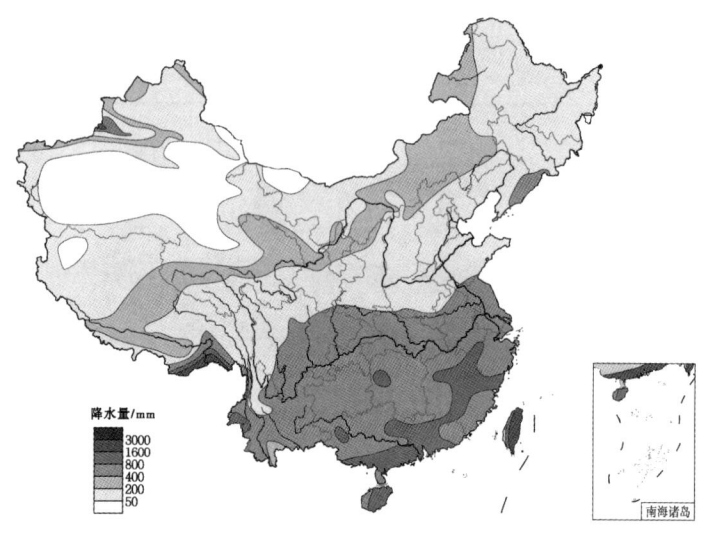

我国年降水量分布

◇**问题探究 7**◇

(1) 福建有没有滑坡、泥石流灾害，为什么？

(2) 与福建相比，哪些地区滑坡、泥石流灾害更多发，为什么？

(3) 地质灾害多发的危害有哪些？

[学生讨论、交流]

略

[教师引导归纳]

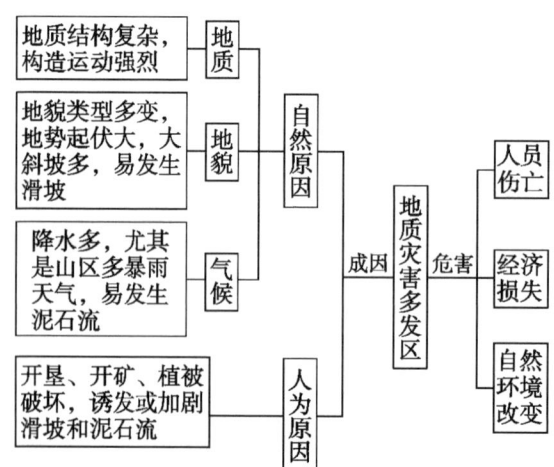

[设计意图]

结合乡土地理,让学生关注家乡,关注身边的事物;对学到的原理进行应用;培养学生的读图分析能力;不同尺度的区域对比,培养学生的区域认知素养。

◇学生活动◇

地质灾害防御研究小组展示研究成果,并解答同学的疑惑。通过角色扮演展示不同场所的避震方法,总结地震发生时不同地方、不同情况采取的不同方法。

◇教师活动◇

教师认真倾听地质灾害防御研究小组的展示,指导学生做好地质灾害的防御措施。

[设计意图]

总结地质灾害的防御措施,教会学生逃生技能。

◇课堂小结◇

为了更好地防灾减灾,作为中学生的我们要树立科学的环境观,学习一些必要的避灾逃生自救的知识。只有人与自然和谐相处,才能共建美好家园。

[设计意图]

对本节课进行总结,进行情感、态度和价值观教育,让学生树立正确的人地协调观。

◇作业布置◇

如果你的家人要去旅游,帮他分析哪些地方是滑坡、泥石流灾害的多发区,从防灾避灾的角度帮他设计一份出行规划和注意事项。(建议图文并茂)

[设计意图]

通过设计方案类的作业,培养学生的地理实践力素养。

◇板书设计◇

一、主要地质灾害

1. 地震 { 形成原因 / 衡量指标 / 构造 / 主要分布 / 危害

2. 滑坡和泥石流 { 概念 / 形成条件 / 分布 / 主要危害

二、地质灾害的关联性

三、如何防御地质灾害

◇设计感悟◇

本节课采取的教学形式是学生自主学习,根据材料、图片画出地质灾害的因果关联图。教学过程中,力求以能力为立意,培养学生综合运用所学的地理原理,解决实际问题的能力以及地理逻辑思维能力,教会学生运用因果关联图去总结归纳地理原理的方法。

※课后达标检测※

下图为四川西北部某地自然灾害治理工程分布图。近年来拦沙坝、排导槽等工程防御灾害的能力不断下降。据此回答1—2题。

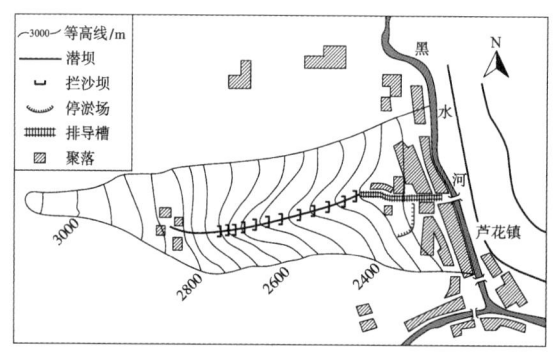

1. 该工程防治的自然灾害最可能是（ ）

    A. 泥石流   B. 地震   C. 滑坡   D. 旱灾

2. 近年来拦沙坝工程防御灾害的能力不断下降的主要原因是（ ）

    A. 洪水冲击   B. 断层发育

    C. 坡面滚石砸击   D. 泥沙淤积

2018年12月16日17时42分,印度尼西亚伊里安岛(3.85°S,140.29°E)发生6.0级地震,震源深度80千米。下图为印度尼西亚区域图。读图回答3—4题。

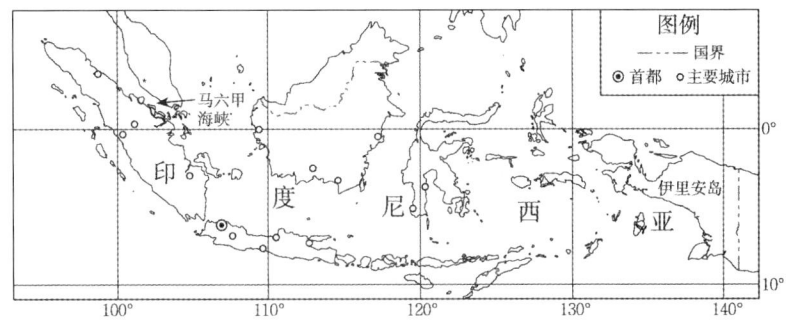

3. 关于本次地震的说法，正确的是（　　）

   A. 地震是亚欧板块和印度洋板块挤压碰撞的结果

   B. 震源位于上地幔

   C. 引发的海啸严重威胁到马六甲海峡的航行安全

   D. 震中位于西半球

4. 本次地震发生前后两天内，下列说法正确的是（　　）

   A. 我国正值节气小雪到大雪之间

   B. 上海的楼房正午影长逐渐变长

   C. 北京昼短夜长，且昼渐长

   D. 印度洋海水经马六甲海峡流向南海

5. 阅读图文材料，回答问题。

阿布巴利克是阿富汗东北山区的一个贫穷村落，居民大多住在土坯房中，2014年5月2日的一场暴雨触发了山体滑坡，摧毁了山下的村庄。1小时后滑坡再次发生，掩埋了自发前来救援的村民。此次灾害共造成2700多人死亡。下图为灾害发生后的实景照片。

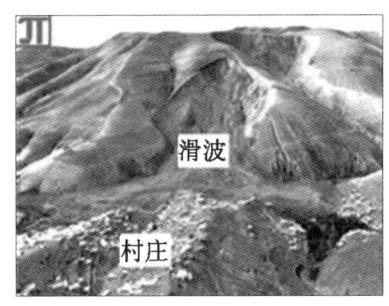

分析阿布巴利克滑坡造成重大人员伤亡的原因。

【参考答案】

1. A 2. D 3. B 4. B

5. 地形坡度大，松散物质多，又遭强降水，导致滑坡强度（面积、体积）大；村庄人口多，位于不稳定山体下方，位置不当；土坯房屋不坚固、抗灾能力差，村民缺乏救灾常识；地处山区，交通不便，专业救援人员和设备缺乏，救援能力差。

第三节　防灾减灾

教学内容分析

※课标要求※

1.11　运用资料，说明常见自然灾害的成因，了解避灾、防灾的措施。

※课标解读※

1. 主要概念

防灾和避灾就是在自然灾害发生之前采取工程性或非工程性防御措施，以防止或延迟灾害的发生，减轻灾害发生时造成的危害和损失。减灾则是在自然灾害发生时启用应急预案，发生后采用正确的救援和救助方法及灾后恢复。

2. 解读

自然灾害的种类很多，如地质灾害中的地震、泥石流、滑坡，气象灾害中的台风、寒潮、干旱、洪涝，生物灾害中的虫灾、鼠灾等。具体选择学习哪些自然灾害，教师可以重点考虑所在地区常见的自然灾害进行讲授，以便学生结合实际生活，加深理解。当然，也要适当照顾我国范围内影响较大的自然灾害，拓展学生的视野。自然灾害的形成和强度也与人类活动有重要联系，根据这些原因，可以引导学生了解避灾、防灾的措施。

学习自然灾害的成因，不仅是为了帮助学生理解避灾、防灾的措施。更重要的是为学生提供批判性思维训练的内容：灾害的孕育和发生往往涉及多种因素，是一种复杂的系统行为。将防灾、减灾的学习设计成开放式、探究式的学习，引导学生从现实出发，辩证地思考自然灾害对人类社会的影响。

由于自然灾害的广泛性和不可避免性，人类在生存与发展过程中，时常要面对众多自然灾害，甚至可以说，人类社会的历史，就是同自然灾害斗争的历史。在"防灾、减灾"的教学活动中，避灾、防灾的措施是重点。应让学生理解：面对自然灾害，政府应该做什么，个人应该采取什么应急措施；要有意识地让学生结合现实思考、分析、讨论应该采取何种措施，在学生的自主构建中达到"了解避灾、防灾"的目的。自然灾害是地理环境演化过程中的异常事件，但却成为阻碍人类社会发展的最重要的自然因素之一。每一种自然灾害都有各自的形成原因与地域分布规律。在灾害发生、发展过程中，人们利用各种技术手段获取自然灾害信息，并动态监测灾害的进程和态势，帮助各级抗灾指挥机构有效组织抗灾活动，为灾害工程性和非工程性防御措施的制定提供依据。

※**教材分析**※

依据《普通高中地理课程标准（2017年版）》，高中地理课程结构分为必修、选择性必修和选修三类，必修课程包括两个模块，即地理1和地理2。本节课对应的课标内容为："1.11 运用资料、说明常见自然灾害的成因，了解避灾、防灾的措施。"

本部分内容主要是帮助学生了解几种常见自然灾害的防御方法和措施，树立绿色发展、人地协调共同发展、可持续发展的观念。本节课在设计上采用案例教学法和小组讨论归纳实施，通过对长江中下游地区先旱灾后转涝灾的灾情分析为本节课分析案例，借助防御自然灾害的各种措施阐释人与物的活动；借助自然灾害发生的时空性阐释人、物在不同地点之间按照某种规则活动；借助各种方法保护人民群众生命和财产安全，使大家能居安思危，防患于未然。

※**学情分析**※

学生具备一定的地理基础，有一定的自学能力，已经学会利用地理信息技术或其他地理工具，收集和呈现地理资料、视频和图像，具备一定的收集材料、分析问题、解决问题的能力。

※**核心素养培养目标**※

基于课程标准和学情，本节课的地理核心素养培养目标设置如下。

1. 通过对长江中下游地区先旱灾后转涝灾的灾情分析，学会认知自然灾害发生的地区分布特点。明确自然灾害具有空间分布差异。不同区域防灾减灾的任务不同。(区域认知)

2. 学会通过对资料中自然灾害发生时采用各种防灾减灾措施分析，用所掌握的研究归纳法获取地理规律。从防灾减灾各个具体过程中探寻自然和人为要素共同作用下实现防灾减灾目的，进而培养综合思维能力。(综合思维)

3. 通过对防灾减灾措施和方法的分析，掌握人类活动会影响自然环境，天灾常与人祸相伴，如果防御和救援救助得当，可最大限度降低损失。只有人地关系走向和谐，才能可持续发展。(人地协调观)

4. 通过图片、影视作品、新闻报道等视频或现场观看各种自然灾害的危害，让学生了解灾害的产生及防御措施。在灾害来临时有充足的心理准备，掌握应对灾害的方法和措施，避免遭受更大伤害，有效防灾、避灾、减灾。(地理实践力)

※教学重难点※

1. 教学重点

根据不同自然灾害的特点，在灾害发生时，采取适当的应急措施。

2. 教学难点

灾前准备、灾中应急和灾后恢复的主要任务及措施。

※教学方法※

讲授法、案例探究法、小组合作学习探究法。

※教学课时※

1课时。

教学过程设计

※课前预习※

一、防灾减灾手段

防灾减灾工作包括_____、_____、_____、_____等多个方面。

1. 我国建成了由人造卫星、气象站、水文站、地震台、地质环境监测站等组成的自然灾害监测系统，主要对自然灾害的孕育、发生、发展和致灾全过程进行_____。

2. 我国为控制和减少自然灾害造成的损失，一方面修建水库、堤坝、防风林等＿＿＿＿＿＿；另一方面施行防灾减灾的＿＿＿＿＿＿，开展＿＿＿＿＿＿。

3. 发生自然灾害并达到应急程度时，应按照国家有关自然灾害的＿＿＿＿＿＿，调动救援物资和人员。

4. 灾后恢复的目的：尽快恢复灾区群众的＿＿＿＿＿＿，并促进灾区＿＿＿＿＿＿的恢复和发展。

5. 地震发生时，纵波传播速度快于横波，这个＿＿＿＿＿＿给地震预警留下了空间。

6. 地震发生后，＿＿＿＿＿＿是地震救援的主要力量。

二、自救与互救

1. 对个人和家庭而言，防灾减灾的主要任务是＿＿＿＿＿＿。

2. 自救与互救包括＿＿＿＿、＿＿＿＿和＿＿＿＿三个方面。

3. 洪涝、台风等可以较准确预测的自然灾害应及时关注天气预报，做好＿＿＿＿＿＿；突发的自然灾害应按照预先设计好的＿＿＿＿＿＿进行撤离；自然灾害过后，还需要＿＿＿＿＿＿，防患于未然。

※课堂教学※

一、观看视频，激趣导入

◇问题情境1◇

中央气象台2018年7月3日6时发布台风预报：今年第7号台风"派比安"的中心今天（3日）早晨5点钟位于日本鹿儿岛偏西方约260千米的东海东北部海面上，就是北纬31.3度、东经127.8度，中心附近最大风力有12级（33米/秒），中心最低气压为970百帕，七级风圈半径300—430千米，十级风圈半径70—180千米。预计，"派比安"将以每小时20千米左右的速度向北偏东转东北方向移动，将于3日下午移出东海东北部，以后穿过朝鲜海峡进入日本海，逐渐变性为温带气旋。

大风预报：3日8时至4日8时，东海东部和南部、台湾海峡北部、台湾东南洋面、巴士海峡将有7—8级大风，其中东海东北部的部分海域风力可达9—10

级,"派比安"中心经过的附近海域的风力有11—12级,阵风可达13—14级。

◇问题探究 1◇

说明几种常见自然灾害的类型及其时空分布特点。

[师]

展示图片,播放影视视频、新闻报道。讲授几种常见的自然灾害。讲解热带气旋、干旱、寒潮等气象灾害,地震、滑坡、泥石流等地质灾害,洪涝、风暴潮等水文灾害,病害、虫害和鼠害等生物灾害,它们发生的原因和时空分布特点。

[生]

观看视频,听教师讲解,认识各种常见自然灾害。

[设计意图]

激趣导入,观看各种常见自然灾害的相关视频,让学生对常见自然灾害有充分了解,激发学习热情,活跃课堂气氛,为讲解防灾减灾做好铺垫。

二、情境再现,案例推演

[师]

请同学们阅读材料,小组合作回答老师设置的几个问题。

◇问题情境 2◇

材料一 2016年4—5月份,长江中下游遭遇严重旱灾,牵动人心。一进入6月份,旱灾预警没来得及解除,南方多省就因骤降两轮暴雨,一夜间由旱转涝。据国家减灾委办公室统计,截至当年6月13日20时,两次灾害过程造成105人死亡,失踪63人。

材料二 下图是我国洪涝分布图。

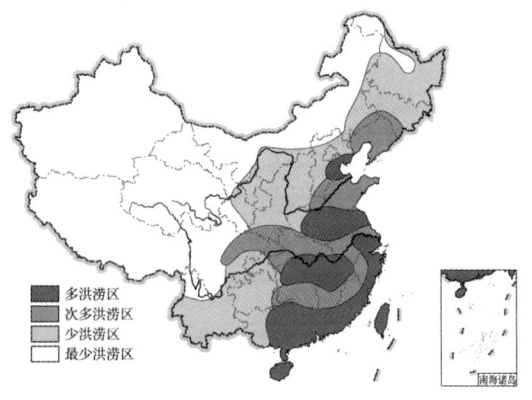

◇问题探究 2◇

(1) 结合问题情境的材料提供的信息，分析我国雨涝区的时空分布规律。

(2) 简述雨涝期对农作物的危害，及对当地居民生产和生活的不利影响。

(3) 在灾害发生前，如何有效地预防？

[生]

阅读材料，小组合作探究。

[设计意图]

通过长江中下游严重旱涝灾害案例推演，探寻自然灾害的时空分布规律，以及对农作物及当地居民生产和生活的不利影响，为学习避灾、防灾、减灾防御措施做好铺垫。

三、防灾减灾所采取的防御措施

[师]

防御就是在自然灾害发生之前采取工程性或非工程性防御措施，以防止或延迟灾害的发生，减轻灾害发生时造成的危害和损失。非工程性防御是各国的减灾规划和防灾法律、各级行政部门的减灾管理以及公众减灾教育等途径。工程性防御措施是指通过修建防灾工程，改变自然灾害系统，最终达到减灾的目的。

请同学们阅读下图，小组合作回答老师设置的相关问题。

◇问题情境 3◇

◇问题探究 3◇

（1）图中措施属灾害防御中的_____性防御措施。

（2）从图中可以看出的自然灾害有_____和_____，此工程的建设可以_____，从而保护人口、财产的安全。

（3）除此图反映的方式外，该类灾害防御措施还有哪两种方式？

（4）图中反映的自然灾害在我国_____地区分布最典型，试从地质、地形、气候条件方面加以分析。

（5）防御此类灾害，你认为还可采取哪些非工程性措施？

[生]

读图，小组合作探究。

[设计意图]

通过小组对自然灾害防御措施的分析，学会应用前面所学，以格栅坝预防地质灾害为载体，学会分析问题、解决问题。贯彻"以防为主"的工作指导方针，从而完成教学任务。

[问题情境 4]

大震的预警现象、预警时间和避震空间的存在，是人们震时能够自救求生的客观基础，只要掌握一定的避震知识，事先有一定准备，震时又能抓住预警时机，选择正确的避震方式和避震空间，就有生存的希望。震时是跑还是躲，我国多数专家认为：震时就近躲避，震后迅速撤离到安全地方，是应急避震较好的办法。避震应选择室内结实、能掩护身体的物体下（旁），易于形成三角空间的地方，开间小、有支撑的地方，室外开阔、安全的地方。据对唐山地震中 874 位幸存者的调查，其中有 258 人采取了应急避震措施，188 人安全脱险，成功者约占采取避震行动者的 72%。

◇问题探究 4◇

阅读问题情境的材料，小组合作探究活动：设计课外灾害自救互救活动步骤（以地震为例）。

（1）将学生分组，以地震的自救和互救为主题，分头收集相关资料并撰写宣传稿。

（2）各组先在班里演讲和宣传，在此过程中不断修改和完善。

（3）汇总各组的宣传稿，以手抄报形式出一期黑板报。

（4）复印各组宣传稿，装订成册，向亲人、朋友分发并宣传。

（5）根据本地的实际情况，确立以地震灾害为主题的救援演习。

（6）请地震及应急管理部门的专业人员讲解地震的发生机制、灾害特点及相应的救助知识和技能，并认真学习，争取掌握相关的技能。

（7）将全班同学按照角色的不同分组，分别扮演灾中的逃生者、受伤者、指挥者、救援队等；财物可用教室内桌椅、课本等代替，在规定的时间内完成演习。

（8）总结演习中存在的不足，并加以完善，写出可行性报告。

[设计意图]

通过学生自己动手，网上查找资料，互相交流结果，做好宣传报道，听报告并亲自参与演习角色扮演，掌握大量自救与互救的方法，最终完成教学任务，尤其是地理实践力的教学目标。

◇拓展延伸，扩大视野◇

材料一　灾后"重建家园"的意义是什么？

一个地方遭受某种自然灾害，就像一个人遭受了某种伤害受了伤，"重建家园"就像治疗伤口一样。它的意义在于：通过抢救和重建生命线及生产线，以及恢复生活和生产秩序，以达到"将灾害损失减到最低程度"和"增强对未来灾害的抵御能力"的双重目标。

材料二　灾害保险既是风险分散及灾后恢复的一个强有力的措施，也是一个国家经济发展和管理体制完善的重要标志。我国是一个农业大国，农业保险方面的险种很多，了解这些险种，积极投保，减轻灾害风险。我国的灾害保险近年来发展较快，但与经济发达国家相比还属起步较晚，有极大的上升空间。

课后请同学们查找资料完成以下任务。

（1）地震发生时的注意事项。

（2）在家里及学校该怎样避震？

◇板书设计◇

一、防灾减灾手段

1. 工作指导方针：以防为主，防抗救相结合

2. 防灾减灾工作

①灾害监测——通过监测系统对自然灾害动态监测。

②灾害防御——修建工程性与非工程性防灾工程，开展宣传教育。

③灾害救援与救助——启动应急预案，调动救援物资和人员展开救援救助。

④灾后恢复——尽快恢复灾区群众生产和生活。

二、自救与互救

①灾前准备——及时关注天气预报及灾害预警信息，多参加各种防灾演习活动。

②灾中救助——按预先设计好的逃生路线撤离，及时、有序撤到安全地带。

③灾后自我保护——应提高警惕，防患于未然。

◇设计感悟◇

(1) 课前知识预习填空，通过学生对新学知识的梳理，培养他们的自学能力。采用新闻报道引入新课，活跃课堂气氛，调动学生学习积极性。

(2) 通过情境问题创设，师生合作探究，突破教学重难点，达到高效课堂教学效果。

(3) 课后达标检测题的安排是对所学知识的迁移应用，学会分析问题和解决问题，提升地理核心素养。

(4) 布置课后活动的目的是学以致用，用实际行动做好防灾减灾工作。

※课后达标检测※

1. 右图是某地地质灾害成灾频次示意图，该地防御此类地质灾害的主要措施是（　　）

①提高植被覆盖率　②修建水利工程　③修建护坡工程　④清除河道淤泥

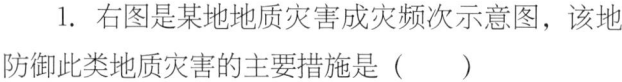

A. ①②　　　　　　　　B. ②③

C. ③④　　　　　　　　D. ①③

2. 容易发生泥石流的地区是（　　）

A. 陡峻的沟谷山坡　　　B. 平原地区

C. 我国西北干旱地区　　D. 地表植被覆盖好的地区

3. 下列属于自然灾害监测系统中监测对象的是（　　）

①气象灾害　②地质灾害　③水文灾害　④生物灾害　⑤气象雷达　⑥基

层社区

  A. ①②③④   B. ①②⑤⑥

  C. ①③④⑤   D. ③④⑤⑥

4. 下列属于非工程性防御措施的是（ ）

  A. 研制、发射地球资源卫星进行自然灾害的监控

  B. 退耕还林及打坝筑堤

  C. 建设三峡水利枢纽工程

  D. 完善各种法律法规，规范全社会的减灾行动

5. 对海啸灾害，合理有效的防灾减灾措施是（ ）

①建立灾情监测预警系统 ②将人们迁离沿海居住 ③增高海岸堤防，围海造陆 ④在海岸种植红树林保护海岸

  A. ①②   B. ②③

  C. ①④   D. ②④

6. 防御地质灾害的正确做法是（ ）

①加强地质灾害的科学研究，建立灾情监测预报系统 ②植树造林，减小滑坡和泥石流的频率和强度 ③陡坡地开山采石，可减少滑坡发生 ④砍伐森林，让地表水畅流，可减少泥石流发生

  A. ①②   B. ②③

  C. ③④   D. ①④

7. 下列防护林工程兼有防风固沙、保持水土功能的是（ ）

  A. 长江中上游防护林体系

  B. 沿海防护林体系

  C. 平原防护林体系

  D. "三北"防护林体系

【参考答案】

1. D 2. A 3. A 4. D 5. C 6. A 7. D

第四节　地理信息技术在防灾减灾中的应用

教学内容分析

※课标要求※

1.12　通过探究有关自然地理问题，了解地理信息技术的应用。

※课标解读※

地理信息技术指获取、管理、分析和应用地理空间信息的现代技术的总称，主要包括遥感技术、全球卫星导航系统和地理信息系统等。

探究学习在教学过程中把学生作为活动的主体，立足于学生的学，以学生的主体活动为中心来展开教学过程。学生在积极主动参与教学活动过程中以自己的经验和知识为基础，经过积极的探索和发现、亲身的体验与实践，以自己的方式将知识纳入自己的认知结构中，并尝试用学过的知识解决新问题。通过探究可激发学生学习的积极性，提高学生学习兴趣，变被动接受为主动探究，变理论讲解为实践操作，有助于培养学生地理能力。

※教材分析※

本节内容为地理信息技术在防灾减灾中的应用，在人教版高中《地理　必修　第一册》的第六章中，前面章节已经学过防灾减灾方面的内容。本节课的学习，既有利于培养学生对地理信息技术的探究兴趣，又能使学生掌握运用基本的现代科学技术进行防灾减灾。本节教材共划分三个主要部分：分别是遥感技术、全球卫星导航系统、地理信息系统，教材介绍其概念、原理、特点以及在防灾减灾中的应用等有关内容，目的是运用现代科学技术来应对灾害，做到把灾害的影响程度减到最小，做好防灾减灾工作，保障人民生命财产安全。

※学情分析※

高一学生经过一段时间的地理学习，已经有了一定的地理基础知识，在前面章节学习过防灾减灾的有关内容，学生具备一定的分析问题和解决问题的能力。但地理信息技术的概念、原理等部分，教材语言多为抽象性较强的理论，需要教师结合材料、多媒体进行展示、举例，将其具体化、形象化。

※核心素养培养目标※

1. 结合图文材料，分析材料中涉及区域的具体情况。（区域认知）

2. 参观当地的防灾减灾部门，了解当地在防灾减灾工作中运用到的地理信息技术。（地理实践力）

3. 通过对比自己所处学校的遥感影像图与校园实景照片，让学生更好地理解遥感的工作原理。增强学生获取、分析、运用地理信息与数据的能力，学会真正理解地理信息技术的内涵和关系，从而形成综合地理思维。（综合思维）

4. 利用地理信息技术掌握灾害的发生地区以及灾害的形成和发生过程，做好防灾减灾工作，保障人民生命财产安全。（人地协调观）

※教学重难点※

1. 教学重点

(1) 遥感技术、全球卫星导航系统、地理信息系统三者的工作原理。

(2) 地理信息技术在防灾减灾工作中的应用。

2. 教学难点

地理信息技术在防灾减灾工作中的应用。

※教学方法※

探究法、自主学习法。

※教学课时※

1课时。

教学过程设计

※课前预习※

一、遥感技术

1. 定义：遥感技术是利用装在＿＿＿＿＿＿＿（如飞机、高空气球）或＿＿＿＿＿＿＿（如人造卫星）的光学或电子设备，对地表物体进行远距离感知的地理信息技术。

2. 特点

(1) 探测范围_____。

(2) 获取信息速度快、周期短、信息量大。

(3) 受地面条件限制少。

(4) 能够实现地物信息的实时、_____监测。

3. 应用

(1) 实时监测洪涝、台风等灾害的形成过程，进行准确的预报、预警。

(2) 能够快速识别地震等突发性自然灾害的影响范围，并对灾情统计、灾害救援等工作提供强有力的支持。

链接生活：遥感技术为什么能在灾害救助中得到广泛的应用？

（提示：由于遥感技术具有探测范围大、获取资料快、受地面条件限制少、获取信息量大的特点，所以应用领域十分广阔。）

二、全球卫星导航系统

1. 定义：全球卫星导航系统是一种地理信息技术，它利用卫星在全球范围内进行实时_____和_____。

2. 组成 { 卫星星座——空间部分 / 地面监控系统——地面控制部分 / 信号接收系统——用户部分

3. 特点

(1) 提供精密的_____、速度和_____。

(2) 具有_____、_____、连续性、实时性的特点。

4. 全球卫星导航系统 { 美国：全球定位系统 / 俄罗斯：全球卫星导航系统 / 欧洲：伽利略卫星导航系统 / 中国：_____导航系统

5. 应用

进行精确定位，帮助用户在遭遇自然灾害或面临风险时发出_____；及时报告_____和受灾情况，有效缩短_____。

链接生活：全球定位系统在我们的生活、生产中能提供什么帮助？

（提示：能为用户提供精密的三维坐标、速度和时间，可以帮助人们野外考察、旅行和测量等。）

三、地理信息系统

1. 定义：地理信息系统是对_____进行输入、处理、存储、管理、查询、_____、输出等的计算机信息系统。

2. 应用

（1）利用地理信息系统的_____与分析功能，可以根据不同目的对相关数据进行叠加分析。

（2）利用遥感技术、全球卫星导航系统等提供的地理数据，进行自然灾害_____、预报预警，快速确定_____及受灾情况，为制定减灾预案、评估_____和指导灾后恢复重建等提供依据。

链接生活：如何理解"地理信息系统是地图的延伸"这句话？

（提示：可以理解为地图是地理信息系统的重要信息源，是地理信息系统的基础；而地理信息系统是地图的延伸和完善，除了具备地图的基本功能外，还有地图所没有的其他更多功能。）

※课堂教学※

环节一：新课导入

播放汶川大地震救援中的有关视频。

环节二：预习反馈 基础再现

展示一些学生课前预习学案，出示课前预习学案答案，解决学生的疑惑。

环节三：问题探究 重难点突破

◇问题探究 1◇

遥感在防灾减灾中的应用。

下图是遥感技术工作示意图，读图探究下列问题。

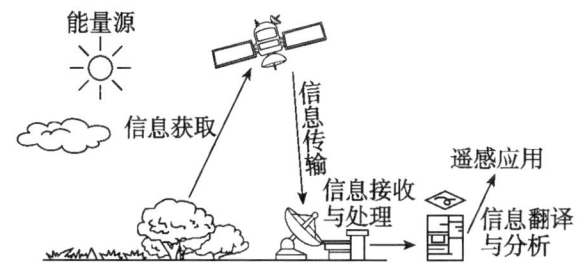

(1) 你是如何理解遥感概念中"远距离的感知"的?

(2) 在区域地理环境研究中,遥感与实地测绘的传统工作方法相比,具有哪些优势?

[提示:(1)"远距离"即不直接接触地物;"感知"即要用一定的装备和技术获得地物的信息。(2)遥感技术监测的范围大,获取信息的速度快,对地物的分辨率较高,投入较少,受地面条件限制较小等。]

[教师小结]

遥感技术的基本概况及应用:

技术装备	遥感平台、传感器、遥感信息处理系统
工作原理	目标物→传感器→遥感地面系统→图像、数字
特点	探测范围大、获得资料速度快、受地面限制少、获取信息量大、应用广,能够实现地物信息实时、动态监测
应用	灾害监测	实时监测洪涝、台风等灾害的形成过程,进行准确的预报、预警;能够快速识别地震、泥石流、滑坡等突发性自然灾害的影响范围,并对灾害统计、灾害救援等工作提供强有力的支持
	资源调查	对植被、农业资源(土地、农作物分布)、矿产、水资源进行调查和监测
	环境监测	对各种污染、生态问题进行监测

◇问题探究2◇

全球卫星导航系统。

阅读材料,探究下列问题。

中国北斗卫星导航系统是我国自行研发的卫星导航系统。该系统按照"三步走"的发展战略稳步推进。第一步,2000—2003年,中国成功发射了3颗北斗导航实验卫星,建立起完善的北斗导航实验系统。第二步,于2012年前,北斗卫星导航系统首先提供覆盖亚太地区的定位、导航、授时和短报文通信服务。第三步,于2020年6月,建成由5颗静止轨道卫星和30颗非静止轨道卫星组成的覆盖全球的北斗卫星导航系统。

(1) 北斗卫星导航系统由哪三部分组成?

(2) 北斗卫星导航系统的主要作用有哪些?

(3) 北斗卫星导航系统应用于哪些领域?

[教师小结]

全球卫星导航系统的应用领域：

应用领域	具体应用
民用交通	空中导航：空域划分与管理；交通流量管理；飞行路线管理；提高机场利用率 航海：自主导航；提供位置、航速、航向和时间信息；海图航迹显示；港口、码头的船舶调度；近海和内河船舶导航和管理
旅游探险	定位；选择最优行进方式和线路；寻找合适的道路和宿营点；报警；选择最佳记录、摄影地点和时间
其他领域	大地测量；野外勘测；紧急救援；生态研究；农业资源调查；农作物生产等
军用	定位和导航

◇问题探究3◇

地理信息系统。

阅读材料，探究下列问题。

我国第23次南极科考队利用我国自主创新的地理信息系统平台软件，在南极长城站首次绘制了1∶1000数字化大比例尺地形图，并将这些成果建成空间数据库。

据悉，本次南极科考活动得到了社会各界的极大关注。制图公司采取赠送方式向南极科考队提供该软件，并将在科考过程中提供免费技术服务。该系统软件已广泛应用于国土、交通、民航、房产、电力、电信等众多领域。

(1) 本次科考利用我国自主创新的地理信息系统软件，对此说法不正确的是（ ）

    A. 此次考察利用的地理信息系统，需要遥感技术、全球卫星导航系统进行数据支持

    B. 此技术是一种快速但准确度不太高的技术

    C. 利用此技术可以替代人对南极无人区进行数据分析

    D. 地理信息系统技术是地图的延伸

(2) 长城站数字地图绘制成功后，对该地图利用的叙述错误的是（ ）

    A. 方便查阅南极地区的三维地图及地图信息

    B. 可以对附近地区冰川、海岸线的变化进行观察分析

C. 对防止极冰融化提供治理的技术

D. 对地物相关信息的分析采用数字化处理

(3) 上述海岸线的变化利用_____技术最适宜探测（ ）

A. 遥感

B. 地理信息系统

C. 科技人员实地测量计算

D. 现代技术还无法分析

(4) 利用地理信息技术在对南极地区进行勘探研究时，除了上述应用外还有哪些用途？试举两例。

［提示：(1) B　(2) C　(3) A　(4) 利用全球卫星导航系统测量观测点的海拔，确定科考队员的位置；利用遥感技术探测资源状况；利用地理信息系统绘制资源分布图。］

[教师小结]

地理信息系统的应用：

解决问题	举例
地物的位置、分布等基本问题	地点查询；查询最近的银行；查询巡逻警车的分布
趋势分析	人口增长趋势；城市发展趋势
模式问题	人口扩散模式；商业选址模式；路径分析模式
模拟问题	用地理信息系统模拟灾害发生时的灾民撤退问题；用地理信息系统模拟某大型工程可能带来的问题

◇课堂小结◇

本节课我们主要学习了地理信息技术在防灾减灾中的应用，请同学们写出你今天这节课的收获是什么。

◇板书设计◇

一、遥感

1. 定义

2. 遥感工作原理

3. 遥感的应用

二、全球卫星导航系统

1. 组成部分

2. 主要作用

3. 应用领域

三、地理信息系统

1. 概念

2. 应用

※课后达标测评※

2018年8月27日8时，第14号台风"帕卡"在我国广东省登陆。受其影响，广东、广西、贵州、云南四省（自治区）11市（自治州）30个县（市、区）8.3万人受灾，8人死亡，1.4万人紧急转移安置。下图是超强台风"帕卡"的影像示意图。据此回答1—2题。

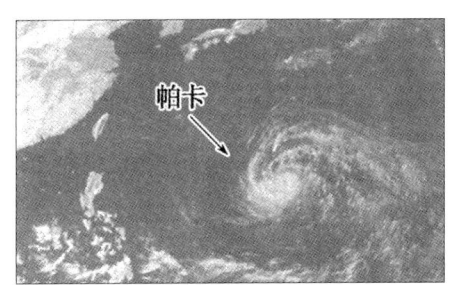

1. 获得此图像的地理信息技术是（　　）

   A. 遥感技术　　　　　　　　B. 全球卫星导航系统

   C. 地理信息系统　　　　　　D. 数字电视

2. 我国政府对此次灾害的受灾面积和损失进行统计并合理安排灾后重建工作，需借助的地理信息技术是（　　）

   A. 遥感技术　　　　　　　　B. 全球卫星导航系统

   C. 地理信息系统　　　　　　D. 数字电视

下图为我国某山区四个聚落的航空照片，框线内为居民密集区。读图回答3—4题。

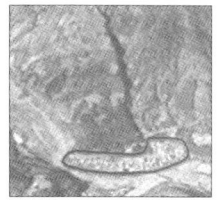 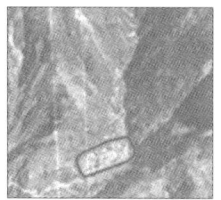 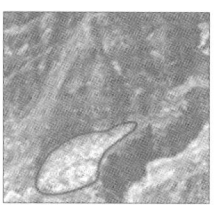 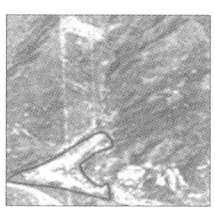

甲　　　　　乙　　　　　丙　　　　　丁

3. 图中不容易发生泥石流和洪灾的聚落是（　　）

　　A. 甲　　　　　　　　B. 乙
　　C. 丙　　　　　　　　D. 丁

4. 应对泥石流灾害的措施正确的是（　　）

　　A. 在较陡山体凹坡处建临时躲避棚
　　B. 逃生时向沟岸两侧山坡跑
　　C. 顺沟谷方向上游或下游逃生
　　D. 加强泥石流沟谷下游的检测工作

5. 右图是2008年5月19日从空中拍摄到的汶川大地震后泥石流掩埋某个区域的图片。如果要分析这个区域的具体受灾情况，需要用到地理信息技术中的（　　）

　　A. 地理信息系统、全球卫星导航系统
　　B. 遥感技术、全球卫星导航系统
　　C. 遥感技术
　　D. 地理信息系统、遥感技术

6. 读右图，回答下列问题。

（1）从图中可以看出的自然灾害有_____和_____。

（2）图中反映的自然灾害在我国_____地区分布最典型，试从地质、地形、气候条件加以分析。

（3）高新技术对防御此类自然灾害的应用还不广泛，你认为今后高新技术在此类灾害的防御中会有什么作用？

【参考答案】

1. A 2. C 3. C 4. B 5. D

6.（1）滑坡　泥石流

（2）西南　地质：地处亚欧板块与印度洋板块交界处，地壳活跃，岩石破碎；地形：山区地形起伏大，岩石风化严重；气候：全年降水多，夏季多暴雨。

（3）随着科学技术发展，遥感技术和计算机技术会广泛应用于对此类灾害的综合监测，实现监测—评估—预测—预警的智能化、网络化，利用人工影响天气技术，进行人工消雨，加强地震预报的准确性等。

问题研究　救灾物资储备库应该建在哪里

教学内容分析

※**课标要求**※

1.11 运用资料，说明常见自然灾害的成因，了解避灾、防灾的措施。

※**课标解读**※

本条课标内容不要求学生系统地学习自然灾害，重点是帮助学生理解自然灾害与人类活动的关系。自然灾害的种类很多，如地质灾害中的地震、泥石流、滑坡，气象灾害中的台风、寒潮、干旱、洪涝，生物灾害中的虫灾、鼠灾等。学习自然灾害的成因，了解自然灾害的形成和强度与人类活动的重要联系，根据这些原因，引导学生了解避灾、防灾的措施。救灾物资储备库的区位选择与自然灾害的分布特点密切相关，它关系到自然灾害发生时，能否快速地把救灾物资运送到灾区，最大限度降低自然灾害带来的损失。由于自然灾害的广泛性与不可避免性，人类在生存与发展过程中，时常要面对众多自然灾害，甚至可以说，人类社会的历史，就是同自然灾害斗争的历史。在"自然灾害"的教学活动中，"避灾、防灾的措施"是重点。教学应让学生理解，面对自然灾害，政府应做什么，个人应该采取什么应急措施；要有意识地让学生结合现实思考、分析、讨论应该采取何种措施，在学生的自主构建中达到"了解避灾、防灾的措施"的目的。

※**教材分析**※

教材通过3则资料展开分析，资料1通过近百年中国重大自然灾害点位分布图总结我国自然灾害的分布特点和分布范围，为学习救灾物资储备库的选址奠定基础。资料2列举我国已建的18个中央救灾物资储备库，分析其分布特点。资料3具体举例中央救灾物资成都储备库，分析其选址考虑的因素。3则资料探究的问题层层深入，揭示救灾物资储备库选址时考虑的主要区位因素，并了解我国中央救灾物资储备库的分布特点，加强对我国防灾减灾措施的了解，增强防灾减灾的意识。

※**学情分析**※

本节问题研究的内容是在前面学习了自然灾害的成因及掌握了自然灾害的防御措施的基础上，对自然灾害防御措施中"救灾物资储备库建设的区位选择"进一步的探讨，更深入了解我国自然灾害的分布特点，了解我国在防灾减灾方面所采取的有效应对措施。学生有一定的知识储备，且探究的内容与学生的日常生活密切相关，有利探究的顺利进行。

※**核心素养培养目标**※

1. 了解我国自然灾害的分布特点，了解灾区对救灾物资的基本要求。（区域认知）

2. 理解我国自然灾害与已建中央救灾物资储备库的空间分布关系，学会分析救灾物资储备库建设的主要影响因素。（综合思维）

3. 结合区域自然灾害特点，学会应用所学提出新建救灾物资储备库的选址建议，增强地理实践力，并掌握正确避灾、防灾的措施，形成正确的环境观。（人地协调观、地理实践力）

※**教学重难点**※

救灾物资储备库选址的区位因素。

※**教学方法**※

案例分析法、问题探究法。

※**教学课时**※

1课时。

教学过程设计

※课前预习※

1. 从网络收集已建中央救灾物资储备库的分布情况，了解各中央救灾物资储备库储备的主要物资类型及防御的主要自然灾害。

2. 分小组收集学校所在省份4—5个省级救灾物资储备库的资料，分析探讨影响省级救灾物资储备库建设的区位因素。

※课堂教学※

◇问题探究1◇

中国自然灾害点位分布特点。

阅读下列图文材料，回答问题。

材料一　5·12四川汶川特大地震是2008年5月12日14时28分4秒发生的8.0级地震，震中位于四川省汶川县映秀镇与漩口镇交界处，东经103°42′，北纬31°01′。截至2008年9月25日12时，四川汶川地震已确认有69227人遇难，374644人受伤，17923人失踪。下图示意我国火山和地震带分布（图略）。

材料二　2016年9月10日14时，热带气旋"莫兰蒂"在西北太平洋洋面上生成。9月12日2时加强为台风，8时加强为强台风，11时继续加强为超强台风级。9月15日以超强台风级在福建省厦门市登陆，登陆时中心最大风力52 m/s，重创厦门市。17时减弱为热带低压。9月16日凌晨在黄海海域消散。台风莫兰蒂导致厦门市65万棵树倒伏，房屋损毁17907间，农作物受灾面积0.7万公顷，直接经济损失102亿元。在中国大陆共造成28人死亡、49人受伤、18人失踪。台风"莫兰蒂"擦过台湾地区南部时也给台湾造成严重影响，当地因灾死亡2人。下图示意西北太平洋台风移动路径（图略）。

材料三　2008年6月，中国南方地区连续出现大范围的强降雨过程，部分地区发生严重暴雨洪涝灾害。据民政部网站消息，截至6月16日，此次灾害过程已经造成浙江、安徽、江西、湖北、湖南、广东、广西、贵州、云南等9个省（自治区）不同程度受到灾害影响，因灾死亡63人，失踪13人，紧急转移安置166万人；农作物受灾面积1017千公顷；倒塌房屋6.7万间；因灾直接经济损失144.5亿元。其中广西、广东、湖南、江西等4省（自治区）受灾较为严重。下图示意我国洪涝灾害分布地区（图略）。

(1) 据上述材料，说出我国常见的自然灾害。

地震、滑坡、泥石流、洪涝、干旱、寒潮、台风、雪灾等。

(2) 描述我国自然灾害的分布特征。

分布范围广：西北、华北、西南、青藏高原、东南沿海等地都有分布；地域差异大。

(3) 以某种自然灾害为例，列出该自然灾害的分布范围。[分三个小组讨论地震、寒潮、洪涝、台风四种自然灾害，可以用图表展示（图略）]

沿海灾害带（最严重）：台风、风暴潮、暴雨、洪涝、干旱、海水入侵、地震等。沿江灾害带：暴雨、干旱、水土流失、滑坡、泥石流。山前灾害带：地震、泥石流、滑坡以及冰雹等。

[设计意图]

复习巩固前面章节所学的有关自然灾害的基本知识，进一步落实自然灾害的空间分布规律，掌握我国自然灾害的时空分布特点。

◇问题探究2◇

我国中央救灾物资储备库的分布特点。

材料四　截至2016年年底，我国已建18个中央救灾物资储备库，分别位于北京、天津、沈阳、哈尔滨、合肥、福州、郑州、武汉、长沙、南宁、成都、昆明、拉萨、渭南、兰州、格尔木、乌鲁木齐和喀什。为实现"自然灾害发生24个小时之内，受灾民众得到初步救助，确保受灾民众有饭吃、有衣穿、有干净水喝、有临时住处、有病能得到及时治疗"这一基本目标，国家将继续进行救灾物资储备库建设。

(4) 救灾物资储备库主要储备哪些物质？

应急生活类物资：被子、帐篷、大米、饼干、方便面、矿泉水等。应急救援工具：冲锋舟、橡皮艇、救生圈、发电机、挖掘机等。

(5) 我国已建中央救灾物资储备库的分布有什么特点？

截至2016年年底，我国已在全国设立了18个中央救灾物资储备库，主要分布在自然灾害频发地区。另外，各省和92.7%的地市、80%的县建立储备库点，初步形成了方便快捷的储备、调运、接收、发放、回收相衔接的救灾物资调度体系，基本实现了自然灾害发生后24小时内受灾民众得到初步救助，确保了受灾民众有饭吃、有衣穿、有干净水喝、有临时住处、有病能得到及时治疗。

材料五　西南地区地貌结构复杂，是我国的地质灾害多发区。中央救灾物资成都储备库是我国库容最大、自动化程度最高、应急能力最强、管理最现代化的中央救灾物资储备库。这个储备库辐射西南地区，总占地面积10公顷，总有效库容3.7万立方米，拥有近万个货位，储备了帐篷、棉被、棉衣等救灾物资和冲锋舟、橡皮艇、救生圈、发电机、挖掘机等应急救援工具。下图示意我国地质灾害分布（图略）。

材料六　5·12四川汶川特大地震是2008年5月12日14时28分4秒发生的8.0级地震，震中位于四川省汶川县映秀镇与漩口镇交界处，东经103°42′，北纬31°01′。截至2008年9月25日12时，四川汶川地震已确认有69227人遇难，374644人受伤，17923人失踪。下图示意我国地震带分布（图略）。

（6）分析5·12四川汶川特大地震发生的主要原因。四川汶川特大地震可能诱发哪些地质灾害？

印度洋板块与亚欧板块相互碰撞挤压。　滑坡、泥石流、崩塌。

（7）指出成都救灾物资储备库储备的物资主要是防范什么自然灾害？

地震、滑坡、泥石流、洪涝。

（8）分析我国最大救灾物资储备库建立在成都的主要原因。

西南地区是我国地质灾害重点高发区，灾害类型多、频次高；成都到灾区的距离较近，能够辐射西南大部分灾区；成都是西南地区较大城市，便于救灾物资准备与发放；成都有较强的救灾物资储备库管理技术与管理经验；成都地处平原，少地质灾害，利于建救灾物资储备库。

[设计意图]

以我国已建的中央救灾物资储备库为例，了解救灾物资储备库的分布特点，学会从图文信息中分析、归纳、总结救灾物资储备库选址考虑的主要条件。

◇问题探究3◇

课前布置学生分小组收集4—5个省级救灾物资储备库的资料，分析探讨省级救灾物资储备库建设的相关问题。

福建省确定建设9个市级救灾物资储备库、67个县级救灾物资储备库。以福建省为例，分析福建省建立的省级救灾物资储备库的分布特点。下图示意福建省地形。

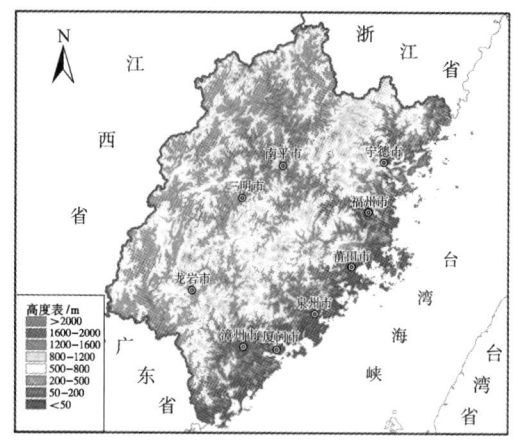

(9) 根据福建省地形图,描述福建省的地形特点。

以丘陵、山地为主,平原面积狭小。

(10) 结合我国自然灾害的分布图,指出福建省主要的自然灾害类型,并说明理由。

洪涝、台风、干旱、滑坡、泥石流。 理由略。

(11) 福建省 9 个市级救灾物资储备库建在哪里比较合理?并说明理由。

分布在 9 个地级市所在地或者区域的中心城市。 理由:最大限度地接近灾区,以便救灾物资快速发放;便于加强储备库的建设和管理。

[设计意图]

以本省的救灾物资储备库的建设为例,要求学生学会应用所学分析家乡救灾物资储备库选址的区位条件,掌握正确的避灾、防灾的措施,最大限度地减轻自然灾害带来的损失。

◇板书设计◇

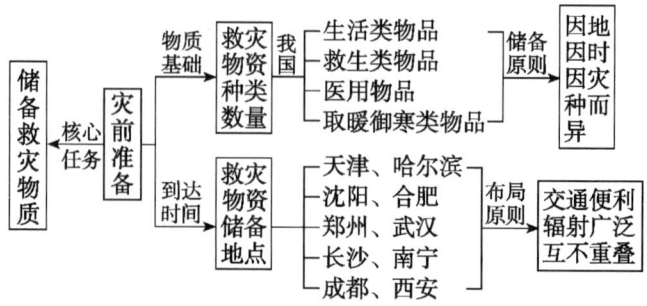

◇设计感悟◇

本节课设置三个探究环节，先探究我国自然灾害的分布特点，接着探究救灾物资储备库的区位选择，最后对具体的中央救灾物资成都储备库及地方的救灾物资储备库的区位选择的合理性进行分析。这样的探究过程有利于问题的层层深入，促进学生综合思维能力的发展，并且最后迁移当地的案例分析，培养学生的思维结构关联向拓展结构发展，以期达到培养综合素养的教学目标。

※课后达标检测※

灾前准备、灾中应急和灾后恢复是灾害救助过程中的三个核心环节。灾中应急行动见下图。据此回答1—2题。

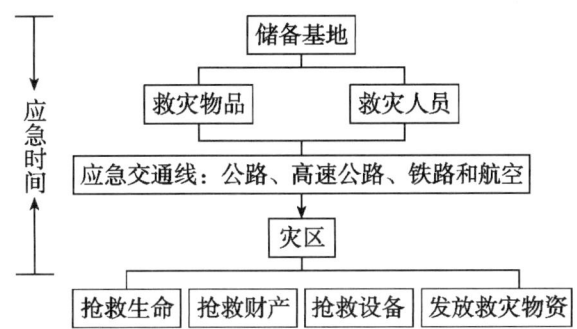

1. 某救灾物资储备基地储备的救生类物品主要有救生圈、救生舟、救生衣等。该基地及其附近地区最主要的自然灾害是（　　）

  A. 寒潮　　　　　　　　B. 泥石流

  C. 旱灾　　　　　　　　D. 水灾

2. 影响应急时间的主要因素是（　　）

①储备基地到灾区的距离　②自然灾害的种类　③应急交通线的通行能力　④救灾人员的数量

  A. ①②　　　　　　　　B. ③④

  C. ①③　　　　　　　　D. ②④

汶川大地震后，各地减灾部门重新审视本部门工作，加紧防抗救灾的筹备与演练。据此回答3—4题。

3. 关系到灾害发生过程中救灾物资到达时间的是（　　）

A. 救灾物资的种类　　　　　　B. 救灾物资的数量
C. 救灾物资的储备地点　　　　D. 救灾物资的生产

4. 新疆是地震多发区，为应对地震，下列做法不可取的是（　　）

   A. 将救灾物资储备到西安
   B. 准备大量的救灾食物和救生衣
   C. 灾中应急时对陇海—兰新线实行交通管制
   D. 灾后组织募捐活动，恢复生活、生产秩序

我国不同地区的灾害种类不同，救灾物品的储备也要求因时、因地、因灾种而不同。据此回答5—6题。

5. 储备的救灾物品大致相同的灾种有（　　）
   ①地震　②滑坡　③泥石流　④水灾
   A. ①②③　　　　　　　　　B. ②③④
   C. ①②④　　　　　　　　　D. ①③④

6. 上题所示四大灾种中，共同的救灾物品有（　　）
   ①救灾食物　②探生仪器　③救生衣　④燃料和燃具　⑤净水剂　⑥睡袋
   A. ①②④⑤　　　　　　　　B. ①③④⑤
   C. ①④⑤⑥　　　　　　　　D. ①③⑤⑥

7. 阅读材料，回答下列问题。

材料一　下图是我国主要救灾物资储备基地分布示意图。

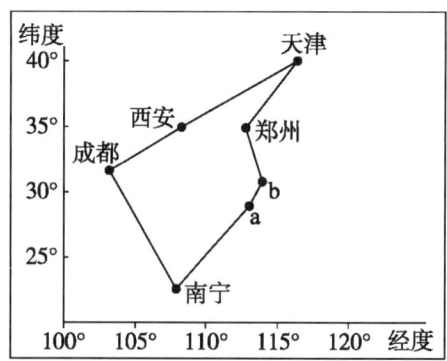

材料二　下图示意灾害自救的几种方式。

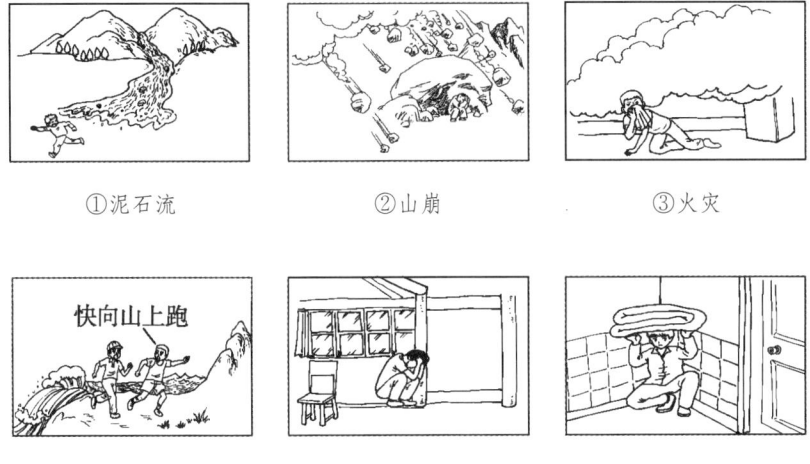

①泥石流　　　　②山崩　　　　③火灾

④水灾　　　　⑤地震　　　　⑥地震

(1) 在材料一图中 a、b 两个救灾物资储备基地中，应大量储备的物资是（　　）。
  A. 冲锋舟　　　B. 食品　　　C. 矿泉水　　　D. 棉衣

(2) 2018 年初京珠高速广东粤北段沿线受灾，从材料一图中调运救灾物资最近的基地是（　　）
  A. a　　　　B. b　　　　C. c　　　　D. d

(3) 材料二图示的六种遇到灾害时的自救方法，不正确的是_____。原因分别是什么？

【参考答案】

1. D　2. C　3. C　4. B　5. A　6. C

7. (1) A

(2) B

(3) ①⑤　原因分别为：顺着泥石流的方向跑会被淹埋，应向垂直于泥石流前进方向的高处跑；屋梁在地震中易倒塌。

图书在版编目（CIP）数据

高中地理问题式教学设计与案例：必修. 第一册 / 曾呈进，陈涓主编. －福州：福建教育出版社，2021.11（2022.12重印）
 ISBN 978-7-5334-8837-6

Ⅰ. ①高… Ⅱ. ①曾… ②陈… Ⅲ. ①中学地理课－教学设计－高中②中学地理课－教案（教育）－高中 Ⅳ. ①G633.552

中国版本图书馆CIP数据核字（2020）第143729号

Gaozhong Dili Wentishi Jiaoxue Sheji Yu Anli（Bixiu Di-yi Ce）

高中地理问题式教学设计与案例（必修第一册）
曾呈进 陈涓 主编

出版发行	福建教育出版社
	（福州市梦山路27号 邮编：350025 网址：www.fep.com.cn
	编辑部电话：0591-83725592 83786912
	发行部电话：0591-83721876 87115073 010-62024258）
出版人	江金辉
印刷	福州报业鸿升印刷有限责任公司
	（福州市仓山区建新镇建新北路151号 邮编：350082）
开本	710毫米×1000毫米 1/16
印张	20.75
字数	339千字
插页	2
版次	2021年11月第1版 2022年12月第3次印刷
书号	ISBN 978-7-5334-8837-6
审图号	GS（2021）5964号
定价	55.00元

如发现本书印装质量问题，请向本社出版科（电话：0591-83726019）调换。